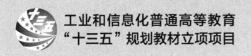
工业和信息化普通高等教育
"十三五"规划教材立项项目

会计学新形态 系列教材
ACCOUNTING

成本会计

微课版

王晓秋 / 主编

COST
ACCOUNTING

人民邮电出版社
北 京

图书在版编目（CIP）数据

成本会计：微课版 / 王晓秋主编. -- 北京：人民
邮电出版社，2022.9
高等院校会计学新形态系列教材
ISBN 978-7-115-59390-0

Ⅰ. ①成… Ⅱ. ①王… Ⅲ. ①成本会计－高等学校－
教材 Ⅳ. ①F234.2

中国版本图书馆CIP数据核字(2022)第096935号

内 容 提 要

本书根据"成本会计"课程的特点，遵循"理论联系实际"和"以学生为主体，提高学生动手能力"的原则，以培养应用型财会人才为立足点，依据企业会计准则及会计制度的规定，从加强成本管理和成本控制角度出发，系统介绍了现代成本会计核算的基本理论和方法。

全书共 12 章，包括总论、工业企业成本核算的要求和程序、要素耗费的归集和分配、辅助生产成本的归集和分配、制造费用的归集和分配、生产损失的归集和分配、期间费用的归集和结转、生产成本在完工产品与在产品之间的分配、产品成本计算方法概述、产品成本计算的基本方法、产品成本计算的辅助方法、工业企业成本报表和成本分析等内容。

本书可作为本科、高职院校经管类专业相关课程的教材，也可以作为企业会计人员及自学者的学习参考书。

◆ 主　编　王晓秋
　　责任编辑　刘向荣
　　责任印制　李　东　周昇亮

◆ 人民邮电出版社出版发行　北京市丰台区成寿寺路 11 号
　　邮编　100164　电子邮件　315@ptpress.com.cn
　　网址　https://www.ptpress.com.cn
　　固安县铭成印刷有限公司印刷

◆ 开本：787×1092　1/16
　　印张：13.5　　　　　　　　2022 年 9 月第 1 版
　　字数：346 千字　　　　　　2025 年 8 月河北第 6 次印刷

定价：49.80 元

读者服务热线：(010)81055256　印装质量热线：(010)81055316
反盗版热线：(010)81055315

前 言 Preface

　　党的二十大报告提出，建设现代化产业体系。坚持把发展经济的着力点放在实体经济上，推进新型工业化，加快建设制造强国、质量强国、航天强国、交通强国、网络强国、数字中国。实体经济在强国建设中至关重要。历史和现实表明，国家要提高竞争力要靠实体经济。因此坚持把发展经济的着力点放在实体经济上，才能更好推进中华民族伟大复兴。而实体经济的重要基础是制造业，制造业是实体经济和国民经济的主体，是立国之本、强国之基。成本会计可以帮助制造企业了解其生产中的所有成本，从而有效地管控成本，助力实体经济提高生产效率并增加竞争能力。

　　成本会计是会计的一个重要分支。成本会计以基础会计与财务会计为基础，重点研究产品成本的核算、成本的预测与决策、成本的计划与控制。根据我们的追踪调查发现，"成本会计"课程在教学中存在着一些问题，诸如教学内容难以吸引学生，理论方法复杂，公式和表格繁多，学习过后对实务操作还是无从下手等。针对存在的问题，我们编写了本书。

　　本书在适应成本会计发展趋势的基础上，力求突出以下特点。

　　（1）本书基于"重基础、重实践、重能力、重发展"的人才培养理念，以提高学生思考问题、分析问题和解决问题的能力为目标。内容设计上采用"原理＋准则"的模式，强调对原理的介绍和讲解，并在结合原理的基础上剖析企业会计准则的相关规定。

　　（2）本书强调理论学习与动手实践相结合。本书提供了一套完整的模拟工业企业成本会计核算业务数据，该业务数据贯穿全书，读者学完将对成本会计核算形成一个完整认识。

　　（3）"成本会计"课程学习中涉及较多的计算公式，本着"授之以鱼，不如授之以渔"的授业理念，本书旨在引导学生强化对计算原理的掌握，弱化记忆公式，对各个计算公式的原理进行了通俗易懂、提纲挈领的诠释，起到了化难为易、"由厚（多）变薄"的效果。

　　（4）在教学过程中，编者注意到，成本会计的学习仅仅只有课堂的讲授和训练，是远远不够的，课外还需要做大量的练习进行巩固。本书在每章后均附有丰富的练习题，供学生在课后自主学习和查缺补漏时使用。

本书配有《成本会计综合模拟实训》(ISBN:978-7-115-56638-6)，读者可以根据需要选择使用。

本书配有电子课件及课后练习参考答案等教辅资源，任课教师可登录"人邮教育社区"获取。

由于编者水平有限，又是创新性尝试，书中不当之处，还有待于在教学实践中不断改进和完善；疏漏乃至不妥之处，期盼各位同行不吝赐教，以便我们改进。

编者

目 录 Contents

一、成本会计的对象和职能

成本会计的对象、
职能和任务

（一）成本会计的对象

成本会计是以成本为对象的专业会计。下面介绍不同企业成本会计的对象。

1. 工业企业成本会计的对象

企业产品的生产过程同时也是生产耗费的过程。工业企业要生产产品，就要发生各种生产耗费。生产耗费包括生产资料中的劳动手段（例如机器设备）和劳动对象（例如原材料）的耗费，以及劳动力（例如人工）等方面的耗费。企业为生产一定种类、一定数量的产品所支出的各种用货币金额表现的生产耗费的总和，就是产品的成本。

工业企业产品的价值由三个部分组成：已耗费的生产资料转移的价值（C）；劳动者为自己劳动所创造的价值（V）；劳动者为社会创造的价值（M）。产品成本是前两个部分之和（$C+V$）。因此，从理论上说，产品成本是企业在生产产品过程中已经耗费的、用货币金额表现的生产资料的价值和劳动者为自己劳动所创造的相当于薪酬的价值的总和。这种成本称为理论成本。

在实际工作中，成本的开支范围是由国家通过有关法规制度来界定的。为了促使工业企业加强经济核算，节约生产耗费、减少生产损失，对于劳动者为社会创造的某些价值，如财产保险费等，以及一些不形成产品价值的损失（例如工业企业的废品损失、季节性和修理期间的停工损失等），也计入产品成本。此外，工业企业为销售产品而发生的销售费用、为组织和管理生产经营活动而发生的管理费用，以及为筹集生产经营资金而发生的财务费用，由于大多按时期发生，与产品生产没有直接联系，都作为期间费用处理，直接计入当期损益，从当期利润中扣除，不计入产品成本。因此，实际工作中工业企业的产品成本，是指产品的生产成本，亦称制造成本，不包括企业生产经营管理所耗费的费用。

工业企业的产品销售费用、管理费用和财务费用，可以总称为工业企业的经营管理费用，属于期间费用。为了促使企业节约费用，增加利润，期间费用也应作为成本会计的对象。

由此可见，工业企业成本会计的对象包括产品的生产成本和期间费用。

2. 其他企业成本会计的对象

施工企业的基本经济活动是进行建筑工程的施工。工程施工要发生工程成本，而施工企业发生的管理费用和财务费用不计入工程成本。

商品流通企业的基本经济活动是采购和销售商品，为此，要发生商品的采购成本和销售成本，还要发生销售费用、管理费用和财务费用（总称商品流通费用）。商品流通费用不计入商品的销售成本。

旅游、饮食服务企业的基本经济活动是提供旅游、饮食服务，要发生营业成本，还要发生销售费用、管理费用和财务费用。销售费用、管理费用和财务费用不计入营业成本。

这些行业企业的销售费用、管理费用和财务费用，可以总称为经营管理费用，属于期间费用。

知识点小结

　　成本会计的对象可以概括为：各行业企业的生产经营业务成本和期间费用，简称成本费用（也称为财务成本）。

　　随着经济的发展，企业经营管理要求提高，成本的概念和内容都在不断发展、变化。美国会计学会下属的成本概念与标准委员会将成本定义为：成本是指为达到特定目的而发生或应发生的价值牺牲，它可用货币单位加以衡量。这就是说，成本是为了达到一定目的而支付或应支付的可以用货币计量的代价。成本的这一定义已经超越了以上所述生产经营业务成本和期间费用的概念和内容。例如，为了进行生产经营的预测、决策，需要计算变动成本、固定成本、边际成本、机会成本、差别成本等；为了加强对企业内部的成本控制和考核，应计算可控成本和不可控成本、责任成本等；为了进一步提高成本信息的决策相关性，需要计算作业成本等。

　　（二）成本会计的职能

　　成本会计的职能，是指成本会计在经济管理中的功能。

　　1. 成本会计的基本职能

　　成本会计作为会计的重要分支，和财务会计一样，具有反映和监督两项基本职能。

　　（1）反映职能

　　反映职能是成本会计的首要职能，就是反映生产经营过程中的各种耗费，以及生产经营业务成本和期间费用等的形成情况，为经营管理提供各种信息的功能。从成本会计的反映职能来说，最初的成本会计只是进行成本核算。随着社会生产不断发展、企业经济活动情况日趋复杂，成本管理就需要加强计划性、预见性。这就需要成本会计为企业经营管理提供更多的信息，即除了提供反映成本现状的核算资料外，还要提供有关预测未来经济活动的成本信息资料，以便企业采取相应的措施，达到预期目的。这就使得成本会计的反映职能从事后反映扩展到分析预测未来，使企业在激烈的市场竞争中处于主动地位。

　　（2）监督职能

　　成本会计的监督职能，是指按照一定的目的和要求，通过控制、调节、指导和考核等，监督各项经营耗费的合法性、合理性和有效性，以实现预期的成本管理目标。成本会计的监督，包括事前、事中和事后监督。进行事前监督，即以国家的有关政策、制度和企业的计划、预算及规定等为依据，对有关经济活动的合法性、合理性和有效性进行审查，限制或制止违反政策、制度和计划、预算等的经济活动，以实现提高经济效益的目标。成本会计还要通过反馈的成本信息，进行事中和事后的监督，通过对所提供的成本信息资料的检查分析，控制和考核有关经济活动，及时从中发现问题、总结经验、提出建议，促使有关方面采取措施，调整经济活动，使其按照规定的要求和预期的目标进行经济活动。

　　2. 成本会计的其他职能

　　随着管理科学的发展，以及成本会计与管理科学相结合，成本会计又逐步增加了成本的预测、决策、计划、控制和考核等各项职能。因此，现代成本会计的职能包括成本预测、成本决策、成本计划、成本控制、成本核算、成本分析和成本考核等。其中，成本核算是基础，没有成本核算，其他各项职能都无法实现，因而也就没有成本会计。只对生产经营业务成本和经营管理费用进行成本核算和分析的成本会计是狭义的成本会计，而履行成本预测、决策、计划、控制、核算、分析和考核职能的成本会计是现代的广义的成本会计。

本书主要是针对工业企业对产品成本和期间费用进行核算和分析的狭义的成本会计。

二、成本会计的任务

作为会计的重要分支，成本会计是企业经营管理的重要组成部分。因此，成本会计的任务取决于企业经营管理的要求。但是，成本会计不可能全面地满足企业经营管理各个方面的要求，而只能在成本会计对象和职能的范围内，为企业经营管理提供所需的数据和信息，并参与经营管理，以达到降低成本、减少费用、提高经济效益的目的。因此，成本会计的任务还受成本会计的对象和职能的制约。

根据企业经营管理的要求，以及成本会计对象和职能的特点，成本会计的任务如下。

（1）进行成本预测、参与经营决策、编制成本计划，为企业有计划地进行成本管理提供基本的依据。

（2）对企业发生的各项耗费进行审核、控制，制止各种浪费和损失，以节约费用、降低成本。

（3）正确核算各种生产经营业务成本和经营管理费用，为企业生产经营管理提供所需的成本、费用信息。

（4）分析各项消耗定额和成本计划的执行情况，进一步挖掘节约费用、降低成本的潜力。

需要说明的是，和一般的会计信息不同，成本信息涉及企业生产经营的商业机密，属于企业保密的内容。

第二节 成本会计工作的组织

为了履行成本会计的职能，发挥成本会计的作用，完成成本会计的任务，企业必须科学地组织成本会计工作。成本会计工作的组织，主要包括在企业中设置成本会计机构，配备必要的成本会计人员，并且按照与成本会计有关的各种法规和制度进行工作。企业在组织成本会计工作时，应该考虑本单位生产经营的特点、规模的大小、成本管理的要求等具体情况；应该在保证成本会计工作质量的前提下，尽量节约成本会计工作时间和减少耗费，提高成本会计工作的效率。

一、成本会计机构

企业的成本会计机构，是在企业中直接从事成本会计工作的机构。

（一）企业成本会计机构的基本情况

一般而言，大中型企业应在专设的会计部门中单独设置成本会计机构，专门从事成本会计工作；规模较小、会计人员不多的企业，可在会计部门中指定专人负责成本会计工作。另外，企业的有关职能部门和生产车间，也应根据工作需要设置成本会计组，或者配备专职或兼职的成本会计人员，这些职能部门和生产车间的成本会计机构或人员，在业务上都应接受企业会计部门的成本会计机构的指导和监督。

成本会计机构内部的组织分工，可以按成本会计的职能分工，例如将厂部成本会计科分为成本核算和成本分析等小组；也可以按成本会计的对象分工，例如将成本会计机构分为产品成本和经营管理费用等小组。为了科学地组织成本会计工作，企业还应按照分工建立成本会计岗位责任制，使每一项成本会计工作都有人负责，每一个成本会计人员都明确自己的责任。

（二）企业内部各级成本会计机构的组织分工

企业内部各级成本会计机构的组织分工，有集中工作和分散工作两种方式。

1. 集中工作方式

集中工作方式是指企业的成本会计工作，主要由厂部成本会计机构集中进行；车间等其他单位中的成本会计机构或人员只负责登记原始数据和填制原始凭证，并对它们进行初步的审核、整理和汇总，为厂部成本会计机构进一步工作提供基础资料。在这种方式下，车间等其他单位大多只配备专职或兼职的成本会计人员。这种工作方式的优点是：厂部成本会计机构可以比较及时地掌握整个企业与成本有关的全面信息，便于集中使用电子计算机进行成本数据处理；还可以减少成本会计机构的层次和成本会计人员的数量。其缺点是：不便于直接从事生产经营活动的各单位和人员及时掌握本单位的成本信息，因而不便于成本的及时控制和责任成本制的推行。

2. 分散工作方式

分散工作方式又称非集中工作方式，是指成本会计工作中的计划、控制、核算和分析等方面工作，分散由车间等其他单位的成本会计机构或人员分别进行；厂部成本会计机构负责对各下级成本会计机构或人员进行业务上的指导和监督，并对全厂成本进行综合的计划、控制、核算、分析和考核等；成本的预测和决策工作一般由厂部成本会计机构集中进行。分散工作方式的优点和缺点恰好是集中工作方式的缺点和优点。

企业应该根据规模大小、内部各单位经营管理的要求，以及这些单位成本会计人员的数量和素质，从有利于充分发挥成本会计工作的职能作用、提高成本会计工作的效率出发，确定采用哪一种工作方式。大中型企业一般采用分散工作方式，中小型企业一般采用集中工作方式。为了扬长避短，也可以在一个企业中结合采用两种方式，即对某些单位采用分散工作方式，而对另一些单位采用集中工作方式。

为了充分发挥成本会计机构的职能作用，企业的总会计师和会计主管人员应该加强对成本会计机构的领导，经常研究成本会计工作，督促成本会计机构做好各项业务工作，支持成本会计人员履行职责，帮助其解决工作中存在的问题，并且以身作则，遵守有关的规章、制度。

二、成本会计人员

在成本会计机构中，配备适当数量有良好的会计职业道德、精通业务的成本会计人员，是做好成本会计工作的关键。为了充分调动会计人员做好工作的积极性，国家规定了会计人员的技术职称以及会计人员的职责和权限。这些规定对成本会计人员也适用。

（一）成本会计人员的职责

成本会计机构和成本会计人员应在企业总会计师和会计主管人员的领导下，认真履行自己的职责，完成成本会计的各项任务。要全面贯彻以提高经济效益为中心的方针，认真执行有关的法规和制度，参与制定企业的生产经营决策。要结合实际向企业各单位和广大职工宣传、解释国家有关的方针、政策、法规和制度，动员企业全体成员参加成本管理，对成本管理的各个环节、成本形成的全过程实行全面成本管理。成本会计人员应该努力学习国家有关的政策、法规和企业有关的制度，了解国内外先进经验；应刻苦钻研业务，熟识企业的生产工艺流程，深入了解本企业生产经营的实际情况，注意发现成本管理中存在的问题，提出改进成本管理的意见和建议，不断提升自身的理论水平和业务能力。

（二）成本会计人员的权限

成本会计人员有权要求企业有关单位和人员认真执行成本计划，严格遵守有关的法规、制度和财经纪律；有权参与制订企业生产经营计划和各项定额，参与与成本管理有关的生产经营管理的会议；有权督促检查企业内部各单位对成本计划和有关法规、制度及财经纪律的执行情况。

三、成本会计制度

（一）制定成本会计制度的原则

成本会计制度是组织和从事成本会计工作必须遵守的规范，是会计法规和制度的重要组成部分。企业应遵循国家有关法律、法规、制度，如《中华人民共和国会计法》《企业会计准则》《企业财务通则》等的有关规定，并适应企业生产经营的特点和管理的要求，制定企业内部成本会计制度，作为企业进行成本会计工作的依据。

（二）成本会计制度包括的内容

各行业企业由于生产经营的特点和管理的要求不同，所制定的成本会计制度也必然会有所不同。就工业企业而言，其成本会计制度一般包括关于成本预测和决策的制度、关于成本计划编制的制度、关于成本控制的制度、关于成本核算规程的制度、关于责任成本的制度、关于成本报表的制度和其他有关成本会计的制度（例如，实行企业内部结算价格和内部结算办法的制度等）。

成本会计制度一经制定，企业就应该认真贯彻执行。但是，企业也应注意根据生产经营中出现的新情况、新问题，及时修订、完善成本会计制度，以保证成本会计制度的科学性和先进性，不断提高企业成本管理水平。

 练习题

一、单项选择题

1.（　　　）构成商品的理论成本。

　　A．已耗费的生产资料转移的价值

　　B．劳动者为自己劳动所创造的价值

　　C．劳动者为社会劳动所创造的价值

　　D．已耗费的生产资料转移的价值和劳动者为自己劳动所创造的价值

2．成本的经济实质是（　　　）。

　　A．生产经营过程中所耗费生产资料转移价值的货币表现

　　B．劳动者为自己劳动所创造价值的货币表现

　　C．劳动者为社会劳动所创造价值的货币表现

　　D．企业在生产经营过程中所耗费的资金的总和

3．一般来说，实际工作中的成本开支范围与理论成本包括的内容（　　　）。

　　A．是有一定差别的　　　　　　　　　　B．是相互一致的

　　C．是不相关的　　　　　　　　　　　　D．是可以相互替代的

4．从现行行业企业会计制度的有关规定出发，成本会计的对象是（　　　）。

　　A．各项期间费用的支出及归集过程

B．产品生产成本的形成过程

C．诸会计要素的增减变动

D．企业生产经营过程中发生的生产经营业务成本和期间费用

5．成本会计的基本职能是（　　）。

A．反映的职能　　　　B．反映和监督的职能　C．监督的职能　　D．计划和考核的职能

二、多项选择题

1．商品的理论成本是由生产商品所耗费的（　　）构成的。

A．生产资料转移的价值　　　　　　　　B．劳动者为自己劳动所创造的价值

C．劳动者为社会劳动所创造的价值　　　D．必要劳动

2．成本是（　　）。

A．补偿生产耗费的尺度

B．综合反映企业工作质量的重要指标

C．企业对外报告的主要内容

D．制定产品价格的重要因素和进行生产经营决策的重要依据

3．下列各项属于成本开支范围的有（　　）。

A．为制造产品而消耗的材料耗费、动力耗费

B．企业行政管理部门为管理和组织生产而发生的各项耗费

C．企业生产单位为管理和组织生产而发生的各项耗费

D．企业生产经营活动中筹集和使用资金而发生的各项耗费

4．成本会计的反映职能包括（　　）。

A．提供反映成本现状的核算资料的功能

B．提供有关预测未来经济活动的成本信息资料的功能

C．控制有关经济活动的功能

D．考核有关经济活动的功能

5．成本会计的任务包括（　　）。

A．成本预测和决策　　B．成本计划和控制　　C．成本核算　　　　D．成本考核和分析

三、判断题

1．从理论上讲，商品价值中的补偿部分，就是商品的理论成本。（　　）

2．成本的经济实质，是企业在生产经营过程中所耗费的资金的总和。（　　）

3．在实际工作中，确定成本的开支范围是由国家通过有关法规制度来加以界定的。（　　）

4．总括地讲，成本会计的对象就是产品的生产成本。（　　）

5．提供有关预测未来经济活动的成本信息资料，是成本会计监督职能发展的结果。（　　）

四、简答题

1．什么是产品成本？产品价值取决于哪些具体内容？

2．简述产品的理论成本与实际成本。

3．什么是成本会计的对象？工业企业及各行业企业成本会计的对象是什么？

4．简述成本会计的对象、职能和任务。

5．简述在集中工作方式和分散工作方式下，企业内部各级成本会计机构的组织分工，以及这两种工作方式各自的优缺点。

6．简述工业企业成本会计制度一般应包括的内容。

第一节 | 工业企业成本核算的要求

成本核算是成本会计的基本环节，也是成本管理的重要组成部分。为了充分发挥成本核算的作用，在成本核算工作中，应该贯彻落实以下各项要求。

工业企业成本
核算的要求

一、从管理的要求出发，做到算管结合，算为管用

（一）算管结合

所谓算管结合，指成本核算应与企业的经营管理密切结合。进行成本核算不仅要对各项费用支出进行事后的记录和计算，提供事后的成本信息，而且必须以国家的有关法规、制度和企业的成本计划、相应的消耗定额为依据，加强对各项费用支出进行事前、事中的审核和控制，并及时进行信息反馈。对不合法、不合理，不利于提高经济效益的超支、浪费或损失情况要制止；已经无法制止的，要追究相关人员的责任，采取措施，防止以后再发生此类事件；属于定额或计划不符合实际情况而发生的差异，要按规定程序修订定额或计划。

（二）算为管用

所谓算为管用，指成本核算要从管理的要求出发，提供的成本信息应当满足企业经营管理的需要。例如，计算产品成本，既要防止为算而算，脱离成本管理和生产经营管理实际需要的做法；也要防止片面追求简化，不能为管理提供所需数据的做法。也就是说，成本核算要区别对待、分清主次，主要的应从细，次要的应从简。

二、正确划分各种成本费用的界限

为了正确地进行成本核算，必须正确划分以下五个方面耗费的界限。

（一）正确划分生产经营耗费与非生产经营耗费的界限

工业企业的经济活动是多方面的，其支出的用途不尽相同，因而企业发生的支出并非都应计入生产经营耗费（生产成本和期间费用）。例如，企业购置和建造固定资产、购买无形资产以及对外投资，这些经济活动都不是企业日常的生产经营活动，这些支出不应计入生产经营耗费；又如，企业的固定资产盘亏损失、固定资产报废清理损失、由于自然灾害等而发生的非常损失，以及非正常原因发生的停工损失等，也不是由于日常的生产经营活动而发生的，也不应计入生产经营耗费。

只有用于产品的生产和销售、用于组织和管理生产经营活动，以及用于筹集生产经营资金的各种成本、费用，才应计入生产经营耗费。企业既不应乱计生产经营耗费，也不应少计生产经营耗费。乱计和少计生产经营耗费，都会使成本、费用不实，不利于企业成本管理。每一个企业都应遵守国

家关于成本、费用开支范围的规定，正确地划分生产经营耗费与非生产经营耗费的界限。

（二）正确划分产品成本和经营管理费用的界限

为了正确地计算产品成本和经营管理费用，正确地计算企业各个月份的损益，应将本月各项耗费正确地划分为生产成本和期间费用。用于产品生产的原材料耗费、生产工人薪酬和制造费用等，应该计入生产成本，并据以计算产品成本；由于产品销售、企业为组织和管理生产经营活动、筹集生产经营资金所发生的费用，应分别归集为销售费用、管理费用和财务费用，直接计入当月损益，从当月利润中扣除。应该防止混淆生产成本与期间费用的界限，防止将产品的某些成本计入期间费用，或者将某些期间费用计入生产成本，借以调节各月产品成本和各月损益的错误做法。

（三）正确划分各个月份的成本（费用）界限

为了按月分析和考核成本（费用），正确计算各月损益，必须正确划分各个月份成本（费用）的界限。本月发生的成本（费用）都应在本月入账，而不应将其一部分延到下月入账，也不应未到月末就提前入账。应该贯彻权责发生制原则，正确核算跨期摊提耗费。本月支付，但属于本月和以后各月受益的支出，应作为待摊耗费，在各月间合理分摊计入生产成本或期间费用（根据交易事项的内容，分别通过"预付账款"或"其他应收款"等科目核算；受益期限超过一年的支出，通过"长期待摊费用"科目核算）；本月虽未支付，但本月已经受益的成本、费用，应作为预提耗费，预提计入本月的成本、费用（通过"其他应付款""应付利息"等科目核算）。

为了简化核算工作，数额较小的应该待摊和预提的耗费，按照会计信息质量要求的重要性原则，也可以不作为待摊、预提耗费处理，可以全部计入支付月份的成本（费用）。应该防止利用待摊和预提耗费的方法人为调节各个月份的生产成本或期间费用，人为调节各月损益的错误做法。

（四）正确划分各种产品成本的界限

为了分析和考核各种产品的成本计划或成本定额的执行情况，应该分别计算各种产品的成本。因此，应该计入本月产品成本的生产耗费应在各种产品之间进行划分。属于某种产品单独发生，能够直接计入该种产品成本的生产耗费，应该直接计入该种产品的成本；属于几种产品共同发生，不能直接计入某种产品成本的生产耗费，则应采用适当的分配方法，合理地分配计入这几种产品的成本。

应该特别注意盈利产品与亏损产品、可比产品与不可比产品之间的成本界限的划分。并防止在盈利产品与亏损产品之间，以及可比产品与不可比产品之间主观地调节生产成本，防止以盈补亏，掩盖超支，或虚报产品成本，人为调整利润的错误做法。

（五）正确划分完工产品与在产品成本的界限

月末计算产品成本时，如果某种产品都已完工，这种产品的各项生产耗费之和，就是这种产品的完工产品成本；如果某种产品都未完工，这种产品的各项生产耗费之和，就是这种产品的月末在产品成本；如果某种产品一部分已经完工，另一部分尚未完工，这种产品的各项生产耗费，还应采用适当的分配方法在完工产品与月末在产品之间进行分配，分别计算完工产品成本和月末在产品成本。应该防止任意提高或降低月末在产品成本，人为调节完工产品成本的错误做法。

划分以上五个方面耗费界限时，企业应贯彻受益原则，即何者受益何者负担耗费，何时受益何时负担耗费，负担的耗费多少应与受益程度大小成正比。这五个方面耗费界限的划分过程，也是产品成本的计算过程。

根据以上的叙述可以看出：生产耗费是构成产品生产成本的基本内容，只有生产耗费才能计入产品成本。需要注意的是：一方面，某一时期发生的全部生产支出不一定全部构成本期的生产成本（如待摊耗费）；另一方面，本期生产成本所包含的生产耗费也不一定都是本期发生的生产支出（如预提耗费）。产品成本是凝聚在产品上的生产耗费，是对象化了的生产耗费。

三、正确确定财产物资的计价和价值结转的方法

工业企业的生产经营过程，同时也是各种劳动的耗费过程。在各种劳动耗费中，财产物资的耗费（生产资料价值的转移）占有相当大的比重。因此，这些财产物资的计价和价值结转的方法是否恰当，会对成本计算产生重要的影响。

企业财产物资的计价和价值结转主要包括：固定资产原值计算、累计折旧、折旧率的种类和高低；固定资产修理费用是全部计入发生当月的成本还是期间费用等；材料价值（成本）的组成内容，材料按实际成本进行核算时发出材料单位成本的计算、材料按计划成本进行核算时材料成本差异率的种类（个别差异率、分类差异率还是综合差异率，本月差异率还是上月差异率）、采用分类差异率时材料类距的大小等；固定资产与低值易耗品的划分标准、低值易耗品和包装物价值的摊销等。

为了正确、及时地计算成本和费用，对于这些财产物资的计价和价值结转，都应采用既较为合理又较为简便的方法。国家有统一规定的，应采用国家统一规定的方法。各种方法一经确定，应保持相对稳定，不能随意改变，以保持成本信息的可比性。要防止随意改变财产物资计价和价值结转的方法，借以人为调节成本和费用的错误做法。

四、做好成本核算的基础工作

为了进行成本审核、控制，正确计算产品成本和经营管理费用，还必须做好以下各项基础工作。

（一）做好定额的制定和修订工作

产品的各项消耗定额既是编制成本计划、分析和考核成本水平的依据，也是审核和控制耗费的标准。企业应该根据当前设备条件和技术水平，充分考虑影响职工工作积极性的因素，制定和修订先进而又可行的原材料、燃料、动力和工时等项的消耗定额，并据以审核各项耗费是否合理，是否节约，借以控制耗费，降低成本、费用。在计算产品成本时，往往也要将产品的原材料和工时的定额消耗量或定额费用作为分配实际费用的标准。制定和修订各种消耗定额，是做好生产管理、成本管理和成本核算的前提。

（二）建立和健全材料物资的计量、收发、领退和盘点制度

为了进行成本管理和成本核算，还必须对材料物资的收发、领退和结存进行计量，建立和健全材料物资的计量、收发、领退和盘点制度。材料物资的收发、领退，在产品、半成品的内部转移和产成品的入库等，均应填制相应的凭证，经过一定的审批手续，并经过计量、验收或交接，防止任意领发和转移。库存的材料、半成品和产成品，以及车间的在产品和半成品，均应按照规定进行盘点、清查，防止丢失、积压、损坏变质和被贪污盗窃。这些工作也是进行生产管理、物资管理和资金管理所必需的。

（三）建立和健全原始记录工作

只有计量没有记录，核算就没有书面的凭证依据。为了进行成本核算和管理，企业对于生产过程中材料的领用、动力与工时的耗费，发生的开支、在产品和半成品的内部转移、产品质量的检验

结果、废品的发生、产成品的入库等，均应真实地记录。原始记录对劳动工资、设备动力、生产技术管理等方面，以及有关的计划统计工作，也有重要意义。

企业应该制定既符合各方面管理需要，又符合成本核算要求，既科学又易行、讲求实效的原始记录制度，并且组织有关职工认真做好各种原始记录的登记、传递、审核和保管工作，以便正确、及时地为成本核算和其他有关方面提供所需原始资料。

（四）做好厂内计划价格的制定和修订工作

在计划管理基础较好的企业中，为了分清企业内部各单位的经济责任，便于分析和考核内部各单位成本计划的完成情况，还应对材料、半成品和厂内各车间相互提供的劳务（如修理、运输等）制定厂内计划价格，作为内部结算和考核的依据。

厂内计划价格应该尽可能接近实际并相对稳定，年度内一般不变动。在制定了厂内计划价格的企业中，对于材料领用、半成品转移，以及各车间、部门之间相互提供劳务，都应先按厂内计划价格结算，月末再采用一定的方法计算和调整价格差异，据以计算实际的成本和费用。按厂内计划价格进行企业内部的往来结算，还可以简化和加速成本和费用的核算工作。

五、按照生产特点和管理要求，采用适当的成本计算方法

产品成本是在生产过程中形成的，对生产组织和工艺过程不同的产品，应该采用不同的成本计算方法。计算产品成本是为了管理成本，对管理要求不同的产品，也应该采用不同的成本计算方法，以正确、及时地为成本管理提供有用的成本信息。

第二节 工业企业耗费要素和产品生产成本项目

为了科学地进行成本管理和成本核算，工业企业必须对各种经济资源的耗费进行合理的分类。工业企业耗费要素和产品生产成本项目，就是对工业企业各种耗费的两种最基本的分类。

一、工业企业耗费要素——耗费按经济内容分类

（一）耗费要素分类

产品的生产经营过程，也是劳动对象、劳动手段和活劳动的耗费过程。因此，工业企业发生的各种耗费按其经济内容（或性质）划分，主要有劳动对象方面的耗费、劳动手段方面的耗费和活劳动方面的耗费三大类。前两类为物化劳动耗费，即物质消耗；后一类为活劳动耗费，即非物质消耗。这三类可以称为工业企业耗费的三大要素。为了具体地反映工业企业各种耗费的构成和水平，还应在此基础上，将工业企业耗费进一步划分为以下七个耗费要素。

（1）外购材料，指企业为生产经营而耗用的一切从外部购进的原料及主要材料、半成品、辅助材料、包装物、修理用备件和低值易耗品等。

（2）外购燃料，指企业为生产经营而耗用的一切从外部购进的各种燃料，包括固体、液体和气

体燃料。从理论上说，外购燃料应该包括在外购材料中，但由于燃料是重要能源，需要单独考核，因而单独列作一个耗费要素进行计划和核算。

（3）外购动力，指企业为生产经营而耗用的从外部购进的各种动力。

（4）职工薪酬，指企业应计入产品成本和期间费用的职工薪酬，包括工资、职工福利、社会保险费、住房公积金、工会经费、职工教育经费等。

（5）折旧费，指企业按照规定计提的固定资产折旧费。出租固定资产的折旧费不包括在内。

（6）利息支出，指企业的借款利息支出减去利息收入后的净额。

（7）其他支出，指不属于以上各要素但应计入产品成本或期间费用的费用支出，例如邮电费、差旅费、租赁费、外部加工费等。在其他支出中，很难严格划分物质消耗与非物质消耗，在需要划分时，可以按照国家统计部门的规定进行划分。

（二）耗费要素分类的作用与不足

按照上列耗费要素反映的耗费（数额），称为要素耗费。按照耗费要素分类核算工业企业耗费的作用如下。

（1）可以反映工业企业在一定时期内总共发生了哪些耗费、数额各是多少，据以分析各个时期各种耗费的结构和水平。

（2）可以反映外购材料和燃料耗费以及职工薪酬的支出金额，因而可以为编制企业的材料采购资金计划和劳动薪酬计划提供依据。

（3）外购材料和燃料支出的多少与材料和燃料的储备资金定额以及储备资金周转速度密切相关。支出越多越快，所需储备资金就越多，储备资金的周转就越快。因此，这种分类还可以为企业核定储备资金定额和考核储备资金周转速度提供资料。

（4）可以区分物质消耗和非物质消耗，为计算工业净产值和国民收入提供资料。工业净产值是根据工业总产值、物质消耗和非物质消耗等数据计算出来的，例如工业总产值减去工业生产中的物质消耗，就是计算工业净产值的方法之一；国民收入是根据各行各业的净产值汇总算出的。因此，这种分类可以为计算工业净产值和国民收入提供资料。

这种分类核算的不足之处是：不能反映各种耗费的经济用途，因而不便于分析这些耗费是否节约、合理。因此，工业企业的这些耗费还必须按其经济用途进行分类。

二、工业企业产品生产成本项目——耗费按经济用途分类

工业企业的各种耗费按其经济用途分类，首先应分为生产经营耗费和非生产经营耗费。生产经营耗费还应分为计入产品成本的生产耗费和直接计入当期损益的期间费用。期间费用在本书的第七章介绍。

计入产品成本的生产耗费在生产过程中的用途各不相同，有的直接用于产品生产，有的间接用于产品生产。为了具体地反映计入产品成本的生产耗费的各种用途，提供产品成本构成情况的资料，还应将其进一步划分为若干个项目，即产品生产成本项目，简称产品成本项目或成本项目。成本项目就是产品成本按其经济用途分类核算的项目。

（一）成本项目分类

根据生产特点和管理要求，工业企业一般可以设立以下四个成本项目。

（1）直接材料，亦称原材料，指直接用于产品生产、构成产品实体的原料、主要材料以及有助

于产品形成的辅助材料等。

（2）燃料及动力，指直接用于产品生产的外购和自制的燃料和动力。

（3）直接人工，指直接参加产品生产的生产工人薪酬。

（4）制造费用，指直接用于产品生产，但不便于直接计入产品成本，因而没有专设成本项目的耗费（例如机器设备折旧费），以及间接用于产品生产的各项耗费（例如机物料消耗、车间厂房折旧费等）。

（二）成本项目分类应考虑的问题

为了使成本项目更好地适应工业企业的生产特点和管理要求，工业企业可以对上述成本项目进行适当的调整。在规定或者调整成本项目时，应该考虑以下几个问题。

（1）耗费在管理上有无单独反映、控制和考核的需要；

（2）耗费在产品成本中比重的大小；

（3）为某种耗费专设成本项目所增加的核算工作量的大小。

对于管理上需要单独反映、控制和考核的耗费，以及产品成本中比重比较大的耗费，应该专设成本项目，否则，为了简化核算工作，不必专设成本项目。例如，我国的能源比较紧张，因而一般应按产品制定工艺用燃料和动力的消耗定额，专设"燃料及动力"成本项目，以便单独进行反映、控制和考核。但如果工艺上耗用的燃料和动力不多，为了简化核算工作，也可以将工艺用燃料耗费并入"直接材料"成本项目，将工艺用动力耗费并入"制造费用"成本项目。又如，在生产过程中可能产生废品，废品损失如果在产品成本中的比重比较大，就需要作为一项重点耗费进行核算和管理，增设"废品损失"成本项目；如果没有废品，或者废品损失在产品成本中所占比重不大，则不必增设"废品损失"成本项目。

将计入产品成本的生产耗费划分为若干成本项目，可以按照耗费的用途考核各项耗费定额或计划的执行情况，分析耗费是否合理、节约。因此，产品成本不仅要分产品计算，而且要分成本项目计算，即计算各种产品的各个成本项目的成本。产品成本计算的过程，也就是各种要素耗费按其经济用途划分，最后计入本月各种产品成本，按成本项目反映完工产品和月末在产品成本的过程，也就是前面所述五个方面耗费界限的划分过程。

三、工业企业生产耗费的其他分类方法

（一）生产耗费按与生产工艺的关系分类

构成产品成本的各项生产耗费按与生产工艺的关系分类，可分为直接生产耗费与间接生产耗费。由于生产工艺本身引起的、直接用于产品生产的各项耗费，称为直接生产耗费，例如原料及主要材料耗费、生产工人薪酬、机器设备折旧费等；与生产工艺没有联系，间接用于产品生产的各项耗费，称为间接生产耗费，例如机物料消耗、辅助工人薪酬、车间厂房折旧费等。生产耗费按与生产工艺的关系分类能够为加强成本管理提供相关的会计信息。

（二）生产耗费按计入产品成本的方法分类

构成产品成本的各项生产耗费按计入产品成本的方法分类，可分为直接计入耗费与间接计入耗费。能够分清是哪种产品耗用、可以直接计入某种产品成本的耗费，称为直接计入耗费（也简称为直接耗费）；不能分清哪种产品耗用、不能直接计入某种产品成本，而必须按照一定标准分配计入有关各种产品成本的耗费，称为间接计入（或分配计入）耗费（也简称为间接耗费）。

直接生产耗费大多是直接计入耗费，例如原料、主要材料耗费大多能够直接计入某种产品成本；间接生产耗费大多是间接计入耗费，例如机物料消耗大多只能按照一定标准分配计入有关的各种产品成本。但也不都是如此。例如在只生产一种产品的车间中，直接生产耗费和间接生产耗费都可以直接计入该种产品成本，都是直接计入耗费；在用同一种原材料、同时生产出几种产品的联产品生产（如石油提炼等）企业中，直接生产耗费和间接生产耗费都不能直接计入某种产品成本，而都是间接计入耗费。直接生产耗费与直接计入耗费、间接生产耗费与间接计入耗费是不能等同的。生产耗费按计入产品成本的方法分类在成本计算中有着很广泛的应用。

第三节 工业企业成本核算的程序

成本核算的一般程序是指对企业在生产经营过程中发生的各项耗费，按照成本核算的要求逐步进行归集和分配，最后计算出各种产品的成本和各项期间费用的基本过程。工业企业成本核算的一般程序如下。

一、合法性、合理性的审核和控制

对工业企业的各项支出的合法性、合理性进行审核和控制，确定其是否应该计入产品成本或期间费用，做好前述耗费界限划分的前两个方面的工作。

二、正确处理跨期摊提耗费

将本月已经支出而应留待以后月份摊销的耗费，作为待摊耗费处理；将以前月份开支的待摊耗费中应由本月负担的份额，摊入本月成本、费用；将本月尚未开支但应由本月负担的成本、费用，预提计入本月成本、费用。这是前述耗费界限划分的第三个方面的工作。

三、正确划分各种产品的开支

将应计入本月产品成本的各项生产耗费，在各种产品之间进行分配和归集，并按成本项目分别反映，计算出按成本项目反映的各种产品的成本。这是本月生产耗费在各种产品之间横向的分配和归集，是前述耗费界限划分的第四个方面的工作。

四、做好完工与在产品成本的划分

对于月末既有完工产品又有在产品的产品，将该种产品的生产成本（月初在产品生产成本与本月生产成本之和），在本月完工产品与月末在产品之间进行分配，计算出该种产品的完工产品成本和月末在产品成本。这是生产成本在同种产品的本月完工产品与月末在产品之间纵向的分配和归集，是前述耗费界限划分的第五个方面的工作。

工业企业耗费的分类和成本核算的一般程序如图2-1所示。

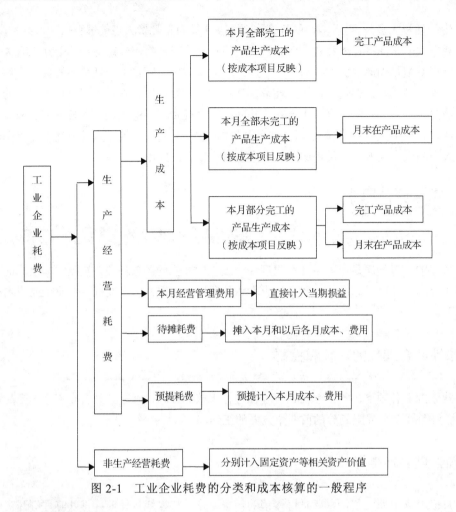

图 2-1 工业企业耗费的分类和成本核算的一般程序

第四节 工业企业成本核算的账簿设置及账务处理程序

一、工业企业成本核算的账簿设置

为了进行产品成本的总分类核算，工业企业应设置"生产成本"科目。为了分别核算基本生产成本和辅助生产成本，工业企业还应在该科目下，分别设置"基本生产成本"和"辅助生产成本"两个二级科目。为了方便填制记账凭证，工业企业也可将"生产成本"科目分设为"基本生产成本"和"辅助生产成本"两个科目。本书按分设后的两个科目进行讲述。

（一）"基本生产成本"科目及其明细账的设立

基本生产是指为完成企业主要生产目的而进行的产品生产。"基本生产成本"科目是为了归集基本生产所发生的各种生产成本和计算产品成本而设置的。该科目借方登记企业为进行基本生产所发生的各种生产成本；贷方登记转出的完工入库的产品成本；余额在借方，表示基本生产在产品成本，也就是基本生产在产品占用的资金。该科目应按产品品种或产品批别、生产步骤等成本计算对象设置产品成本明细账（或称基本生产成本明细账、产品成本计算单），账内应按成本项目分设专栏或专行，登记各产品成本项目的月初在产品成本、本月生产成本、本月完工产品成本和月末在产品成本等。产品成本明细账的格式分别如表 2-1 和表 2-2 所示。

表 2-1　产品成本明细账

车间：第一车间

产品：A 产品　　　　　　　　　　　　　　　20××年 7 月　　　　　　　　　　　　　　　金额单位：元

月	日	摘要	产量（件）	成本项目			成本合计
				直接材料	直接人工	制造费用	
7	31	本月生产成本*		325 000	29 380	205 140	559 520
7	31	本月完工产品成本	200	325 000	29 380	205 140	559 520
7	31	完工产品单位成本		1 625	146.90	1025.70	2 797.60

注：*A 产品无月初在产品和月末在产品（或不需要计算月初在产品成本和月末在产品成本）。

表 2-2　产品成本明细账

车间：第一车间

产品：B 产品　　　　　　　　　　　　　　　20××年 7 月　　　　　　　　　　　　　　　金额单位：元

月	日	摘要	产量（件）	成本项目			成本合计
				直接材料	直接人工	制造费用	
6	30	月初在产品成本		118 820	10 764	96 720	226 304
7	31	本月生产成本		990 600	83 460	699 400	1 773 460
7	31	生产成本合计		1 109 420	94 224	796 120	1 999 764
7	31	本月完工产品成本	300	893 100	73 580	626 340	1 593 020
7	31	完工产品单位成本		2 977	245.27	2 087.8	5 310.07
7	31	月末在产品成本		216 320	20 644	169 780	406 744

产品成本明细账虽然没有标明借方、贷方和余额，但其基本结构不外乎这三个部分。其中：月初（上月末）在产品成本，为月初借方余额，系上月末所记；本月生产成本为本月借方发生额，根据本月各种耗费分配表登记；本月完工产品成本为贷方发生额，月末在产品成本为月末借方余额。本月完工产品成本和月末在产品成本根据适当的分配方法分配登记。为了简化产品成本明细账的格式，表 2-1 和表 2-2 中的本月生产成本没有根据有关凭证（如材料耗费分配表、燃料及动力耗费分配表、应付职工薪酬分配表、制造费用分配表等）分行登记。

产品的计划（或定额）成本和成本差异也反映在账中，便于考核和分析产品成本计划（或定额）的执行情况。所以，在实际工作中，产品成本明细账还有一种按成本项目分设专行的格式，以上述 B 产品成本为例列示如表 2-3 所示。

表 2-3　产品成本明细账

车间：第一车间　　　　　　　　　　　　　　　　　　　　　　　　　　　　　　　　　　　产量：300 件

产品：B 产品　　　　　　　　　　　　　　　20××年 7 月　　　　　　　　　　　　　　　单位：元

成本项目	月初在产品成本	本月生产成本	生产成本合计	完工产品成本				月末在产品成本
				总成本	单位成本	计划成本	成本差异	
直接材料	118 820	990 600	1 109 420	893 100	2 977.00	2 970.00	+ 7.00	216 320
直接人工	10 764	83 460	94 224	73 580	245.27	245.30	−0.03	20 644
制费用	96 720	699 400	796 120	626 340	2 087.80	2 087.00	+ 0.80	169 780
合计	226 304	1 773 460	1 999 764	1 593 020	5 310.07	5 302.30	+ 7.77	406 744

采用表 2-3 所示的产品成本明细账，月末需要将在产品成本转抄到下月账页中，对于需要计算月末在产品的企业，增加了工作量。

如果企业生产的产品品种较多，为了按照产品成本项目（或者既按车间又按产品成本项目）汇总反映全部产品的总成本，并便于核对账目，还可以设置基本生产成本二级账。基本生产成本二级账的格式如表 2-4 所示。

表 2-4　基本生产成本二级账

车间：第一车间　　　　　　　　　　　　　　　　20××年 7 月　　　　　　　　　　　　　单位：元

月	日	摘要	成本项目			合计
			直接材料	直接人工	制造费用	
6	30	月初在产品成本	118 820	10 764	96 720	226 304
7	31	本月生产成本	1 315 600	112 840	904 540	2 332 980
7	31	生产成本合计	1 434 420	123 604	1 001 260	2 559 284
7	31	本月完工产品成本	1 218 100	102 960	831 480	2 152 540
7	31	月末在产品成本	216 320	20 644	169 780	406 744

在设有基本生产成本二级账的情况下，对于"基本生产成本"总账、基本生产成本二级账和产品成本明细账，都要按照平行登记的原则进行登记。这样，基本生产成本二级账，就可以作为"基本生产成本"总账与产品成本明细账之间核对账目的中介（上列第一车间基本生产成本二级账各项金额，应与前列该车间 A、B 两种产品成本明细账各相应金额之和核对相符）。在按车间和成本项目设置基本生产成本二级账的情况下，该账还可以配合车间经济核算，为考核和分析各车间的产品总成本提供资料。

（二）"辅助生产成本"科目和其他有关科目的设置

辅助生产是指为基本生产服务而进行的产品生产和劳务供应，例如工具、模具、修理用备件等产品的生产和修理，以及运输等劳务的供应。辅助生产提供的产品和劳务，有时也对外销售，但这不是它的主要目的。辅助生产所发生的各项成本，计入"辅助生产成本"科目的借方；完工入库产品的成本或分配转出的劳务成本，计入该科目的贷方；该科目的余额，就是辅助生产在产品的成本，也就是辅助生产在产品占用的资金。该科目应按辅助生产车间和生产的产品、劳务分设辅助生产成本明细账，账中按辅助生产的成本项目或费用项目分设专栏或专行进行明细登记。

为了归集和分配制造费用，应该设立"制造费用"科目；为了归集和结转产品销售费用、管理费用和财务费用，应该分别设立"销售费用""管理费用""财务费用"科目；为了归集和分配跨期摊提耗费，还应分别设置相关科目（及其所属明细科目，下同）。

企业如果需要单独核算废品损失和停工损失，可以增设"废品损失"和"停工损失"科目。

此外，为了将销售费用、管理费用和财务费用等期间费用，直接计入当月损益，还涉及"本年利润"科目；为了登记非生产经营耗费，计算在建工程成本等，还涉及"在建工程"和"长期待摊费用"等科目。

二、工业企业成本核算的账务处理程序

为了初步了解成本核算的账务处理程序，下面以图 2-2 说明工业企业成本核算账务处理的基本程序。

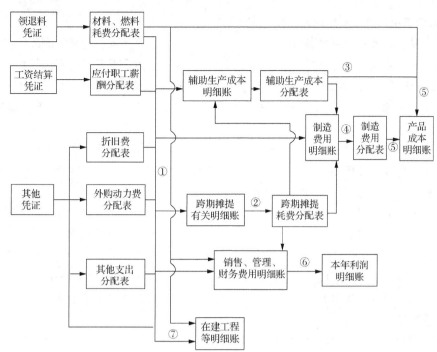

说明：①分配各项要素耗费；

②摊销和预提本月跨期耗费；

③分配辅助生产成本；

④分配制造费用；

⑤结转产成品成本；

⑥结转期间费用；

⑦结转应计入固定资产价值的在建工程成本。

图 2-2　工业企业成本核算账务处理的基本程序

 练习题

一、单项选择题

1．下列各项中属于耗费要素的是（　　）。

　　A．直接材料　　　　　B．直接人工　　　　　C．外购材料　　　　　D．废品损失

2．下列各项中属于耗费要素的是（　　）。

　　A．销售费用　　　　　B．管理费用　　　　　C．折旧费　　　　　　D．制造费用

3．下列各项中，属于产品成本项目的是（　　）。

　　A．外购动力费用　　　B．制造费用　　　　　C．工资费用　　　　　D．折旧费用

4．下列各项中属于成本项目的是（　　）。

　　A．外购动力　　　　　B．利息支出　　　　　C．外购燃料　　　　　D．直接材料

5．下列各项中应计入制造费用的是（　　）。

　　A．构成产品实体的原材料费用　　　　　　　B．产品生产工人工资

　　C．车间管理人员工资　　　　　　　　　　　D．工艺用燃料费用

6．下列费用中，属于直接计入耗费的是（　　）.

A．几种产品负担的制造费用　　　　　　B．几种产品共同耗用的原材料费用

C．一种产品耗用的生产工人工资　　　　D．几种产品共同耗用的机器设备折旧费

7．在成本核算中，必须正确核算待摊耗费和预提耗费，这是贯彻了会计核算的（　　）原则。

A．历史成本　　　　B．权责发生制　　　　C．配比　　　　D．重要性

8．制造费用应分配计入（　　）。

A．基本生产成本和辅助生产成本　　　　B．基本生产成本和期间费用

C．生产成本和管理费用　　　　　　　　D．财务费用和销售费用

9．下列各项中，不计入产品成本的耗费的是（　　）。

A．直接材料耗费　　　　　　　　　　　B．辅助生产车间管理人员工资

C．车间厂房折旧费　　　　　　　　　　D．厂房办公楼折旧费

10．下列各项中属于直接生产耗费的是（　　）。

A．产品生产工人的薪酬　　　　　　　　B．车间辅助人员的薪酬

C．车间管理人员的薪酬　　　　　　　　D．生产车间的办公费

二、多项选择题

1．为了正确计算产品成本，必须做好的各项基础工作有（　　）。

A．做好定额的制定和修订工作

B．建立和健全材料物资的计量、收发、领退和盘点制度

C．建立和健全原始记录制度

D．做好厂内计划价格的制定和修订工作

E．按照生产特点和管理要求，采用适当的成本计算方法

2．为了正确计算产品成本，必须正确划分的耗费界限有（　　）。

A．生产经营耗费与非生产经营耗费的界限　　B．各月份的成本、费用的界限

C．销售费用与财务费用的界限　　　　　　　D．各种产品成本的界限

3．一般情况下，将制造成本的成本项目划分为（　　）。

A．直接材料　　　　B．直接人工　　　　C．制造费用　　　　D．管理费用

4．下列各项中属于耗费要素的有（　　）。

A．外购材料　　　　B．外购动力　　　　C．直接人工　　　　D．制造费用

5．企业根据耗费支出的比重和成本管理要求，可对基本生产成本增设"（　　）"等成本项目。

A．燃料及动力　　　　B．制造费用　　　　C．废品损失　　　　D．停工损失

6．期间费用又称为非制造成本，主要包括（　　）。

A．管理费用　　　　B．财务费用　　　　C．销售费用　　　　D．制造费用

7．下列各项中属于间接生产耗费的有（　　）。

A．车间厂房的折旧费　　　　　　　　　B．车间管理人员的职工薪酬

C．几种产品共同消耗的动力费用　　　　D．车间辅助人员的职工薪酬

8．下列各项中属于直接计入耗费的有（　　）。

A．几种产品共同消耗的辅助材料耗费　　B．几种产品共同负担的制造费用

C．一种产品消耗的原材料耗费　　　　　D．一种产品消耗的生产工人薪酬耗费

9．下列各项中属于间接计入耗费的有（　　　）。

A．几种产品消耗的原材料耗费

B．一种产品负担的辅助材料耗费

C．几种产品共同负担的生产工人薪酬耗费

D．管理费用

10．下列各项中，不属于产品生产成本项目的有（　　　）。

A．外购动力　　　　B．工资费用　　　　C．折旧费　　　　D．直接材料

E．燃料及动力

三、判断题

1．为了正确地计算产品成本，应该也可能绝对正确地划分完工产品和在产品的耗费界限。

（　　）

2．在只生产一种产品的工业企业或车间中，直接生产耗费和间接生产耗费都可以直接计入该种产品成本，都是直接计入耗费，这种情况下，没有间接计入耗费。（　　）

3．对所计提的固定资产折旧，应全部计入产品成本。（　　）

4．制定和修订定额，只是为了进行成本审核，与成本计算没有关系。（　　）

5．企业生产经营的原始记录，是进行成本预测、编制成本计划、进行成本核算的依据。（　　）

6．制定厂内计划价格是为了分清内部各单位的经济责任，便于分析内部各单位成本计划的完成情况和管理业绩，并加速和简化核算工作。（　　）

7．直接生产耗费既可能是直接计入耗费，也可能是间接计入耗费。（　　）

8．所谓耗费要素，就是耗费按经济内容的分类。（　　）

9．外购材料、外购动力属于耗费要素。（　　）

10．折旧费和职工薪酬费是产品成本项目。（　　）

四、简答题

1．正确计算产品成本应该正确划清哪些方面的耗费界限？

2．正确计算产品成本应该做好哪些基础工作？

3．简述耗费按照经济内容分类。

4．简述耗费按照经济用途分类。

5．简述成本核算的一般程序。

第三章 要素耗费的归集和分配

第一节 要素耗费分配概述

一、成本费用的归集和分配

（一）成本费用的归集

成本费用的归集是指对生产过程中所发生的各种成本费用，在有关资产类或成本类、费用类等科目中进行记录、汇总。例如，将企业生产车间（部门）为生产产品和提供劳务而发生的各项间接费用，按不同的生产车间（部门）和费用项目（如生产车间发生的机物料消耗，生产车间管理人员的职工薪酬，生产车间计提的固定资产折旧，生产车间支付的办公费、水电费等耗费等）分别在"制造费用"科目进行记录、汇总。

（二）成本费用的分配

成本费用的分配是指根据第二章关于正确划分各种成本费用的五个界限，将各种成本费用按"谁受益谁承担、受益越多承担越多"的原则，运用一定的标准和方法正确地分派到各相关成本类、资产类或费用类科目中去。例如，将本车间当期的制造费用分配计入本车间有关的成本计算对象；又如，月末，将"生产成本——基本生产成本——某产品"明细科目归集的某产品的全部生产成本，在本期完工产品与期末在产品之间进行分配，分别计算出本期完工产品成本和期末在产品成本；再如，月末，对企业应付未付的利息进行账务处理等。

二、要素耗费的分配

（一）直接计入耗费

对于基本生产车间发生的直接用于产品生产而且专门设有成本项目的耗费，例如构成产品实体的原材料耗费、工艺用燃料或动力耗费、生产工人薪酬耗费等，应单独计入"基本生产成本"科目。如果是某种产品的直接计入耗费，应直接计入该产品成本明细账的"直接材料""燃料及动力""直接人工"等相应的成本项目。

（二）间接计入耗费

如果是几种产品的间接计入耗费，则应采用适当的分配方法，分配计入这几种产品成本明细账的"直接材料""燃料及动力""直接人工"等相应的成本项目。

分配间接计入耗费的计算公式如下。

$$耗费分配率 = \frac{待分配耗费总额}{分配标准总额} \qquad （式3\text{-}1）$$

$$某种产品或某分配对象应负担的耗费 = 该产品或对象的分配标准额 \times 耗费分配率 \qquad （式3\text{-}2）$$

以上是概括性计算公式，后文具体学习各项要素耗费的分配（如原材料、燃料及动力、应付职工薪酬等耗费的分配）时，将要逐一举例说明。

公式中分配所依据的标准与所分配的费用多少有密切的联系，分配结果才会比较合理。如果分配标准的资料比较容易取得，计算就会比较简便。

分配间接计入耗费的标准主要有以下三类。

（1）成果类，例如产品的重量、体积、产量、产值等。

（2）消耗类，例如生产工时、机器工时、生产工人薪酬、原材料消耗量或原材料耗费等。

（3）定额类，例如定额消耗量、定额耗费等。

第二节 外购材料和外购燃料的分配

企业在生产经营过程中耗用的各种材料，包括原材料及主要材料、半成品、辅助材料、修理用备件、包装物、低值易耗品等。各种来源的材料的计价（包括材料成本的构成）、材料领用凭证及其控制、发出材料成本的确定等，在《中级会计实务》或《初级会计实务》等书中有详细介绍，本书不展开介绍，以下主要讲述材料耗费的分配。

不论何种来源的材料，其耗费都应以审核后的领退料凭证为依据，按照材料的具体用途进行分配。

一、原材料耗费的分配

直接用于产品生产、构成产品实体的原材料耗费，在产品成本中一般占有较大的比重，按照重要性原则，规定有单独的成本项目。例如冶炼用的矿石、纺织用的原棉和机械制造用的钢材等，专门设有"直接材料"（或"原材料"，下同）成本项目。这些原材料及主要材料一般分产品品种领用，其耗费属于直接计入耗费，应根据领退料凭证直接计入某种产品成本的"直接材料"成本项目。原材料及主要材料是几种产品共同耗用的，不能按照产品品种分别领用，该原材料及主要材料耗费就属于间接计入耗费，应采用既合理又简便可行的分配方法，分配计入各有关产品成本的"直接材料"成本项目。

由于原材料及主要材料的耗用量一般与产品的重量、体积有关，原材料及主要材料耗费一般可以按产品的重量（或体积）比例分配。例如各种铁铸件所用的原材料生铁，可以按照铁铸件的重量比例分配；又如各种木器所用主要材料木材，可以按照木器净用材料的体积比例分配。如果难以确定适当的分配方法，或者作为分配标准的资料不易取得，而原材料或主要材料的消耗定额比较准确，原材料或主要材料耗费也可以与辅助材料耗费一样，按照材料的定额消耗量或定额耗费比例分配。

直接用于产品生产、有助于产品形成的辅助材料，如果是直接计入耗费，应直接计入各种产品成本的"直接材料"成本项目；如果是间接计入耗费，应采用适当的分配方法，分配计入各有关产品成本的该项目。对于耗用在主要材料上的辅助材料，例如电镀材料、油漆等，可以按主要材料耗用量比例或主要材料耗费比例分配。对于与产品产量有联系的辅助材料，可以按产品产量比例分配。如果产品的辅助材料消耗定额比较准确，也可按辅助材料的定额消耗量或定额耗费比例分配。

（一）按原材料定额消耗量比例分配材料耗费

所谓消耗定额，是指单位产品在正常生产过程中消耗的数量限额；定额消耗量是指实际产量下按照消耗定额计算的可以消耗的数量。

 例 3-1

本书将以瑞鑫公司为例，说明产品成本计算的流程，企业相关资料如下：

瑞鑫公司是一个制造型企业，大量生产甲、乙两种产品，该企业只有一个基本生产车间，另外有两个辅助生产车间，分别是供水车间和机修车间，20××年9月有关业务如下。

基本生产车间领用A原材料8 190千克，每千克实际成本20元，共163 800元，用于共同生产甲、乙两种产品，生产甲产品300件，乙产品100件；单位甲产品A原材料消耗定额为16千克，单位乙产品A原材料消耗定额为30千克，A原材料耗费计算分配如下：

方法一

首先，分别计算甲、乙产品按定额规定应该消耗的A原材料。

甲产品A原材料定额消耗量=300×16=4 800（千克）

乙产品A原材料定额消耗量=100×30=3 000（千克）

其次，计算甲、乙产品耗用A原材料实际消耗总量是定额消耗总量的"几倍"（倍数就是A原材料消耗量分配率）。

A原材料耗费分配率=8 190÷（4 800+3 000）=1.05

再次，计算甲、乙产品应分配的A原料实际消耗量。

甲产品应分配的A原材料实际消耗量=4 800×1.05=5 040（千克）

乙产品应分配的A原材料实际消耗量=3 000×1.05=3 150（千克）

最后，分别计算甲、乙产品应分配的A原材料实际成本。

甲产品应分配的A原材料实际成本=5 040×20=100 800（元）

乙产品应分配的A原材料实际成本=3 150×20=63 000（元）

按原材料定额消耗量比例分配原材料耗费的分配程序可用公式表示如下。

（1）计算各种产品某种原材料定额消耗量。

某种产品某种原材料定额消耗量＝该种产品实际产量×单位产品该种原材料消耗定额 （式3-3）

（2）计算某种原材料耗费分配率。

$$某种原材料耗费分配率 = \frac{该种原材料实际总消耗量}{各种产品该种原材料定额消耗量之和} \qquad （式3-4）$$

此处，原材料耗费分配率的直观经济含义是：（各种产品）原材料实际消耗量是（各种产品）原材料定额消耗量的"几倍"。

（3）计算各种产品应分配的某种原材料实际消耗量。

$$某种产品应分配的某种原材料实际消耗量 = 该种产品的某种原材料定额消耗量 × 某种原材料耗费分配率 \qquad （式3-5）$$

（4）计算各种产品应分配的某种原材料的实际成本。

$$某种产品应分配的某种原材料的实际成本 = 该种产品应分配的某种原材料的实际消耗量 × 该种原材料实际成本 \qquad （式3-6）$$

上述方法一，提供了各种产品的原材料实际消耗量的资料，便于考核原材料消耗定额的执行情况，有利于进行材料消耗的实物管理，但分配计算的工作量较大。为了简化分配计算工作，也可以按原材料定额消耗量比例直接分配原材料成本。其分配程序和计算公式以【例3-1】的资料说明如下：

方法二

首先，分别计算甲、乙产品按定额规定应该消耗的 A 原材料。

甲产品 A 原材料定额消耗量=300×16=4 800（千克）

乙产品 A 原材料定额消耗量=100×30=3 000（千克）

其次，计算原材料耗费分配率。

$$某种原材料耗费分配率 = \frac{该种原材料实际成本总额}{各种产品该种原材料定额消耗量之和}$$

$$= \frac{163\,800}{4\,800+3\,000}$$

$$=21（元/千克）$$

此处，原材料耗费分配率的直观经济含义是：产品耗用的原材料单位定额消耗量应负担的材料成本（其单位是：元/单位定额消耗量）。本例中，虽然 A 原材料每千克实际成本为 20 元，但是，由于产品耗用的 A 原材料的实际消耗量大于定额消耗量，所以 A 原材料耗费分配率（单位定额消耗量负担的 A 原材料成本）大于实际单位成本。

最后，分别计算甲、乙产品应分配的 A 原材料的实际成本。

甲产品应分配的 A 原材料实际成本=4 800×21=100 800（元）

乙产品应分配的 A 原材料实际成本=3 000×21=63 000（元）

以上两种分配程序的计算结果相同，但后一种分配程序不能反映各种产品所应负担的材料消耗数量，不利于加强材料消耗的实物管理。

知识点小结

消耗定额，指单位产品在正常生产过程中消耗的数量限额；定额消耗量，指实际产量下按照消耗定额计算的可以消耗的数量。

（二）按原材料定额耗费比例分配材料耗费

定额耗费是指实际产量下按照定额消耗量计算的消耗金额。

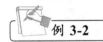
例 3-2

瑞鑫公司20××年9月为生产甲、乙两种产品共同领用 A、B 两种原材料，共 1 097 600 元。本月投产甲产品 1 000 件，乙产品 2 000 件。甲产品材料消耗定额：A 材料 10 千克、B 材料 5 千克。乙产品材料消耗定额：A 材料 8 千克、B 材料 6 千克。A 材料计划单价 30 元，B 材料计划单价 20元。原材料耗费计算分配如下。

分别计算甲、乙产品耗用的 A、B 两种原材料按照定额规定的耗费（金额）。

甲产品：A 原材料定额耗费=1 000×10×30=300 000（元）

B 原材料定额耗费=1 000×5×20=100 000（元）

甲产品原材料定额耗费合计　400 000（元）

乙产品：A 材料定额耗费=2 000×8×30=480 000（元）

B 材料定额耗费=2 000×6×20=240 000（元）

乙产品原材料定额耗费合计　720 000（元）

计算甲、乙产品应负担的 A、B 两种原材料实际成本总额是定额耗费（定额成本）总额的"几倍"。

原材料耗费分配率=1 097 600÷（400 000+720 000）=0.98

原材料耗费分配率为 0.98，小于 1，这是因为甲、乙两种产品耗用 A、B 两种原材料定额耗费总额为 1 120 000 元，但实际耗费总额只有 1 097 600 元，小于 1 120 000 元。

分别计算甲、乙产品消耗 A、B 两种原材料各应分配的原材料实际成本。

甲产品应分配的原材料实际成本=400 000×0.98=392 000（元）

乙产品应分配的原材料实际成本=720 000×0.98=705 600（元）

按原材料定额耗费比例分配材料耗费的分配程序可用公式表示如下。

$$某种产品原材料定额耗费 = 该种产品实际产量 × 单位产品原材料耗费定额 \qquad （式3-7）$$

$$= \frac{该种产品}{实际产量} × \frac{单位产品该种}{原材料消耗定额} × \frac{该种原材料}{计划单价}$$

$$原材料耗费分配率 = \frac{各种产品原材料实际耗费总额}{各种产品原材料定额耗费总额} \qquad （式3-8）$$

$$某种产品分配负担\\的实际原材料耗费 = \frac{该种产品各种原材料}{定额耗费之和} × \frac{原材料耗费}{分配率} \qquad （式3-9）$$

原材料耗费分配率的直观经济含义是：各种产品应负担的原材料实际耗费总额是定额耗费（定额成本）总额的"几倍"。

直接用于产品生产、专设成本项目的各种材料耗费，应计入"基本生产成本"科目的借方及其所属各产品成本明细账"直接材料"成本项目。直接用于辅助生产、专设成本项目的各种材料耗费，以及用于基本生产和辅助生产但没有专设成本项目的各种材料耗费、用于产品销售及组织和管理生产经营活动等方面的各种材料耗费，应分别计入"辅助生产成本""制造费用""销售费用""管理费用"等科目的借方。已发生的各种材料耗费总额，应计入"原材料"等科目的贷方。

在余料退库和废料回收时，应根据退料凭证和废料交库凭证，扣减原领的材料成本。月末车间已领未用的材料，如果下月生产还需用，应办理假退料手续，不能计入本月的生产成本由本月产品成本负担。

在实际工作中，包括原材料在内的各种材料耗费的分配一般是通过编制材料耗费分配表或发料凭证汇总表进行的。材料耗费分配表是按车间、部门和材料的类别，根据归类后的领退料凭证和有关资料编制的。

（三）材料耗费分配表和发料凭证汇总表的编制

材料耗费分配表和发料凭证汇总表的编制，一般有以下几种方式。

（1）材料核算人员根据领退料单汇总编制发料凭证汇总表，登记有关的总账，进行材料发出的总分类核算；然后将与成本、费用有关的领退料单交给成本核算人员据以编制材料耗费分配表，登记有关的成本、费用明细账，进行材料耗费的明细核算。

（2）成本核算人员根据领退料单编制材料耗费分配表，进行材料耗费的明细核算；然后将分配表或其中的一联交材料核算人员，由材料核算人员根据材料耗费分配表和其他方面的发料（例如发出材料委托外单位加工、发出材料进行销售等）凭证，汇总编制发料凭证汇总表，进行材料发出的总分类核算。

（3）材料核算人员按照成本、费用核算的要求，根据领退料单的具体用途归类汇编发料凭证汇总表，代替材料耗费分配表，进行材料发出的总分类核算；然后将发料凭证汇总表或其中的一联交成本核算人员,据以进行材料耗费的明细核算。

在(2)(3)两种做法下,发料凭证汇总表一般只在月末汇总编制,不再按旬填列。

(4)材料核算人员和成本核算人员,根据各自所持的领退料单的一联,分别编制发料凭证汇总表和材料耗费分配表,在相互核对以后,由材料核算人员和成本核算人员同时分别进行材料发出的总分类核算和明细核算。这种做法的核算工作量较大,但可以发挥材料发出核算与材料耗费分配核算相互核对作用,提高核算的正确性。

假设瑞鑫公司根据20××年9月归类后的领退料凭证和【例3-1】材料耗费分配计入的计算结果,编制材料耗费分配表,如表3-1所示。

表3-1 材料耗费分配表

20××年9月

金额单位:元

应借科目	成本或费用项目	直接计入金额	分配计入(分配率:21元/千克)		材料耗费合计
			定额消耗量(千克)	分配金额	
基本生产成本					
——甲产品	直接材料	9 200	4 800	100 800	110 000
——乙产品	直接材料	27 000	3 000	63 000	90 000
小计		36 200	7 800	163 800	200 000
辅助生产成本					
——机修车间	机物料消耗	4 000			4 000
——供水车间	机物料消耗	6 000			6 000
小计		10 000			10 000
制造费用					
——某基本生产车间	机物料消耗	1 000			1 000
销售费用	机物料消耗	600			600
管理费用	机物料消耗	400			400
合计		48 200		163 800	212 000

根据材料耗费分配表编制以下会计分录,并据以登记有关总账和明细账。

借:基本生产成本——某车间——甲产品(直接材料)　　　　110 000
　　　　　　　　——某车间——乙产品(直接材料)　　　　 90 000
　　辅助生产成本——机修车间(机物料消耗)　　　　　　　 4 000
　　　　　　　　——供水车间(机物料消耗)　　　　　　　 6 000
　　制造费用——某基本生产车间(机物料消耗)　　　　　　 1 000
　　销售费用(机物料消耗)　　　　　　　　　　　　　　　　 600
　　管理费用(机物料消耗)　　　　　　　　　　　　　　　　 400
　　贷:原材料　　　　　　　　　　　　　　　　　　　　212 000

二、燃料耗费的分配

燃料也属于原材料,燃料耗费分配的程序和方法与上述原材料耗费分配的程序和方法相同。如果燃料耗费在产品成本中所占比重较大,为了加强对能源耗费的分析和考核,可将燃料耗费与动力费用一起,专门设立"燃料及动力"成本项目,增设"燃料"会计科目,对燃料耗费单独进行核算。在这种情况下,直接用于产品生产的燃料,如果分产品领用,应根据领退料凭证直接计入各有关产品的"燃料及动力"成本项目;如果不能分产品领用,应采用适当的分配方法,分配计入各有关产品的成本项目。分配的标准一般有产品的重量、体积、所耗原材料的数量或金额，以及燃料的定额消耗量或定额耗费等。

 **例 3-3**

瑞鑫公司20××年9月生产的甲、乙两种产品共同耗用焦煤19 600元，按甲、乙两种产品的产量计算的焦煤定额耗费分别为12 000元、8 000元；供水车间耗用汽油1 000元（供电局通知，部分线路停电，供水车间应急发电保障供水用）。

甲、乙两种产品工艺用燃料（焦煤）耗费为间接计入耗费，该公司采用按定额耗费比例进行分配。计算如下。

焦煤耗费分配率=19 600÷（12 000+8 000）=0.98

甲产品应分配焦煤成本=12 000×0.98=11 760（元）

乙产品应分配焦煤成本=8 000×0.98=7 840（元）

供水车间的汽油耗费为直接计入耗费。

燃料耗费的分配是通过编制燃料耗费分配表进行的。根据瑞鑫公司20××年9月归类后的燃料领退料凭证和焦煤耗费的分配计算结果，编制燃料耗费分配表，如表3-2所示。

表3-2　燃料耗费分配表

20××年9月

金额单位：元

应借科目	成本或费用项目	直接计入金额	分配计入（分配率：0.98）		燃料耗费合计
			定额燃料耗费	分配金额	
基本生产成本					
——甲产品	燃料及动力		12 000	11 760	11 760
——乙产品	燃料及动力		8 000	7 840	7 840
小计			20 000	19 600	19 600
辅助生产成本					
——供水车间	机物料消耗	1 000			1 000
小计		1 000			1 000
合计		1 000		19 600	20 600

根据燃料耗费分配表编制以下会计分录，并据以登记有关总账和明细账。

借：基本生产成本——某车间——甲产品（燃料及动力）　　　　11 760
　　　　　　　　——某车间——乙产品（燃料及动力）　　　　　7 840
　　辅助生产成本——供水车间（机物料消耗）　　　　　　　　　1 000
　　贷：燃料——焦煤　　　　　　　　　　　　　　　　　　　　　　19 600
　　　　　——汽油　　　　　　　　　　　　　　　　　　　　　　　1 000

三、低值易耗品的摊销

低值易耗品是指不作为固定资产核算的各种劳动手段，包括工具、管理用具、玻璃器皿，以及在经营过程中周转使用的包装容器等各种用具物品。

企业在进行低值易耗品的收入、发出、摊销和结存的总分类核算时，按照企业会计准则规定，应该在"周转材料"科目下设置"低值易耗品"明细科目；也可以单独设置"低值易耗品"科目，并比照材料的明细核算设置明细账，按照低值易耗品的类别、品种、规格进行数量和金额的明细核算。

低值易耗品的日常核算与材料的一样，既可以按照实际成本计价，又可以按照计划成本计价。在领用低值易耗品以后，其价值应该摊销计入成本、费用中。低值易耗品摊销额在产品成本中所占比重较小，一般不专设成本项目。因此，用于生产产品的低值易耗品的摊销，应计入"制造费用"科目；用于组织和管理生产经营活动的低值易耗品摊销，应计入"管理费用"科目等。

低值易耗品的摊销，应该根据具体情况采用一次摊销法、五五摊销法等。关于低值易耗品的摊销在《中级会计实务》或《初级会计实务》书中有详细介绍，此处不展开介绍。

第三节 外购动力的分配

一、外购动力耗费核算概述

外购动力的分配

外购电力、蒸汽等动力，在付款时，应按外购动力的用途，直接借记各成本、费用科目，贷记"银行存款"科目。但在实际工作中一般通过"应付账款"科目核算，即在付款时先作为暂付款处理，借记"应付账款"科目，贷记"银行存款"科目；月末按照外购动力的用途分配耗费时再借记各成本、费用科目，贷记"应付账款"科目，冲销原来计入"应付账款"科目借方的暂付款。需要这样核算的原因是：外购动力费用一般不是在每月末支付，而是在每月下旬的某日支付。如果支付时就直接借记各成本、费用科目，贷记"银行存款"科目，那么该日计入的动力耗费并不完全是当月动力耗费，而是上月付款日到本月付款日这一期间的动力耗费。这样，为了正确地计算当月动力耗费，不仅要计算、扣除上月付款日到上月末的已付动力费，而且还要分配、补记当月付款日到当月末的应付未付动力费，核算工作量太大。若通过"应付账款"科目核算，可以免去这些核算工作，每个月只需在月末分配登记一次动力耗费，大大简化了核算工作。采用"应付账款"科目的核算方法，"应付账款"科目一般会出现月末余额。如果是借方余额，为本月支付款大于应付款的多付动力费，可以抵冲下月应付费；如果是贷方余额，为本月应付款大于支付款的应付未付动力费用，可以在下月支付。

如果每月支付动力费的日期基本固定，而且每月付款日到月末的应付动力费相差不多，在这种情况下，也可以不通过"应付账款"科目核算，而将每月支付的动力费作为应付动力费，在付款时直接借记各成本、费用科目，贷记"银行存款"科目，每月分配、登记一次动力费。因为在这种情况下，各月付款日到月末的应付动力费可以互相抵销，不影响各月动力费核算的正确性。

自制动力应由辅助生产车间进行，其耗费支出的核算和耗费的分配，将在"第四章 辅助生产成本的归集和分配"讲述。

二、外购动力耗费分配

外购动力有的直接用于产品生产，例如生产工艺用电力；有的间接用于产品生产，例如生产车间照明（空调等，下同）用电力等；有的用于经营管理，例如行政管理部门照明用电力等。这些动力费的分配，在有仪表记录的情况下，应根据仪表所示耗用动力的数量以及动力的单价计算；在没有仪表记录的情况下，可按生产工时的比例、机器功率时数（机器功率×机器时数）的比例，或定额消耗量的比例分配。各车间、部门一般都分别装有电表记录产品动力用电和照明用电，因此，外购电力费在各车间、部门的产品动力用电和照明用电之间，一般按用电量分配；车间中的产品动力用电，一般不能按产品分别安装电表，因而车间动力用电力费在各种产品之间一般按产品的生产工时比例（或机器工时比例）、定额耗电量比例或其他比例分配。

为了加强对能源的核算和控制，生产工艺用动力一般与生产工艺用燃料合设一个成本项目。因此，直接用于产品生产的动力费应该单独计入产品成本的"燃料及动力"成本项目。对于动力费，如果企业按产品分别装有记录动力耗用量的仪表，应该根据仪表所示各种产品的耗用数量和外购动力的单价，直接计入各种产品成本；如果企业没有按产品安装这种仪表，应按上述适当的分配方法，单独分配计入各该产品成本。

以电力费为例，分配的计算方法如下。

$$电力费分配率 = \frac{实际电力费总额}{各车间、部门动力和照明用电量之和} \qquad （式3-10）$$

$$某车间动力用电力费 = 该车间动力用电量 × 电力费分配率 \qquad （式3-11）$$

$$某车间、部门照明用电力费 = 该车间、部门照明用电量 × 电力费分配率 \qquad （式3-12）$$

$$某车间动力用电力费分配率 = \frac{该车间动力用电力费}{该车间各种产品生产工时（或机器工时）之和} \qquad （式3-13）$$

$$某产品分配动力用电力费 = 该车间某产品生产工时 × 该车间动力用电力费分配率 \qquad （式3-14）$$

以上公式中："电力费分配率"表示各车间、部门耗用每千瓦·时动力和照明用电应分配（负担）的电力费，其单位为"元/（千瓦·时）"；"某车间动力用电力费分配率"表示该车间各种产品每一个生产工时（或机器工时）应分配（负担）的电力费，其单位为"元/生产工时"或"元/机器工时"（各车间的该分配率可能不相等）。

上述直接用于产品生产、设有"燃料及动力"成本项目的动力费，应单独计入"基本生产成本"总账科目和所属有关产品成本明细账的借方（在明细账中计入"燃料及动力"成本项目）。直接用于辅助生产的动力费、用于基本生产但未专设成本项目的动力费（例如生产车间照明用电力费）、用于组织和管理生产经营活动的动力费（例如行政管理部门照明用电力费），则应分别计入"辅助生产成本""制造费用""管理费用"总账科目和所属明细账的借方。外购动力费总额应根据有关的转账凭证或付款凭证计入"应付账款"或"银行存款"科目的贷方。

 例3-4

瑞鑫公司20××年9月共消耗外购电100 000千瓦·时，总金额68 000元（尚未付款），每千瓦·时电力费0.68元。基本生产车间直接用于产品生产耗电64 800千瓦·时，金额44 064（64 800×0.68）元，该公司规定按各产品机器工时比例分配动力费。甲产品机器工时为20 000小时，乙产品机器工时为16 720小时。该基本生产车间一般耗电4 000千瓦·时；辅助生产车间机修车间和供水车间分别耗电3 000千瓦·时、21 200千瓦·时；专设销售机构和管理部门分别耗电3 000千瓦·时、4 000千瓦·时。外购动力耗费计算分配如下。

首先，计算对甲、乙产品应分配的动力费。

动力费分配率=44 064÷（20 000+16 720）=1.2（元/机器工时）

甲产品应分配的动力费=20 000×1.2=24 000（元）

乙产品应分配的动力费=16 720×1.2=20 064（元）

然后，编制外购动力费分配表，如表3-3所示。

表3-3　外购动力费分配表

20××年9月　　　　　　　　　　　　　　　　　　　　　　金额单位：元

应借科目	成本或费用项目	机器工时 （分配率：1.2元/机器工时）	用电量 （0.68元/千瓦·时）	分配金额
基本生产成本				
——甲产品	燃料及动力	20 000		24 000
——乙产品	燃料及动力	16 720		20 064
小计		36 720	64 800	44 064
辅助生产成本				
——机修车间	水电费	3 000		2 040
——供水车间	水电费	21 200		14 416
小计		24 200		16 456
制造费用				
——某基本生产车间	水电费	4 000		2 720
销售费用	水电费	3 000		2 040
管理费用	水电费	4 000		2 720
合计			100 000	68 000

根据外购动力费分配表编制以下会计分录，并据以登记有关总账和明细账。

借：基本生产成本——某车间——甲产品（燃料及动力）　　24 000

　　　　　　——某车间——乙产品（燃料及动力）　　20 064

　　制造费用——某基本生产车间（水电费）　　　　　　2 720

　　辅助生产成本——机修车间（水电费）　　　　　　　2 040

　　　　　　——供水车间（水电费）　　　　　　　　14 416

　　销售费用（水电费）　　　　　　　　　　　　　　　2 040

　　管理费用（水电费）　　　　　　　　　　　　　　　2 720

　　贷：应付账款　　　　　　　　　　　　　　　　　　　　68 000

如果生产工艺用的燃料和动力没有专门设立成本项目，直接用于产品生产的燃料耗费和动力耗费，可以计入"直接材料"成本项目或"制造费用"成本项目，作为原材料耗费或制造费用进行核算（后者指没有分别装有电表记录生产工艺用电和车间管理用电的情况）。

第四节　职工薪酬的分配

一、职工薪酬的范围

职工薪酬是企业在职工提供劳务后根据有关规定应付给职工的各种薪酬。按照企业会计准则规定，职工薪酬主要包括以下内容。

（一）职工工资、奖金、津贴和补贴

职工工资、奖金、津贴和补贴是指按照构成工资总额的计时工资、计件工资、支付给职工的超额劳动报酬或增收节支的劳动报酬、为补偿职工特殊或额外的劳动消耗和因其他特殊原因支付给职工的津贴，以及为保证职工工资水平不受物价影响支付给职工的物价补贴等。

（二）职工福利费

职工福利费主要包括职工因公负伤赴外地就医费、职工生活困难补助、未实行医疗统筹企业职工医疗费用，以及按规定发生的其他职工福利支出。

（三）社会保险费

社会保险费是指企业按照国家规定的基准和比例计算，向社会保险经办机构缴纳的医疗保险费、养老保险费、失业保险费、工伤保险费和生育保险费等社会保险费支出。

（四）住房公积金

住房公积金是指企业按照国家规定的基准和比例计算，向住房公积金管理机构缴存的住房公积金支出。

（五）工会经费和职工教育经费

工会经费和职工教育经费是指企业为了改善职工文化生活，为职工学习先进技术和提高文化水平、业务素质，用于开展工会活动和职工教育及职业技能培训等的相关支出。

（六）非货币性福利

非货币性福利是指企业以自己的产品或外购商品发放给职工作为福利，企业提供给职工无偿使用自己拥有的资产或租赁资产供职工无偿使用，例如提供给企业高级管理人员使用的住房，免费为职工提供诸如医疗保健的服务；或向职工提供企业支付了一定补贴的商品或服务，以低于成本的价格向职工出售住房等。

（七）因解除与职工的劳动关系给予的补偿

因解除与职工的劳动关系给予的补偿是指企业在职工劳动合同尚未到期之前解除与职工的劳动关系，或者为鼓励职工自愿接受员工裁减而给予职工的经济补偿。

（八）其他与获得职工提供的服务相关的支出

其他与获得职工提供的服务相关的支出是指企业除以上各项之外支付给职工因任职受雇而给予的各项开支。

二、工资耗费的核算

（一）工资耗费的原始记录

进行工资耗费核算，必须有一定的原始记录作为依据。不同的工资制度所依据的原始记录不同。计算计时工资耗费，应以考勤记录中的工作时间记录为依据；计算计件工资耗费，应以产量记录中的产品数量和质量记录为依据。因此，考勤记录和产量记录是工资耗费核算的主要原始记录。

在考勤记录中，应该登记企业内部每一单位、每一职工的出勤和缺勤的时间，并对这些时间进行归类分析。

月末，考勤人员应该将经过车间、部门负责人审查、签章以后的考勤记录，送交会计部门审核。经过会计部门审核的考勤记录，即可据以计算每一职工的工资：根据出勤或缺勤日数计算应发的计

时工资，根据夜班次数和加班加点时数计算夜班津贴和加班加点工资，根据病假日数计算病假工资，等等。

产量记录是登记工人或生产小组在出勤时间内完成产品的数量、质量和生产产品所用工时数量的原始记录。认真做好产量记录，不仅可以为计算计件工资成本提供正确的依据，而且还为在各种产品之间分配与工时有关的成本提供合理的依据。因此，每个工业企业，除了做好各单位的考勤记录以外，在生产车间中，还应做好产量记录。

会计部门应该对产量记录进行审核，经过审核的产量记录，即可作为计算计件工资的依据。企业应该根据记录提供的每个工人或小组的合格产品产量和由于材料质量不符要求而产生的废品（料废）数量，按照计件单价计算每一工人或小组的计件工资。由于工人操作失误产生的废品（工废），不计算计件工资。计件工资可以按产品产量和计件单价计算，也可以按工人或小组完成的定额工时和该等级工人的小时工资率计算。会计部门还应根据记录提供的各种产品的计件工资额，计算各种产品成本中的工资成本。

（二）工资的计算

按工资用途分配工资耗费，是工资耗费核算的主要内容。工业企业可以根据具体情况采用各种不同的工资制度，其中最基本的工资制度是计时工资制度和计件工资制度。

1．计时工资的计算

职工的计时工资，是根据考勤记录登记的每一职工出勤或缺勤日数，按照规定的工资标准计算的。工资按其计算的时间不同，有月薪、日薪、小时工资。企业固定职工的计时工资一般为月薪；临时职工的计时工资大多为日薪，也有小时工资。采用月薪制，不论各月日历日数多少，每月的标准工资相同。为了按照职工出勤或缺勤日数计算应付的月工资，企业还应根据月工资标准计算日工资率，即每日平均工资。采用日薪制，每日工作时数为 8 小时。如果有出勤不满 8 小时的情况，还应根据日标准工资计算小时工资率，即每小时平均工资。下面着重述说月薪制计时工资的计算方法。

采用月薪制计算应付工资，由于各月日历日数不同，有的月份 30 日，有的月份 31 日，2 月只有 28 日或 29 日，同一职工各月的日工资率不尽相同。在实际工作中，为了简化日工资的计算工作，日工资率一般按以下两种方法之一计算：①每月固定按 30 日计算，以月工资标准除以 30 日，算出每月的日工资率；②每月固定按年日历日数 365 日减去 104 个双休日和 13 个法定节假日，再除以 12 个月后算出的平均工作日数 20.67 日计算，以月工资标准除以 20.67 日算出每月的日工资率。此外，应付的月工资，可以按日工资率乘以出勤日数计算，也可以按月工资标准扣除缺勤工资（日工资率乘以缺勤日数）计算。

综上所述，应付月工资一般有四种计算方法：①按 30 日计算日工资率，按缺勤日数扣月工资；②按 30 日计算日工资率，按出勤日数计算月工资；③按 20.67 日计算日工资率，按缺勤日数扣月工资；④按 20.67 日计算日工资率，按出勤日数计算月工资。采用哪一种方法，由企业自行确定；确定以后，不应任意变动。

在按 30 日计算日工资率的企业中，由于节假日也算工资，因而出勤期间的节假日，也按出勤日算工资。事假、病假等缺勤期间的节假日，也按缺勤日扣工资。在按 20.67 日计算日工资率的企业中，节假日不算、不扣工资。

计算计时工资的上述四种方法，各有利弊。但按 20.67 日计算日工资率，节假日不算工资，更能体现按劳分配的原则；而且职工缺勤日数总比出勤日数少，计算缺勤工资总比计算出勤工资简便。因此，按 20.67 日计算日工资率、按缺勤日数扣月工资的方法，更简单易操作。

2. 计件工资的计算

（1）个人计件工资的计算

职工的计件工资，应根据产量记录中登记的每一工人的产品产量，乘以规定的计件单价计算。这里的产量包括合格品产量和不是工人本人过失造成的不合格品产量（例如料废产品数量）；工人本人过失造成的不合格品（例如工废产品），不计算、不支付工资，有的还应由工人赔偿损失。同一工人在月份内可能从事计件工资单价不同的各种产品的生产，因而计件工资的计算公式如下。

应付工资=∑（月内每种产品的产量×该种产品的计件单价）　　　　（式 3-15）

产品的计件单价是根据工人生产单位产品所需要的工时定额和该级工人每小时的工资率计算求出的。

 **例 3-5**

A、B 两种产品都应由 6 级工人加工。A 产品的工时定额为 30 分钟，B 产品的工时定额为 18 分钟。6 级工人的小时工资率为 20 元。该两种产品的计件单价计算如下。

A 产品计件单价=20×（30÷60）=10（元）

B 产品计件单价=20×（18÷60）=6（元）

从产品计件单价的计算原理可以看出，同一工人如果生产计件单价不同的各种产品，为了简化计算工作，也可以根据每一工人完成的产品定额工时总数和工人所属等级的小时工资率计算计件工资。其计算结果与按上列公式计算的结果相同。

假定某 6 级工人共加工 A 产品 150 件，B 产品 350 件。其按上例公式计算的计件工资如下。

应付工资=150×10+350×6=3 600（元）

该工人完成的产品定额工时=150×（30÷60）+350×（18÷60）=75+105=180（小时）

按该工人完成的产品定额工时总数和小时工资率计算的计件工资=20×180=3 600（元）

以上两种方法计算结果相同。由于产量记录中记有每种产品的定额工时数，而且每一工人完成的各种产品的定额工时数可以加总，所以后一种方法比较简便。

（2）集体计件工资的计算

生产小组等集体计件工资的计算方法与个人计件工资的计算方法基本相同，不同之处是：集体计件工资还要在集体内部各工人之间按照贡献大小进行分配。由于工人的级别或工资标准一般体现工人劳动的质量和技术水平，工作日数一般体现劳动数量，所以集体计件工资在集体内部大多按每人的工资标准和工作日数（或工时数）的乘积为比例进行分配。

 **例 3-6**

某工业企业某生产小组集体完成若干项生产任务，按照一般计件工资的计算方法算出并取得集体工资 12 600 元。该小组由 4 个不同等级的工人组成，每人的姓名、等级、日工资率、出勤日数，以及按日工资率和出勤日数计算的工资额（集体计件工资内部的分配标准）如表 3-4 所示。

表 3-4　集体计件工资分配标准表

集体单位：×生产小组　　　　　　　　　20××年 9 月

工人姓名	等级	工资标准（日工资率，元/天）	出勤日数（天）	按日工资率和出勤日数计算的工资额（元）
张×	6	140	18	2 520
王×	5	120	19	2 280

续表

工人姓名	等级	工资标准（日工资率，元/天）	出勤日数（天）	按日工资率和出勤日数计算的工资额（元）
孙×	4	100	20	2 000
赵×	2	80	20	1 600
合计	—	—	77	8 400

生产小组内部工资分配率 $= \dfrac{12\,600}{8\,400} = 1.5$

该工资分配率表示：小组（及个人）在集体计件工资制下完成了该批生产任务实际取得的工资额是计时工资的1.5倍。

张×应分工资=2 520×1.5=3 780（元）

王×应分工资=2 280×1.5=3 420（元）

孙×应分工资=2 000×1.5=3 000（元）

赵×应分工资=1 600×1.5=2 400（元）

4人所分工资=3 780+3 420+3 000+2 400=12 600（元）

计时工资和计件工资以外的属于工资总额组成的各种奖金、津贴、补贴、加班加点工资，以及特殊情况下支付的工资，按照国家和企业的有关规定计算，不详述。

会计部门应该根据计算出的职工工资，按照车间、部门分别编制工资结算单，工资结算单中按照职工类别和姓名分行填列应付每一职工的各种工资、代扣款项（例如代扣职工社会保险费、住房公积金等）和应付工资，作为与职工进行工资结算的依据。工资结算单中应付工资的金额也是计算工资耗费的依据。

直接进行产品生产的生产工人工资，专门设有"直接人工"成本项目。其中计件工资属于直接计入耗费，应根据工资结算单直接计入某种产品成本；计时工资属于间接计入耗费，应按产品的生产工时比例等，分配计入各有关产品成本；奖金、津贴和补贴，以及特殊情况下支付的工资等，一般也属于间接计入耗费，应按直接计入的工资比例或生产工时比例等，分配计入各有关产品成本。

按产品的生产工时比例分配生产工人工资成本，能够将产品所分配的工资耗费与劳动生产率联系起来。如果某种产品单位产品耗用的生产工时减少，说明劳动生产率提高，其所分配的工资耗费就应减少。相反，如果某种产品单位产品耗用的生产工时增加，说明劳动生产率降低，其所分配的工资耗费就应增加。因此，按产品的生产工时比例分配工资耗费是比较合理的。

如果取得各种产品的实际生产工时数据比较困难，而各种产品的单件工时定额比较准确，也可以按产品的定额工时（产品数量与工时定额的乘积）比例分配工资耗费。

三、应付职工薪酬分配的核算

（一）工业企业应付职工薪酬核算的情况

企业进行应付职工薪酬的核算，应该审核企业的各项职工薪酬支出是否符合国家的有关规定，应该根据企业计划的职工薪酬总额控制职工薪酬支出，以控制成本费用。除因解除与职工的劳动关系给予的补偿外的职工薪酬，应当根据职工提供服务的受益对象，分情况进行账务处理。

（1）应由生产产品、提供劳务负担的职工薪酬，计入产品成本或劳务成本。

（2）应由在建工程、无形资产负担的职工薪酬，计入建造固定资产或无形资产成本（自行建造固定资产和自行研究开发无形资产过程中发生的职工薪酬，能否计入固定资产或无形资产的成本，根据相关具体准则确定）。

（3）除直接生产人员、直接提供劳务人员、建造固定资产人员、开发无形资产人员以外的职工，包括公司总部管理人员、董事会成员、监事会成员等人员相关的职工薪酬，均在发生时计入当期损益。

（二）工业企业应付职工薪酬核算的主要账务处理

（1）生产部门人员的职工薪酬，分别借记"基本生产成本——××车间——××产品""辅助生产成本——××车间""制造费用——××车间"等科目，贷记"应付职工薪酬——工资""应付职工薪酬——职工福利""应付职工薪酬——社会保险费""应付职工薪酬——住房公积金""应付职工薪酬——工会经费""应付职工薪酬——职工教育经费""应付职工薪酬——非货币性福利"等科目。

应由在建工程、研发支出负担的职工薪酬，借记"在建工程""研发支出"等科目，贷记"应付职工薪酬"科目（明细科目同上）。

管理部门人员、销售人员的职工薪酬，借记"管理费用"或"销售费用"科目，贷记"应付职工薪酬"科目（明细科目同上）。

（2）企业以其自产产品发放给职工作为职工薪酬的，决定发放时，借记"管理费用""基本生产成本——××车间——××产品""辅助生产成本——××车间""制造费用——××车间"等科目，贷记"应付职工薪酬——非货币性福利"科目（实际发放时的会计分录从略）。

无偿向职工提供住房等固定资产使用的，按计提的折旧额，借记"管理费用""基本生产成本——××车间——××产品""辅助生产成本——××车间""制造费用——××车间"等科目，贷记"应付职工薪酬——非货币性福利"科目；同时，借记"应付职工薪酬——非货币性福利"科目，贷记"累计折旧"科目。

租赁住房等资产供职工无偿使用的，按每期应支付的租金，借记"管理费用""基本生产成本——××车间——××产品""辅助生产成本——××车间""制造费用——××车间"等科目，贷记"应付职工薪酬——非货币性福利"科目。

（3）因解除与职工的劳动关系给予的补偿，借记"管理费用"科目，贷记"应付职工薪酬——辞退福利"科目。

 例 3-7

瑞鑫公司 20××年 9 月生产甲、乙两种产品，生产工人计件工资分别为：甲产品 100 000 元，乙产品 80 000 元。甲、乙产品生产工人计时工资合计 200 000 元，甲、乙产品生产工时分别为 10 000 小时、6 000 小时。计时工资按生产工时比例分配。基本生产车间管理人员工资为 18 000 元；辅助生产车间的机修车间和供水车间工资分别为 40 000 元和 20 000 元；销售人员和公司管理人员工资分别为 20 000 元和 25 000 元。公司确定分别按上一年度公司职工的月平均工资的 35%和 10%计提社会保险费和住房公积金（假设本月各类人员应付工资与上年月平均工资相等），分别按照本月职工工资总额的 10%、2%和 1.5%计提职工福利、工会经费和职工教育经费。

① 将计时工资按生产工时比例分配计算如下。

计时工资耗费分配率=200 000÷（10 000+6 000）=12.5（元/小时）

甲产品分配的计时工资成本=10 000×12.5=125 000（元）

乙产品分配的计时工资成本=6 000×12.5=75 000（元）

② 先编制"工资耗费分配表"（见表 3-5），再在此基础上编制"应付职工薪酬耗费分配表"（见表 3-6）。

表3-5　工资耗费分配表

20××年9月　　　　　　　　　　　　　　　　　　　　　　　　　金额单位：元

应借科目	直接计入金额	分配计入金额		工资耗费合计
		生产工时（小时）	分配金额（分配率：12.5元/小时）	
基本生产成本				
——甲产品	100 000	10 000	125 000	225 000
——乙产品	80 000	6 000	75 000	155 000
小计	180 000	16 000	200 000	380 000
辅助生产成本				
——机修车间	40 000			40 000
——供水车间	20 000			20 000
小计	60 000			60 000
制造费用——某基本生产车间	18 000			18 000
销售费用	20 000			20 000
管理费用	25 000			25 000
合计	303 000		200 000	503 000

表3-6　应付职工薪酬耗费分配表

20××年9月　　　　　　　　　　　　　　　　　　　　　　　　　金额单位：元

应借科目	工资耗费合计	职工福利（10%）	社会保险费（35%）	住房公积金（10%）	工会经费（2%）	职工教育经费（1.5%）	应付职工薪酬合计
基本生产成本							
——甲产品	225 000	22 500	78 750	22 500	4 500	3 375	356 625
——乙产品	155 000	15 500	54 250	15 500	3 100	2 325	245 675
小计	380 000	38 000	133 000	38 000	7 600	5 700	602 300
制造费用——某基本生产车间	18 000	1 800	6 300	1 800	360	270	28 530
辅助生产成本							
——机修车间	40 000	4 000	14 000	4 000	800	600	63 400
——供水车间	20 000	2 000	7 000	2 000	400	300	31 700
小计	60 000	6 000	21 000	6 000	1 200	900	95 100
销售费用	20 000	2 000	7 000	2 000	400	300	31 700
管理费用	25 000	2 500	8 750	2 500	500	375	39 625
合计	503 000	50 300	176 050	50 300	10 060	7 545	797 255

注：1. 在实际工作中，"社会保险费"栏目应分别按"医疗保险费""养老保险费""失业保险费""工伤保险费""生育保险费"等分项列示。

2. 表3-5和表3-6可以合并为一张表，表的名称为"应付职工薪酬耗费分配表"。

根据应付职工薪酬耗费分配表编制以下会计分录，并据以登记有关总账和明细账。

借：基本生产成本——某车间——甲产品（直接人工）　　　　356 625

　　　　　　　　——某车间——乙产品（直接人工）　　　　245 675

　　辅助生产成本——机修车间（职工薪酬）　　　　　　　　63 400

　　　　　　　　——供水车间（职工薪酬）　　　　　　　　31 700

　　制造费用——某基本生产车间（职工薪酬）　　　　　　　28 530

　　销售费用（职工薪酬）　　　　　　　　　　　　　　　　31 700

　　管理费用（职工薪酬）　　　　　　　　　　　　　　　　39 625

贷：应付职工薪酬——工资　　　　　　　　　　　　503 000

　　　　　　　——职工福利　　　　　　　　　　　 50 300

　　　　　　　——社会保险费　　　　　　　　　　176 050

　　　　　　　——住房公积金　　　　　　　　　　 50 300

　　　　　　　——工会经费　　　　　　　　　　　 10 060

　　　　　　　——职工教育经费　　　　　　　　　　7 545

第五节　固定资产折旧的分配

一、折旧费的计算

固定资产折旧是企业在生产经营过程中的劳动耗费，固定资产价值以折旧费的形式分别计入产品成本和期间费用。

进行固定资产折旧的核算，先要计算折旧费，然后分配折旧金额。

计算折旧费，必须确定固定资产应计折旧额。固定资产在全部使用年限内的应计折旧额，并不是固定资产的全部原值。这是因为，固定资产在报废清理时还有残值收入，应该在计算折旧时预先估计，从原值中减去；清理时还要发生清理费用，也应预先估计，从残值收入中扣除。残值收入减去清理费用的余额，称为净残值。

固定资产应计折旧额应该是固定资产原值减去预计净残值以后的余额。为了正确、简便地确定净残值，可以根据各类固定资产的历史统计资料或技术测定资料，确定预计净残值率。预计净残值率即预计净残值与固定资产原值的比率，其计算公式如下。

$$预计净残值率 = \frac{预计净残值}{固定资产原值} \times 100\% \qquad （式 3\text{-}16）$$

$$固定资产预计净残值 = 固定资产原值 \times 规定的预计净残值率 \qquad （式 3\text{-}17）$$

$$固定资产应计折旧额 = 固定资产原值 - 预计净残值 \qquad （式 3\text{-}18）$$

计算固定资产折旧，重要的是确定每一个时期，例如每一个月的折旧额，这就需要采用适当的折旧方法。按照固定资产准则规定，可选用的折旧方法包括年限平均法、工作量法、双倍余额递减法和年数总和法等。

无论采用哪种折旧方法，当月增加的固定资产，当月不计提折旧，从下月起计提折旧；当月减少的固定资产，当月仍计提折旧，从下月起不计提折旧。

固定资产的折旧方法一经确定，不得随意变更，以免各月的成本、费用数据不可比。要防止利用改变折旧方法、折旧率或单位折旧额人为调节各月成本、费用、利润的错误做法。

二、折旧费的分配

企业往往需要使用多种机器设备生产一种产品，而每一种机器设备又可能生产多种产品。因此，机器设备的折旧费用虽然是直接用于产品生产的耗费，但一般属于分配工作比较复杂的间接计入耗费。为了简化产品成本的计算工作，企业往往不会为折旧费专门设立成本项目，而将与间接用于产品生产的车间等生产单位的固定资产的折旧费计入制造费用，作为制造费用的一个费用项目。这就是说，折旧费用一般应按固定资产使用的车间、部门分别计入"制造费用"和"管理费用"等科目和所属明细账的借方（在明细账中计入"折旧费"费用项目）。折旧总额应计入"累计折旧"科目的贷方。

折旧费的分配是通过编制固定资产折旧费分配表进行的。

 例 3-8

根据瑞鑫公司有关资料，编制 20××年 9 月固定资产折旧费分配表，如表 3-7 所示。

表 3-7　固定资产折旧费分配表

20××年 9 月　　　　　　　　　　　　　　　　　　　　　　　金额单位：元

车间、部门		应借科目	月初固定资产原值	月折旧率	月折旧额
某基本生产车间：		制造费用			
房屋建筑物			4 000 000	0.408%	16 320
机器设备			2 000 000	0.816%	16 320
合计			6 000 000	—	32 640
辅助生产车间	机修车间：	辅助生产成本			
	房屋建筑物		1 000 000	0.408%	4 080
	机器设备		800 000	0.816%	6 528
	小计		1 800 000	—	10 608
	供水车间：				
	房屋建筑物		2 000 000	0.408%	8 160
	机器设备		1 500 000	0.816%	12 240
	小计		3 500 000	—	20 400
	合计	—		—	31 008
专设销售机构：		销售费用			
房屋建筑物			1 500 000	0.408%	6 120
公司管理部门：		管理费用			
房屋建筑物			3 000 000	0.408%	12 240
设备			600 000	0.816%	4 896
合计			3600 000	—	17 136
总计					86 904

根据表 3-7 编制以下会计分录，并据以登记有关总账和明细账。

借：制造费用——某基本生产车间（折旧费）　　　　　　　　32 640
　　辅助生产成本——机修车间（折旧费）　　　　　　　　　10 608
　　　　　　　　　——供水车间（折旧费）　　　　　　　　20 400
　　销售费用（折旧费）　　　　　　　　　　　　　　　　　 6 120
　　管理费用（折旧费）　　　　　　　　　　　　　　　　　17 136
　　贷：累计折旧　　　　　　　　　　　　　　　　　　　　　　86 904

第六节 利息费用和其他支出的分配

利息费用、其他耗费的核算会涉及跨期摊提耗费的归集和分配。跨期摊提耗费指耗费的支出期与受益期不一致，需要跨期处理的耗费，包括待摊耗费和预提耗费。

待摊耗费是指企业本期支付（发生）但应由本期和以后各期分别负担的摊销期限在一年以内（包括一年）的各项耗费，如预付财产保险费、预付经营租赁固定资产租金等。待摊耗费的特点是支付在前，受益、摊销在后。待摊耗费支出发生以后，由于受益期较长，不应一次全部计入当月成本、费用，而应按照待摊耗费的受益期限分月平均摊销计入各月成本、费用。如果待摊耗费的金额不大，为了简化核算工作，根据重要性原则，也可以不作为待摊耗费处理，而直接计入支付月份的成本、费用。待摊耗费的归集和分配可以通过"预付账款"等科目核算。企业发生待摊耗费时，借记"预付账款"等科目，贷记"银行存款"等科目。按受益期限分期平均摊销时，借记"管理费用""制造费用"等科目，贷记"预付账款"等科目。

企业已经发生但应由本期和以后各期分别负担的分摊期限在一年以上的各项耗费（如以经营租赁方式租入的固定资产发生的改良支出等），属于企业的长期待摊耗费，通过"长期待摊费用"科目核算。

预提耗费是指企业预先分月计入各月成本、费用，但在以后月份才实际支付的耗费，如企业预提的租金、预提的财产保险费、预提的借款利息等。预提耗费的特点是受益、预提在前，支付在后。如果受益期限超过一个月，但耗费的金额不大，可以不作为预提耗费处理，而在实际支付时直接计入支付月份的成本、费用。预提耗费的归集和分配可以区别情况，分别通过"应付利息""应付账款""其他应付款"等科目核算。

一、利息费用的核算

企业为从事生产经营活动而发生的借款的利息费用（不包括应予以资本化，计入相关资产成本的利息），应当在发生时确认为期间费用，计入当期损益。利息费用属于财务费用的一个费用项目。

用于生产经营活动的短期借款的利息费用一般按季结算支付（也有按月结算支付的）。为了正确划分各个月份的费用界限，对于按季结算支付的短期借款的利息费用，可以采用预提利息费用的方法分月按计划进行预提，并于季末实际支付利息费用时冲减预提的利息费用。实际支付的利息费用与预提的利息费用的差额，调整计入季末月份的财务费用。每月预提利息费用时，借记"财务费用"科目及所属明细账的"利息支出"费用项目，贷记"应付利息"科目；季末实际支付全季利息费用时，借记"应付利息"科目，贷记"银行存款"科目。季末月份可以先按计划数额预提利息费用，然后调整实际利息费用与预提的利息费用的差额，借记"财务费用"科目，贷记"应付利息"科目（实际利息费用大于预提的利息费用时，用蓝字编制会计分录，以补提差额；实际利息费用小于预提的利息费用时，用红字编制会计分录，以冲减差额）。季末月份也可以不按计划数额预提利息费用，而按前两个月预提的利息费用，借记"应付利息"科目，按实际支付的利息费用贷记"银行存款"科目，按照"借贷必相等"的规则，倒挤"财务费用"科目金额。

如果短期借款的利息费用数额不大，根据重要性原则，为了简化核算，也可以不作为预提费用处理，而在季末实际支付时全部计入当月的财务费用，借记"财务费用"科目，贷记"银行存款"科目。

长期借款的利息费用的核算详见《中级会计实务》等教材。

例 3-9

瑞鑫公司 20××年第三季度银行借款利息计划数额为 9 900 元，每月按计划数额预提 3 300 元（其中，生产经营借款利息 1 300 元，应予资本化的在建工程投资借款利息 2 000 元）。假设 20××年 9 月 30 日收到银行结息通知，实际利息费用为 9 900 元，银行存款利息收入为 275 元。

20××年 9 月编制预提利息耗费分配表，如表 3-8 所示。

表 3-8　预提利息耗费分配表

20××年 9 月

应借科目	明细科目	金额（元）
财务费用	利息支出	1 300
在建工程	××工程	2 000
合计		3 300

根据预提利息耗费分配表，编制以下会计分录，并据以登记有关总账和明细账。

（1）20××年 9 月 30 日实际支付利息费用。

借：应付利息 6 600

　财务费用（利息支出） 1 300

　在建工程 2 000

　　贷：银行存款 9 900

应付利息明细账见表 3-9。

表 3-9　应付利息明细账

明细科目：某银行　　　　　　　　　　　　　　　　　　　　　　　　　　　单位：元

20××年		摘要	借方	贷方	借或贷	余额
月	日					
7	31	根据预提利息耗费分配表		3 300	贷	3 300
8	31	根据预提利息耗费分配表		3 300	贷	6 600
9	30	根据付款凭证	6 600		平	0

（2）20××年 9 月 30 日收到银行存款利息收入。

借：银行存款 275

　　贷：财务费用（利息支出） 275

二、其他支出的核算

工业企业各种要素耗费中的其他支出，是指除了前面所述各项耗费以外的支出，包括邮电费、劳动保护费、办公费、排污费、差旅费、业务招待费、技术转让费、财产保险费等。这些费用都没有专门设立的成本项目，应该在费用发生时，按照发生的车间、部门和用途进行归类，分别借记"制造费用""管理费用""销售费用""预付账款"等科目，贷记"银行存款"或"库存现金"等科目。

例 3-10

20××年9月29日，瑞鑫公司有关人员报销本月各种支出，有关原始凭证经审核无误，归类、汇总如表3-10所示。

表 3-10　原始凭证汇总表

20××年9月

报账部门	支出用途	报账金额（元）	备注
某基本生产车间	办公费	800	以库存现金支付
机修车间	办公费	336	以库存现金支付
供水车间	办公费	400	以库存现金支付
销售部门	办公费	2 000	以库存现金支付
行政管理部门	办公费	3 000	以银行存款支付
	业务招待费	5 000	
合计		11 536	

根据以上资料，编制以下会计分录，并据以登记有关总账和明细账。

借：制造费用——某基本生产车间（办公费）　　　　　　　800
　　辅助生产成本——机修车间（办公费）　　　　　　　　336
　　　　　　　　——供水车间（办公费）　　　　　　　　400
　　销售费用（办公费）　　　　　　　　　　　　　　2 000
　　管理费用（办公费）　　　　　　　　　　　　　　3 000
　　　　　　（业务招待费）　　　　　　　　　　　　5 000
　　贷：库存现金　　　　　　　　　　　　　　　　　　3 536
　　　　银行存款　　　　　　　　　　　　　　　　　　8 000

例 3-11

瑞鑫公司在20××年6月30日开出转账支票预付第三季度财产保险费14 400元。其中，基本生产车间7 500元；辅助生产的机修车间1 200元，供水车间1 800元；行政管理部门3 900元。上述费用分3个月摊销。

20××年9月30日，编制20××年9月预付财产保险费分配表，如表3-11所示。

表 3-11　预付财产保险费分配表

20××年9月

应借科目	成本、费用项目	金额（元）
制造费用——某基本生产车间	财产保险费	2 500
小计		2 500
辅助生产成本——机修车间	财产保险费	400
——供水车间	财产保险费	600
小计		1 000
管理费用	财产保险费	1 300
合计		4 800

根据预付财产保险费分配表及相关资料，编制会计分录如下，并据以登记有关总账和明细账。

借：制造费用——某基本生产车间（财产保险费）   2 500

    辅助生产成本——机修车间（财产保险费）   400

    ——供水车间（财产保险费）   600

    管理费用（财产保险费）   1 300

    贷：预付账款——某保险公司   4 800

某保险公司的预付账款明细账如表 3-12 所示。

表 3-12 预付账款明细账

明细科目：某保险公司   单位：元

20××年		摘要	借方	贷方	借或贷	余额
月	日					
6	30	预付第三季度财产保险费	14 400		借	14 400
7	31	根据预付财产保险费用分配表摊销		4 800	借	9 600
8	31	根据预付财产保险费用分配表摊销		4 800	借	4 800
9	30	根据预付财产保险费用分配表摊销		4 800	平	0

 例 3-12

瑞鑫公司从 20××年 7 月 1 日起，以经营租赁方式向 N 公司租入生产用设备一台，为甲基本生产车间生产 A、B 产品用，租期 3 个月，合计租金 15 000 元；同时向 N 公司租入办公用设备一台，租期 3 个月，合计租金 3 000 元。合同规定，两台设备租金均于 9 月末一次性支付。20××年 9 月 29 日，甲公司以银行存款支付应付租金 18 000 元。甲公司的有关会计处理如下。

第三季度每月编制预提经营租赁费分配表。20××年 9 月，预提经营租赁费分配表如表 3-13 所示（7 月、8 月相同）。

表 3-13 预提经营租赁费分配表

20××年 9 月

应借科目	费用项目	金额（元）
制造费用	租赁费	5 000
管理费用	租赁费	1 000
合计		6 000

根据预提经营租赁费分配表及相关资料，编制会计分录如下，并据以登记有关总账和明细账。

（1）20××年 7 月、8 月、9 月末，每月预提经营租赁费。

借：制造费用——某基本生产车间（租赁费）   5 000

    管理费用（租赁费）   1 000

    贷：其他应付款——N 公司   6 000

（2）20××年 9 月 29 日支付租金。

借：其他应付款——N 公司   18 000

    贷：银行存款   18 000

其他应付款明细账见表 3-14。

表 3-14　其他应付款明细账

明细科目：N公司　　　　　　　　　　　　　　　　　　　　　　　　　　　　　　　　　　　单位：元

| 20××年 | | 摘要 | 借方 | 贷方 | 借或贷 | 余额 |
月	日					
7	31	根据预提经营租赁费分配表		6 000	贷	6 000
8	31	根据预提经营租赁费分配表		6 000	贷	12 000
9	30	根据付款凭证	18 000		借	6 000
9	30	根据预提经营租赁费分配表		6 000	平	0

　　各种要素耗费（包括跨期摊提耗费）通过以上所述的分配程序，已经按照耗费的用途分别计入"基本生产成本""辅助生产成本""制造费用""销售费用""管理费用""财务费用""预付账款""应付利息""其他应付款""在建工程"等科目的借方进行归集。其中，计入"基本生产成本"科目借方的发生额，已在各产品成本明细账中作为本月生产成本，按照成本项目进行了归集。这就是说，在成本核算中，已经正确划分了生产经营与非生产经营耗费，正确划分了生产经营耗费中的生产成本与期间费用以及各个月份的成本、费用，即已经进行了第二章所述关于正确划分五个方面费用界限的第一、第二、第三个方面的工作。

 练习题

一、单项选择题

1. 几种产品共同耗用的原材料，属于间接计入耗费，应采用的分配方法是（　　）。
　　A．计划成本分配法　　　　　　　　　　B．定额耗费比例分配法
　　C．工时比例分配法　　　　　　　　　　D．代数分配法

2. 下列关于"基本生产成本"科目的描述，正确的是（　　）。
　　A．完工入库的产品成本计入该科目的借方
　　B．该科目的余额代表在产品成本
　　C．生产所发生的各项耗费直接计入该科目的借方
　　D．该科目应按产品分设明细账

3. 根据企业所得税法律制度的规定，下列固定资产中，可以在本月计算折旧且在税前扣除的是（　　）。
　　A．以经营租赁方式租入的房屋　　　　　B．本月内购进的机器设备
　　C．本月接受投资的房屋　　　　　　　　D．本月减少的设备

4. 某企业 2 月生产合格品 25 件，废品（料废）5 件，直接人工计价单价为 4 元，应付计件工资为（　　）。
　　A．100 元　　　　　B．120 元　　　　　C．128 元　　　　　D．108 元

5. 生产车间领用的直接用于产品生产、有助于产品形成的辅助材料，应借记（　　）账户。
　　A．"辅助生产成本"　　　　　　　　　　B．"制造费用"
　　C．"基本生产成本"　　　　　　　　　　D．"原材料"

6. 在企业设置"燃料及动力"成本项目的情况下，生产车间发生的直接用于产品生产的燃料

费用，应借记（　　）账户。

    A．"辅助生产成本"　　　B．"制造费用"　　　　　C．"基本生产成本"　　　D．"原材料"

7．某企业采用年限平均法计提固定资产折旧，某类固定资产预计净残值率为5%，预计使用15年，则年折旧率为（　　）。

    A．6.67%　　　　　　　　B．6.33%　　　　　　　　C．5.37%　　　　　　　　D．6%

8．在企业未设置"燃料及动力"成本项目的情况下，生产车间发生的直接用于产品生产的动力费用，应借记（　　）账户。

    A．"辅助生产成本"　　　B．"制造费用"　　　　　C．"基本生产成本"　　　D．"管理费用"

9．下列各项费用中，不能直接借记"基本生产成本"账户的是（　　）。

    A．车间生产工人工资　　　　　　　　　　B．车间生产工人福利费

    C．车间管理人员工资　　　　　　　　　　D．构成产品实体的原材料

10．基本生产车间厂房的租金应计入（　　）。

    A．辅助生产成本　　　B．制造费用　　　　　C．基本生产成本　　　　D．管理费用

二、多项选择题

1．材料耗费的分配标准有（　　）。

    A．材料定额消耗量　　　　　　　　　　　B．材料定额成本

    C．产品体积　　　　　　　　　　　　　　D．产品工时定额

    E．产品表面积

2．发生下列各项耗费时，可以直接借记"基本生产成本"账户的有（　　）。

    A．车间照明用电力费　　　　　　　　　　B．构成产品实体的原材料耗费

    C．车间管理人员工资　　　　　　　　　　D．车间生产工人工资

3．下列各项中，属于当月应计提折旧的固定资产有（　　）。

    A．闲置的厂房　　　　　　　　　　　　　B．以经营租赁方式租入的设备

    C．超龄使用的设备　　　　　　　　　　　D．月份内报废的设备

4．低值易耗品的摊销方法有（　　）。

    A．一次摊销法　　　　　　　　　　　　　B．分次摊销法

    C．约当产量比例法　　　　　　　　　　　D．工作量法

    E．五五摊销法

5．下列固定资产中不计提折旧的有（　　）。

    A．未使用的房屋和建筑物　　　　　　　　B．提前报废的固定资产

    C．以经营租赁方式租入的固定资产　　　　D．当月停用的设备

三、判断题

1．基本生产车间两种产品共同耗用的材料耗费应计入制造费用。（　　）

2．燃料也属于原材料，燃料耗费分配的程序和方法与原材料耗费分配的程序和方法相同。（　　）

3．原材料按计划成本核算，月中领用材料时需要将计划成本按照材料成本差异率调整为实际成本。（　　）

4．自制动力也属于七大耗费之一。（　　）

5．计入产品成本的职工薪酬只包括生产工人的工资，不包括福利费等其他开支。（　　）

6．当月增加的固定资产，当月不计提折旧，从下月起计提折旧；当月减少的固定资产，当月仍计提折旧，从下月起不计提折旧。（　　　）

7．跨期摊提耗费指耗费的支出期与受益期不一致，需要跨期处理的耗费，包括待摊耗费和预提耗费。（　　　）

8．企业发生的税金开支属于其他支出。（　　　）

9．基本生产车间在生产产品过程中车间照明的电力费用应该计入基本生产成本。（　　　）

10．基本生产车间管理人员的工资应计入管理费用。（　　　）

四、业务综合题

1．某企业生产A、B两种产品，共同耗用甲种材料，其实际成本为4 000元。两种产品的原材料成本定额为：A产品4元，B产品2元。当月的实际产量为：A产品300件，B产品400件。

要求：采用定额耗费比例法分配材料耗费。

2．某企业生产甲、乙两种产品，共同耗用A种原材料6 000千克，每千克计划单价6元。本月产量为：甲产品500件，乙产品400件。单件产品原材料消耗定额为：甲产品6千克，乙产品5千克。原材料成本差异率为1%。

要求：

（1）按定额消耗量比例分配甲、乙产品的材料耗费；

（2）编制耗用材料的会计分录（列明产品名称和成本项目）。

3．某企业生产甲、乙两种产品，共同耗用A、B两种原材料。有关资料如表3-15所示。

表3-15　产品材料资料

产品名称	投产数量（件）	单件产品材料消耗定额（千克）		实际消耗材料数量（甲、乙共同消耗）（千克）	
		A材料	B材料	A材料	B材料
甲	400	5	10		
乙	200	4	2		
合计				2 800	6 600

原材料计划单价为：A材料5元，B材料8元。原材料成本差异率为-1%。

要求：

（1）按定额消耗量比例分配材料耗费；

（2）编制耗用原材料的会计分录。

4．某工业企业生产甲、乙两种产品，共同耗用A和B两种原材料，耗用量不能按产品直接计入。

甲产品投产100件，原材料单件消耗定额为：A材料10千克，B材料5千克。乙产品投产200件，原材料单件消耗定额为：A材料4千克，B材料6千克。

甲、乙两种产品实际消耗总量为：A材料1 782千克，B材料1 717千克。

原材料计划单价为：A材料2元，B材料3元。原材料成本差异率为-2%。

要求：按定额消耗量比例分配甲、乙两种产品的原材料耗费，并编制会计分录。

5．某企业生产A、B两种产品，共同耗用燃料，其实际成本为46 500元。两种产品的燃料耗费定额为：A产品50元，B产品20元。当月的实际产量为：A产品500件，B产品300件。

要求：

（1）采用定额耗费比例法分配燃料耗费；

（2）编制耗用燃料的会计分录（分录中列示明细科目及成本项目；该企业成本明细账设"燃料及动力"成本项目；燃料设"燃料"总账核算）。

6．某工业企业某月发生动力耗费 15 200 元，通过银行支付。月末查明各车间、部门耗电量为：基本生产车间耗电 10 000 千瓦·时，其中车间照明用电 1 000 千瓦·时；辅助生产车间用电 4 000 千瓦·时，其中车间照明用电 600 千瓦·时；企业管理部门用电 1 200 度千瓦·时。

要求：

（1）按所耗电量分配电力耗费，A、B 产品按生产工时分配电费。A 产品生产工时为 3 000 小时，B 产品生产工时为 2 000 小时。

（2）编制该月支付与分配外购电费的会计分录。（该企业基本生产车间明细账设置"燃料及动力"成本项目；辅助生产车间不设"制造费用"明细账；所编分录列示成本项目）。

7．某工业企业的基本生产车间生产 A、B、C 三种产品，其工时定额为：A 产品 15 分钟，B 产品 18 分钟，C 产品 12 分钟。本月产量为：A 产品 14 000 件，B 产品 10 000 件，C 产品 13 500 件。本月该企业工资总额为：基本生产车间工人计时工资 23 000 元，管理人员工资 1 500 元；辅助生产车间（锅炉）工人工资 2 800 元，管理人员工资 1 200 元；企业管理人员工资 2 600 元。

要求：

（1）按定额工时比例将基本生产车间工人工资在 A、B、C 三种产品间分配；

（2）编制工资耗费分配的会计分录。（辅助生产车间的制造费用不通过"制造费用"科目核算，分录列示明细科目及成本项目）

8．某企业房屋类固定资产原值为 300 000 元，其中基本生产车间使用 200 000 元，企业行政管理部门使用 100 000 元，净残值率为 10%，平均使用年限为 20 年。

要求：计算月折旧率、月折旧额并编制分配折旧额的会计分录。

第四章 辅助生产成本的归集和分配

第一节 辅助生产成本的归集

工业企业的辅助生产，是指为基本生产车间、企业行政管理部门等单位服务而进行的产品生产和劳务供应。其中，有的只提供一种劳务，如供电、供水、供气、供风、运输等辅助生产；有的则生产多种产品，如从事工具、模具、修理用备件的制造等辅助生产。辅助生产提供的产品和劳务，有时也对外销售，但这不是辅助生产的主要任务。

辅助生产成本
的归集

辅助生产产品和劳务所耗费的各种生产成本之和，构成这些产品和劳务的成本。对于耗用这些产品或劳务的基本生产产品和车间、部门来说，辅助生产产品和劳务的成本是它们应该承担（负担）的耗费。

辅助生产产品和劳务成本的高低，对于基本生产产品成本和期间费用的高低有着一定的影响；同时，只有辅助生产产品和劳务成本确定以后，才能计算基本生产产品成本。因此，正确、及时地组织辅助生产成本的归集和分配，对于节约费用、降低成本，以及正确及时地计算企业产品的成本都有着重要的意义。

一、辅助生产成本的归集概述

辅助生产成本的核算，应通过"辅助生产成本"科目进行。辅助生产产品和劳务的成本计算方法与基本生产一样，应该按照生产特点和管理要求确定。

（一）设置"制造费用"科目

"辅助生产成本"科目一般应按车间以及产品和劳务的种类设置明细账，账内按照成本项目设立专栏或专行，进行明细核算。辅助生产发生的各项成本，应计入该科目的借方进行归集。专设成本项目的直接计入耗费，应单独直接计入该科目和所属有关明细账的借方；专设成本项目的间接计入耗费，应单独分配计入该科目和所属有关明细账的借方。辅助生产发生的制造费用，一般应先计入"制造费用"科目和所属辅助生产制造费用明细账的借方进行归集，然后再从其贷方直接转入或分配转入"辅助生产成本"科目和所属明细账的借方。

（二）不设置"制造费用"科目

如果辅助生产车间不对外销售产品或提供劳务，而且辅助生产车间规模很小，发生的制造费用较少，为了简化核算工作，其制造费用也可以直接计入"辅助生产成本"科目和所属明细账的借方，而不通过"制造费用"科目核算。这样，在计算辅助生产成本时，可以将产品的成本项目与制造费用的费用项目结合起来，设置简化的项目，在辅助生产成本明细账中按照这种简化的项目归集费用、计算成本。

本章介绍不设置"制造费用"科目的辅助生产成本的归集和分配的方法，关于设置"制造费用"

科目的方法的应用，读者可参照本书第五章制造费用的归集和分配的内容。

二、辅助生产成本的归集举例

 例 4-1

瑞鑫公司 20××年 9 月机修车间和供水车间的辅助生产成本明细账分别参见表 4-1 和表 4-2。该公司供水车间每月末库存水数量很少且基本相等。

表 4-1　辅助生产成本明细账

辅助生产车间：机修车间　　　　　　　　　　　　　　　　　　　　　　　　　　　　　　　　　　单位：元

20××年		摘要	机物料消耗	水电费	职工薪酬	折旧费	办公费	保险费	其他	合计	转出	余额
月	日											
9	29	表 3-10 原始凭证汇总表					336			336		336
9	30	表 3-1 材料耗费分配表	4 000							4 000		4 336
9	30	表 3-3 外购动力费分配表		2 040						2 040		6 376
9	30	表 3-6 应付职工薪酬耗费分配表			63 400					63 400		69 776
9	30	表 3-7 固定资产折旧费分配表				10 608				10 608		80 384
9	30	表 3-11 预付财产保险费分配表						400		400		80 784
		本月合计	4 000	2 040	63 400	10 608	336	400		80 784		80 784
		表 4-4 辅助生产成本分配表（直接分配法）									80 784	0

注：1. 以货币资金支付差旅费、办公费、租赁费、外部运输费、广告费等经济业务事项较多的，为了简化登记有关成本、费用明细账，可以根据有关支出凭证归类、汇总后编制"其他费用汇总表"，据以登记有关成本、费用明细账。（因为支付货币资金的经济业务事项，当日需要编制付款凭证并登记库存现金日记账和银行存款日记账，故应注意不要重复记账）

2. 本表和表 4-2 中，最后一行之前的各行，均是归集的辅助生产成本，最后一行属于即将讲述的辅助生产成本分配的内容。

3. 成本费用类科目的明细账格式，可以只按借方发生额设置专栏。贷方发生额由于每月发生的笔数很少，如果需要按照各专栏反映贷方发生额和余额，可以在借方直接用红字冲销；也可以在借方设置专栏的情况下，贷方设置一项总的"转出"栏，再设置一项余额栏（见本表和表 4-2）。

表 4-2　辅助生产成本明细账

辅助生产车间：供水车间　　　　　　　　　　　　　　　　　　　　　　　　　　　　　　　　　　单位：元

20××年		摘要	机物料消耗	水电费	职工薪酬	折旧费	办公费	保险费	其他	合计	转出	余额
月	日											
9	29	表 3-10 原始凭证汇总表					400			400		400
9	30	表 3-1 材料耗费分配表	6 000							6 000		6 400
9	30	表 3-2 燃料耗费分配表	1 000							1 000		7 400
9	30	表 3-3 外购动力费分配表		14 416						14 416		21 816
9	30	表 3-6 应付职工薪酬耗费分配表			31 700					31 700		53 516
9	30	表 3-7 固定资产折旧费分配表				20 400				20 400		73 916
9	30	表 3-11 预付财产保险费分配表						600		600		74 516

续表

20××年		摘要	机物料消耗	水电费	职工薪酬	折旧费	办公费	保险费	其他	合计	转出	余额
月	日											
		本月合计	7 000	14 416	31 700	20 400	400	600		74 516		74 516
		表4-4 辅助生产成本分配表（直接分配法）									74 516	0

注：对于不进行产品生产的辅助生产车间，以上明细账均不需要设置"月初在产品成本""月末在产品成本"行。对于不进行产品生产的辅助生产车间，月末，辅助生产成本分配后，"辅助生产成本"科目应无余额。因为前已说明，该公司供水车间每月末库存水数量很少且基本相等，所以可以不计算月初在产品成本和月末在产品成本。

第二节 辅助生产成本的分配

归集在"辅助生产成本"科目及其明细账借方的辅助生产成本，由于辅助生产车间所提供产品和劳务的种类不同，其转出分配的程序也不一样。

工具和模具车间生产的工具、模具和修理用备件等产品成本，应在产品完工入库时，从"辅助生产成本"科目及其明细账的贷方分别转入"周转材料——低值易耗品"（或"低值易耗品"）、"原材料"等科目的借方（在低值易耗品和原材料按计划成本进行日常核算的情况下，成本超支数还应转入"材料成本差异"科目的借方，成本节约数则应转入"材料成本差异"科目的贷方），在有关车间、部门领用时，再从"周转材料——低值易耗品"（或"低值易耗品"）、"原材料"等科目的贷方，转入"制造费用""基本生产成本""销售费用""管理费用""在建工程"等科目的借方。"辅助生产成本"科目的余额为辅助生产的在产品成本，也就是辅助生产占用的资金。根据辅助生产的成本计算资料，即可分析和考核辅助生产产品和劳务成本计划的执行情况。

动力、供水、机修和运输等辅助生产车间生产或提供的电、气、水、修理和运输等产品或劳务所发生的成本，要在各受益对象之间按照所耗数量或其他比例进行分配。分配时，应从"辅助生产成本"科目和所属明细账的贷方转入"基本生产成本""制造费用""销售费用""管理费用""在建工程"等科目的借方。

辅助生产成本的分配，应通过编制辅助生产成本分配表进行。分配辅助生产成本的方法很多，主要有直接分配法、一次交互分配法、代数分配法、计划成本分配法和顺序分配法。下面将逐一讲解。

一、直接分配法

直接分配法

直接分配法是指将辅助生产车间发生的生产成本直接分配给除辅助生产车间之外的各受益对象，而不考虑辅助生产车间之间相互分配耗费的一种分配方法。

$$某辅助生产车间成本分配率 = \frac{该车间辅助生产成本总额}{该车间提供劳务量 - 其他辅助生产车间耗用量} \quad （式4-1）$$

$$受益单位分配额 = 该受益单位耗用量 \times 某辅助生产车间成本分配率 \quad （式4-2）$$

通俗地说，直接分配法下，辅助生产车间之间相互提供劳务但互不"算账"。

例 4-2

瑞鑫公司 20××年 9 月供水和机修两个辅助生产车间的供应对象和劳务数量如表 4-3 所示。

表 4-3　辅助生产车间供应对象和劳务数量

20××年 9 月

供应对象		供水（吨）	固定资产修理（小时）
辅助生产车间	机修车间	2 000	
	供水车间		566
	小计	2 000	566
某基本生产车间*		12 700	1 800
专设销售机构		1 200	200
行政管理部门		1 842	800
小计		15 742	2 800
合计		17 742	3 366

注：*此处做了简化处理，一般有多个基本生产车间，会计处理方法相同。

根据上述资料，编制直接分配法的辅助生产成本分配表，如表 4-4 所示。

表 4-4　辅助生产成本分配表（直接分配法）

20××年 9 月

金额单位：元

项目		供水车间	机修车间	金额合计
待分配辅助生产成本		74 516	80 784	155 300
提供给辅助生产车间以外的劳务数量		15 742 吨	2 800 小时	
分配率（单位成本）		4.73①	28.85②	
某基本生产车间	耗用数量	12 700 吨	1 800 小时	
	分配金额	60 071	51 930	112 001
专设销售机构	耗用数量	1 200 吨	200 小时	
	分配金额	5 676	5 770	11 446
行政管理部门	耗用数量	1 842 吨	800 小时	
	分配金额	8 769③	23 084	31 853
分配金额合计		74 516	80 784	155 300

注：① 74 516÷（12 700+1 200+1 842）=74 516÷15 742≈4.73（元/吨）。

② 80 784÷（1 800+200+800）=80 784÷2 800≈28.85（元/小时）。

③ 有关科目（如：提供劳务等的辅助生产成本、制造费用等）在要求月末无余额恰好分配完的情况下，由于分配率等四舍五入计算产生的尾差一般计入"管理费用"科目（以后不再说明）。有关分配金额可以采用倒挤法计算得出。

8 769（74 516-60 071-5 676）元与理论计算金额 8 712.66（1 842×4.73）元相差 56.34 元，为近似计算的尾差；23 084（80 784-51 930-5 770）元与理论计算金额 23 080（800×28.85）元相差 4 元，为近似计算的尾差。

根据表 4-4 辅助生产成本分配表，编制以下会计分录，并据以登记有关总账和明细账。

借：制造费用——某基本生产车间（水电费）　　　　　　　60 071

　　　　　　　　　　　　　　（维修费）　　　　　　　　51 930

　　销售费用（水电费）　　　　　　　　　　　　　　　　5 676

　　　　　（维修费）　　　　　　　　　　　　　　　　　5 770

　　管理费用（水电费）　　　　　　　　　　　　　　　　8 769

　　　　　（维修费）　　　　　　　　　　　　　　　　　23 084

贷：辅助生产成本——供水车间（转出）　　　　　　　74 516

　　　　　　——机修车间（转出）　　　　　　　80 784

说明：该公司基本生产车间耗用的水均间接用于产品生产。

采用直接分配法，各辅助生产车间的待分配成本只对辅助生产车间以外的受益对象分配一次，计算工作简便；但由于各辅助生产车间包括的成本不全（例如，表 4-4 中机修车间的生产成本中不包括所耗水费），所以分配结果不够准确。直接分配法一般适宜在辅助生产车间内部相互提供劳务不多、不进行交互分配对辅助生产成本和企业产品成本以及当期损益影响不大的情况下采用。

二、一次交互分配法

交互分配法

一次交互分配法（简称交互分配法）的分配程序是先根据各辅助生产车间（部门）相互提供劳务（或产品）的数量和交互分配前的分配率（单位成本），在有关辅助生产车间之间"对内"进行一次交互分配，然后将各辅助生产车间（部门）交互分配后的实际成本（交互分配前的成本加上交互分配转入的成本，减去交互分配转出的成本），再向除辅助生产车间之外的各受益对象，按照提供劳务（或产品）的数量，对外进行分配。

 例 4-3

沿用【例 4-2】资料，编制一次交互分配法的辅助生产成本分配表，如表 4-5 所示。

表 4-5　辅助生产成本分配表（一次交互分配法）

20××年 9 月　　　　　　　　　　　　　　　　　　　　　　金额单位：元

项目		供水车间（分配转出）			机修车间（分配转出）			合计
		数量（吨）	分配率（元/吨）	金额	数量（小时）	分配率（元/小时）	金额	
交互分配	待分配数量及金额	17 742	4.20①	74 516	3 366	24②	80 784	155 300
	辅助生产车间——供水车间				566		13 584	
	辅助生产车间——机修车间	2 000		8 400				
对外分配数量及金额		15 742	5.062 9④	79 700③	2 800	27⑥	75 600⑤	155 300
对外分配	某基本生产车间	12 700		64 298.83	1 800		48 600	112 898.83
	专设销售机构	1 200		6 075.48	200		5 400	11 475.48
	行政管理部门	1 842		9 325.69⑦	800		21 600⑧	30 925.69
	合计	15 742		79 700	2 800		75 600	155 300

注：① 74 516÷17 742≈4.20（元/吨）。

② 80 784÷3 366=24（元/小时）。

③ 74 516-8 400+13 584=79 700（元）。

④ 79 700÷15 742≈5.062 9（元/吨）。

⑤ 80 784－13 584+8 400=75 600（元）。

⑥ 75 600÷2 800=27（元/小时）。

⑦ 为了消除四舍五入近似计算的尾差，9 325.69（79 700－64 298.83－6 075.48）元为倒挤数，与理论计算数 9 325.86（1 842×5.0629）元相差 0.17 元，为近似计算的尾差；

⑧ 为了消除四舍五入近似计算的尾差，21 600（75 600－48 600－5 400）元为倒挤数，与理论计算数 21 600（800×27）元吻合，没有近似计算的尾差。

根据表 4-5 辅助生产成本分配表，编制以下会计分录，并据以登记有关总账和明细账。（本书按直接分配法登账，其他分配方法登账从略，以下不再说明）

（1）交互分配编制的会计分录如下。

借：辅助生产成本——机修车间（水电费）   8 400
        ——供水车间（维修费）   13 584

  贷：辅助生产成本——供水车间（转出）   8 400
        ——机修车间（转出）   13 584

（2）对外分配编制的会计分录如下。

借：制造费用——某基本生产车间（水电费）   64 298.83
                （维修费）   48 600

  销售费用（水电费）   6 075.48
    （维修费）   5 400

  管理费用（水电费）   9 325.69
    （维修费）   21 600

  贷：辅助生产成本——供水车间（转出）   79 700
        ——机修车间（转出）   75 600

采用一次交互分配方法，由于辅助生产车间内部相互提供的劳务进行了交互分配，所以提高了分配结果的合理性和准确性；但由于要计算两个分配率，进行两次分配，所以计算工作量有所增加。由于交互分配的分配率（单位成本）是根据交互分配以前的待分配费用计算的，不是各该辅助生产的实际单位成本，所以分配结果也不很准确。在各月辅助生产车间的成本水平相差不大的情况下，为了简化计算工作，也可用上月的辅助生产单位成本作为本月交互分配的分配率。

一次交互分配法还有一种分配程序：先将各辅助生产车间直接发生的成本在所有受益对象（包括辅助生产车间）之间进行分配，再将各辅助生产车间分配进来的成本在除辅助生产车间之外的各受益对象之间进行追加分配。这种分配程序比以上分配程序的计算工作量相对要大一些。

三、代数分配法

代数分配法是指运用代数中多元一次联立方程组的原理（有几个辅助生产车间，方程组中就有几个"元"），通过解联立方程组，先计算出各辅助生产劳务（或产品）的单位成本，然后按照各受益对象（包括辅助生产车间和非辅助生产车间）的实际耗用数量分配辅助生产成本的一种分配方法。

例 4-4

沿用【例 4-2】资料，设 $x=$供水车间每吨水的成本，$y=$机修车间每一修理工时的成本，得到以下二元一次方程组。

$$\begin{cases} 74\,516 + 566y = 17\,742\,x \\ 80\,784 + 2\,000x = 3\,366\,y \end{cases}$$

解得：

$$\begin{cases} x \approx 5.061\,6 \\ y \approx 27.007\,5 \end{cases}$$

编制代数分配法的辅助生产成本分配表，如表4-6所示。

表4-6　辅助生产成本分配表（代数分配法）

20××年9月　　　　　　　　　　　　　　　　　　　金额单位：元

项目		供水车间 （分配转出）	机修车间 （分配转出）	金额合计
待分配辅助生产成本		74 516	80 784	155 300
劳务供应数量总额		17 742 吨	3 366 小时	
用代数分配法计算出的实际单位成本		5.061 6	27.007 5	
辅助生产车间 ——供水车间	耗用数量		566 小时	
	分配金额		15 286.25	15 286.25
辅助生产车间 ——机修车间	耗用数量	2 000 吨		
	分配金额	10 123.20		10 123.20
某基本生产车间	耗用数量	12 700 吨	1 800 小时	
	分配金额	64 282.32	48 613.50	112 895.82
专设销售机构	耗用数量	1 200 吨	200 小时	
	分配金额	6 073.92	5 401.50	11 475.42
行政管理部门	耗用数量	1 842 吨	800 小时	
	分配金额	9 322.81*	21 605.95*	30 928.76
合计		89 802.25	90 907.20	180 709.45

注：*为消除四舍五入近似计算导致的尾差，可采用倒挤法计算。

74 516+15 286.25−10 123.20−64 282.32−6 073.92 = 9 322.81（≈5.061 6×1 842 = 9 323.47）

80 784 + 10 123.20−15 286.25−48 613.50−5 401.50 = 21 605.95（≈27.007 5×800 = 21 606）

根据上列辅助生产成本分配表，编制以下会计分录，并据以登记有关总账和明细账。

借：辅助生产成本——机修车间（水电费）　　　　　　　　　　　10 123.20
　　　　　　　　　——供水车间（维修费）　　　　　　　　　　15 286.25
　　制造费用——某基本生产车间（水电费）　　　　　　　　　　64 282.32
　　　　　　　　　　　　　　　　（维修费）　　　　　　　　　48 613.50
　　销售费用（水电费）　　　　　　　　　　　　　　　　　　　6 073.92
　　　　　　（维修费）　　　　　　　　　　　　　　　　　　　5 401.50
　　管理费用（水电费）　　　　　　　　　　　　　　　　　　　9 322.81
　　　　　　（维修费）　　　　　　　　　　　　　　　　　　　21 605.95
　　贷：辅助生产成本——供水车间（转出）　　　　　　　　　　89 802.25
　　　　　　　　　　　——机修车间（转出）　　　　　　　　　90 907.20

与其他分配方法相比，采用代数分配法分配费用，分配结果最准确；但在分配以前要解联立方程组，如果辅助生产车间（部门）较多，未知数较多，则计算工作比较复杂。这种方法比较适宜已经实现电算化的企业采用。

在以上举例中，辅助生产车间的制造费用直接计入“辅助生产成本”科目，没有通过“制造费用”科目核算。在这种情况下，辅助生产成本分配表中的待分配金额，只需根据辅助生产成本明细账中的待分配金额填列即可。如果辅助生产车间的制造费用通过“制造费用”科目核算，由于该“制造费用”科目的余额月末应转入“辅助生产成本”科目（借记“辅助生产成本——某辅助生产车间”科目，贷记“制造费用——某辅助生产车间”科目），辅助生产成本分配表中的待分配金额，即辅助生产成本明细账中的借方余额，是进行上述会计处理之前辅助生产成本明细账中的待分配金额与辅助生产车间制造费用明细账中的借方余额之和。

在辅助生产车间（部门）的规模较大，其制造费用在辅助生产成本中所占比重较大的情况下，应该尽量单独核算辅助生产制造费用。如果辅助生产车间（部门）除了为企业内部单位服务以外，还提供对外销售的商品产品或劳务，为了按照规定的成本项目计算辅助生产成本，也应采用上述方法，分别核算专设成本项目的耗费与制造费用。

四、计划成本分配法

计划成本分配法的分配程序是先按辅助生产车间劳务（或产品）的计划单位成本和实际耗用量向各受益对象（包括其他辅助生产车间、部门在内）进行分配，然后将辅助生产车间实际发生的成本（包括辅助生产车间交互分配转入的成本）与按计划成本分配转出的成本相比较，计算出的差额即辅助生产的成本差异。辅助生产成本差异，可以追加分配给辅助生产车间以外的各受益单位。为了简化分配工作，也可以将辅助生产成本差异全部调整计入管理费用，不再分配给辅助生产以外各受益车间、部门负担。以下按简化分配的方法介绍。

 例 4-5

沿用【例 4-2】资料，假设供水车间每吨水和机修车间每个修理工时的计划单位成本分别为 5 元和 27 元。编制计划成本分配法的辅助生产成本分配表，如表 4-7 所示。

表 4-7　辅助生产成本分配表（计划成本分配法）

20××年 9 月　　　　　　　　　　　　　　　　　　金额单位：元

项目			供水车间	机修车间	金额合计
待分配辅助生产成本			74 516	80 784	155 300
劳务供应数量			17 742 吨	3 366 小时	
计划单位成本			5	27	
辅助生产	供水车间	耗用数量		566 小时	
		分配金额		15 282	15 282
	机修车间	耗用数量	2 000 吨		
		分配金额	10 000		10 000
某基本生产车间		耗用数量	12 700 吨	1 800 小时	
		分配金额	63 500	48 600	112 100
专设销售机构		耗用数量	1 200 吨	200 小时	
		分配金额	6 000	5 400	11 400
行政管理部门		耗用数量	1 842 吨	800 小时	
		分配金额	9 210	21 600	30 810
按计划成本分配合计（①）			88 710	90 882	179 592
辅助生产实际成本（应分配成本）（②）			89 798*	90 784*	180 582
辅助生产成本差异（尚未分配的成本）（③=②−①）			1 088	−98	990

注：*包括机修车间分配给供水车间的 15 282 元，供水车间分配给机修车间的 10 000 元：

74 516 + 15 282 = 89 798（元）；80 784 + 10 000 = 90 784（元）。

根据表 4-7 辅助生产成本分配表，编制以下会计分录，并据以登记有关总账和明细账。

（1）按计划成本分配辅助生产成本。

借：辅助生产成本——机修车间（水电费）　　　　　　　10 000

　　　　　　　　　——供水车间（维修费）　　　　　　15 282

　　制造费用——某基本生产车间（水电费）　　　　　　63 500

　　　　　　　　　　　　　　　（维修费）　　　　　　48 600

　　销售费用（水电费）　　　　　　　　　　　　　　　6 000

　　　　　　（维修费）　　　　　　　　　　　　　　　5 400

　　管理费用（水电费）　　　　　　　　　　　　　　　9 210

　　　　　　（维修费）　　　　　　　　　　　　　　　21 600

　贷：辅助生产成本——供水车间（转出）　　　　　　　88 710

　　　　　　　　　——机修车间（转出）　　　　　　　90 882

（2）调整辅助生产成本差异。

借：管理费用　　　　　　　　　　　　　　　　　　　　990

　贷：辅助生产成本——供水（转出）　　　　　　　　　1 088

　　　　　　　　　——机修（转出）　　　　　　　　　98

　　　计划成本分配法还可以按以下分配程序进行：先按计划成本在辅助生产车间之间进行交互分配，然后在辅助生产车间直接归集的成本的基础上，加上交互分配进来的金额，减去交互分配出去的金额，在辅助生产车间之外的各受益对象之间进行分配。多数企业不采用这种分配方法。

　　　计划成本分配法以事先制定的单位计划成本作为分配率，因而简化了计算工作。计算辅助生产成本差异，能反映和考核辅助生产成本计划的执行情况，便于对辅助生产车间的业绩进行评价和分析；将辅助生产成本差异全部计入管理费用，各受益单位所负担的劳务（或产品）的成本费用都不包括辅助生产成本差异，便于分析和考核各受益单位的耗费水平，有利于分清企业内部各单位的经济责任。但是采用这种分配方法，辅助生产劳务（或产品）的计划单位成本必须比较准确。

五、顺序分配法

　　　顺序分配法又称半交互分配法或梯形分配法，即在设置多个辅助生产车间，且辅助生产车间相互提供产品或劳务的企业里，按照各辅助生产车间相互提供产品或劳务价值量的多少，按顺序将辅助生产费用分配给其他辅助生产车间、基本生产车间和管理部门的一种辅助生产费用分配方法。采用这种方法分配辅助生产成本时，要将各辅助生产车间按照受益多少的顺序依次排列，受益少的排在前面，先将费用分配出去，受益多的排在后面，后将费用分配出去。

例 4-6

沿用【例 4-2】资料，采用顺序分配法分配辅助生产成本。

首先，需要判断供水车间和机修车间哪个受益较少。

供水车间受益金额=机修车间发生的成本÷机修车间提供的所有劳务数量×机修车间提供给供水车间的劳务数量

$$=80\ 784÷3\ 366×566=13\ 584（元）$$

机修车间受益金额=供水车间发生的成本÷供水车间提供的所有劳务数量×供水车间提供给

机修车间的劳务数量

$$=74\,516 \div 17\,742 \times 2\,000 = 8\,400（元）$$

由此可见，机修车间受益较少，应该先分配机修车间的费用。

其次，编制顺序分配法的辅助生产成本分配表，如表4-8所示。

表4-8　辅助生产成本分配表（顺序分配法）

20××年9月

金额单位：元

项目	辅助生产车间						某基本生产车间		专设销售机构		行政管理部门		分配金额合计
	机修车间			供水车间									
车间部门	劳务量	待分配成本	分配率	劳务量	待分配成本	分配率	耗用量	分配金额	耗用量	分配金额	耗用量	分配金额	
	3 366小时	80 784	24	17 742吨	74 516								
分配维修费				566小时	13 584		1 800小时	43 200	200小时	4 800	800小时	19 200	80 784
分配水费				15 742吨	88 100	5.596 5	12 700吨	71 075.55	1 200吨	6 715.80	1 842吨	10 308.65	88 100
分配金额合计							114 275.55		11 515.80		29 508.65		168 884

最后，根据表4-8辅助生产成本分配表，编制会计分录。

（1）分配维修费如下。

借：辅助生产成本——供水车间（维修费）　　　　　　　13 584

　　制造费用——某基本生产车间（维修费）　　　　　　43 200

　　销售费用（维修费）　　　　　　　　　　　　　　　 4 800

　　管理费用（维修费）　　　　　　　　　　　　　　　19 200

　　　贷：辅助生产成本——维修车间（转出）　　　　　　　　80 784

（2）分配水费如下。

借：制造费用——某基本生产车间（水电费）　　　　　　71 075.55

　　销售费用（水电费）　　　　　　　　　　　　　　　 6 715.80

　　管理费用（水电费）　　　　　　　　　　　　　　　10 308.65

　　　贷：辅助生产成本——供水车间（转出）　　　　　　　　88 100

顺序分配法是辅助生产成本分配的一种简化方法，虽然计算方法较为简便，但不能完整反映各辅助生产车间之间的费用分配情况，分配结果不够准确。这种方法只适用于企业设置的辅助生产车间较多，且辅助生产车间相互提供产品或劳务价值有明显差别的情况。

通过辅助生产成本的归集和分配，应计入本月产品成本的生产耗费，都已分别归集在"基本生产成本"和"制造费用"两个科目和所属明细账的借方，其中计入"基本生产成本"科目借方的金额，已在各产品成本明细账本月发生额中按有关的成本项目反映。

 练习题

一、单项选择题

1．各种辅助生产成本分配方法中计算结果最准确，适用于实行会计电算化企业的是（　　　　）。

　　A．计划成本分配法　　　B．一次交互分配法　　　C．代数分配法　　　　　D．直接分配法

2．采用计划成本分配法分配辅助生产成本时，为了简化计算工作，辅助生产劳务的成本差异一般全部计入（　　　）。

    A．管理费用　　　　　　　B．生产成本　　　　　　C．制造费用　　　　　　D．营业外损益

3．辅助生产成本采用顺序分配法，各辅助生产车间之间的耗费分配应按照辅助生产车间（　　　）。

    A．费用多的排列在前，费用少的排列在后的顺序分配

    B．费用少的排列在前，费用多的排列在后的顺序分配

    C．受益多的排列在前，受益少的排列在后的顺序分配

    D．受益少的排列在前，受益多的排列在后的顺序分配

4．辅助生产成本交互分配后的实际成本，应在有关单位之间进行分配，有关单位是指（　　　）。

    A．各受益单位　　　　　　　　　　　　B．各辅助生产车间

    C．基本生产车间　　　　　　　　　　　D．辅助生产车间以外的各受益单位

5．采用辅助生产成本采用一次交互分配法，对外分配的费用总额是（　　　）。

    A．交互分配前的费用

    B．交互分配前的费用加上交互分配转入的费用

    C．交互分配前的费用减去交互分配转出的费用

    D．交互分配前的费用加上交互分配转入的费用，再减去交互分配转出的费用

6．辅助生产成本采用一次交互分配法，第一次交互分配时应在（　　　）之间进行分配。

    A．各受益单位　　　　　　　　　　　　B．相互受益的辅助生产车间

    C．辅助生产车间以外的受益单位　　　　D．各受益的基本生产车间

7．辅助生产车间的产品或劳务主要用于（　　　）。

    A．辅助生产车间内部的生产和管理　　　B．基本生产和经营管理

    C．对外销售　　　　　　　　　　　　　D．专项工程建造

8．辅助生产成本直接分配法的特点是辅助生产成本（　　　）。

    A．直接计入"生产成本——辅助生产成本"科目

    B．直接分配给所有受益的车间、部门

    C．直接分配给辅助生产车间以外的各受益单位

    D．直接计入辅助生产提供的劳务成本

9．将辅助生产成本先进行一次交互分配，再将辅助生产成本对辅助生产车间以外各受益对象进行分配，这种辅助生产成本的分配方法是（　　　）。

    A．直接分配法　　　　　B．顺序分配法　　　　C．一次交互分配法　　D．代数分配法

10．在辅助生产成本分配方法中，不考虑各辅助生产车间相互提供产品和劳务的方法是（　　　）。

    A．代数分配法　　　　　B．直接分配法　　　　C．一次交互分配法　　D．计划成本分配法

二、多项选择题

1．辅助生产成本分配转出时，可以（　　　）。

    A．借记"制造费用"账户　　　　　　　B．借记"管理费用"账户

    C．借记"在建工程"账户　　　　　　　D．贷记"辅助生产成本"账户

    E．借记"辅助生产成本"账户

2. 辅助生产车间设置"制造费用"科目，其辅助生产成本账户的成本项目包括（　　　）。

    A．直接材料　　　　　B．直接人工　　　　　C．职工薪酬　　　　　D．办公费

    E．制造费用

3. 辅助生产车间一般不设置"制造费用"科目，是因为（　　　）。

    A．没有必要　　　　　　　　　　　　　　B．辅助生产车间一般不对外销售产品

    C．为了简化核算工作　　　　　　　　　　D．辅助生产车间没有制造费用

    E．辅助生产车间规模较小，发生的制造费用较少

4. 在下列方法中，属于辅助生产成本分配方法的有（　　　）。

    A．一次交互分配法　　B．代数分配法　　　C．定额比例法　　　　D．直接分配法

    E．计划成本分配法

5. 分配辅助生产成本的各种方法中，有交互分配性质的有（　　　）。

    A．一次交互分配法　　B．代数分配法　　　C．计划成本分配法　　D．直接分配法

三、判断题

1. 辅助生产车间提供的产品或劳务，都是为基本生产车间服务的。（　　　）

2. 自制动力产生的耗费属于辅助生产成本的分配内容。（　　　）

3. 各种辅助生产成本分配方法的共同点，是在各辅助生产车间内部进行交互分配。（　　　）

4. 顺序分配法分配的辅助生产成本结果最准确。（　　　）

5. 辅助生产成本的直接分配法，就是将辅助生产成本直接计入各种辅助生产产品或劳务成本的方法。（　　　）

6. 采用一次交互分配法分配辅助生产成本时，对外分配的辅助生产成本，应为交互分配前的成本加上交互分配时分配转入的成本。（　　　）

7. 采用计划成本分配法分配辅助生产成本时，计算出的辅助生产车间实际发生的成本，是完全的实际成本。（　　　）

8. 辅助生产成本的计划成本分配法是只对外分配，不对内分配的方法。（　　　）

9. 辅助生产成本的代数分配法先要通过设立多元一次方程组计算出分配率。（　　　）

10. 辅助生产成本的计划成本分配法中计划与实际的差额为期末余额。（　　　）

四、业务综合题

1. 某企业设有供电和供水两个辅助生产车间，为基本生产车间和管理部门提供服务。根据"辅助生产成本"明细账汇总的资料，供电、供水车间此月发生耗费分别是 17 400 元和 8 500 元。两个辅助生产车间供应产品和劳务数量如表 4-9 所示。

表 4-9　辅助生产车间供应产品和劳务数量

受益单位		供电数量（千瓦·时）	供水数量（立方米）
基本生产车间		20 000	9 000
辅助生产车间	供电车间		2 500
	供水车间	4 000	
销售部门		1 000	200
行政管理部门		4 000	800
合计		29 000	12 500

要求：（1）采用直接分配法分配辅助生产成本，编制辅助生产成本分配表（见表 4-10）。

表 4-10　辅助生产成本分配表（直接分配法）　　　金额单位：元

项目			供电车间	供水车间	合计
待分配辅助生产成本（元）					
供应辅助生产车间以外的劳务数量					
单位成本（分配率）					
制造费用	基本生产车间	耗用数量			
		分配金额			
销售费用		耗用数量			
		分配金额			
管理费用		耗用数量			
		分配金额			
合计					

（2）采用一次交互分配法分配辅助生产成本，编制辅助生产成本分配表（见表 4-11）。

表 4-11　辅助生产成本分配表（一次交互分配法）　　　金额单位：元

项目		供电车间			供水车间			合计
		数量	分配率	分配金额	数量	分配率	分配金额	
待分配辅助生产成本								
交互分配	供电车间							
	供水车间							
对外分配辅助生产成本								
对外分配	制造费用	基本生产车间						
	销售费用							
	管理费用							
合计								

（3）采用代数分配法分配辅助生产成本，编制辅助生产成本分配表（见表 4-12）。

表 4-12　辅助生产成本分配表（代数分配法）　　　金额单位：元

项目			供电车间	供水车间	合计
待分配辅助生产成本					
劳务供应数量总额					
单位成本（分配率）					
辅助生产成本	供电车间	耗用数量			
		分配金额			
辅助生产成本	供水车间	耗用数量			
		分配金额			
制造费用	基本生产车间	耗用数量			
		分配金额			
销售费用		耗用数量			
		分配金额			
管理费用		耗用数量			
		分配金额			
合计					

（4）假设供电车间的计划分配率为 0.70，供水车间的计划分配率为 0.85，采用计划成本分配法分配辅助生产成本，编制辅助生产成本分配表（见表 4-13）。

表 4-13　辅助生产成本分配表（计划成本分配法）　　　　　　　　金额单位：元

项目			供电车间	供水车间	合计
待分配辅助生产成本					
提供劳务数量					
计划单位成本					
辅助生产车间	供电车间	耗用数量			
		分配金额			
	供水车间	耗用数量			
		分配金额			
制造费用	基本生产车间	耗用数量			
		分配金额			
销售费用		耗用数量			
		分配金额			
管理费用		耗用数量			
		分配金额			
按计划成本分配金额合计					
辅助生产实际成本（应分配成本）					
辅助生产成本差异					

2．某企业有供电和供水两个辅助生产车间，主要为本企业基本生产车间和行政管理部门等服务，本月辅助生产成本明细账表明：供电车间发生耗费为 36 960 元，供水车间发生耗费为 27 000 元。供电车间和供水车间之间相互提供产品和劳务。两车间本月提供产品和劳务量如表 4-14 所示。

表 4-14　供电、供水车间提供产品和劳务量

受益对象		供水数量（立方米）	供电数量（千瓦·时）
基本生产车间	A 产品		48 000
基本生产车间	一般耗用	24 000	8 000
辅助生产车间	供电车间	3 000	
	供水车间		12 000
行政管理部门		2 000	4 000
专设销售机构		1 000	1 600
合计		30 000	73 600

要求：采用顺序分配法分配辅助生产成本并进行账务处理。

辅助生产成本分配表（顺序分配法）

车间部门	辅助生产车间						基本生产				行政管理部门		专设销售机构		分配金额合计（元）
	供电车间			供水车间			A 产品		基本生产车间						
	劳务量	待分配成本（元）	分配率	劳务量	待分配成本（元）	分配率	耗用量	分配金额（元）	耗用量	分配金额（元）	耗用量	分配金额（元）	耗用量	分配金额（元）	
待分配项目															
分配电费															
分配水费															
分配金额合计															

第五章 制造费用的归集和分配

制造费用是指工业企业为生产产品（或提供劳务）而发生的，应该计入产品成本，但没有专设成本项目的各项生产耗费。

制造费用一般包括以下内容。

（1）车间（或分厂，下同）用于组织和管理生产发生的耗费。如：车间管理人员的职工薪酬，车间管理用房屋和设备的折旧费、租赁费和保险费，车间管理用具摊销费，车间管理用的照明费、水电费、取暖费、空调费、差旅费和办公费等。

（2）直接用于产品生产但未专设成本项目的耗费（这些耗费在管理上不要求单独核算或者不便于单独核算）。如：机器设备的折旧费、租赁费和保险费，生产工具摊销费，设计制图费和试验检验费，以及未专设成本项目的生产用动力费等。

（3）间接用于产品生产的耗费。如：机物料消耗，车间生产用房屋和建筑物的折旧费、租赁费和保险费，车间用照明费、取暖费、空调费、运输费和劳动保护费等。

制造费用由于大多与产品的生产工艺没有直接联系，而且一般是间接计入耗费，所以不能或不便于按照产品制定定额，而只能按照车间、部门和费用项目，按年、季、月编制造费用计划加以控制。企业应该通过制造费用的归集和分配，反映和监督制造费用计划的执行情况，并将耗费正确、及时地计入各有关产品的成本。

第一节 制造费用的归集

一、制造费用核算的内容

制造费用的内容比较复杂，为了减少费用项目，简化核算工作，制造费用的费用项目不按直接用于产品生产、间接用于产品生产以及用于组织、管理生产划分，而是将性质相同的耗费合并设立相应的费用项目。例如将固定资产的折旧费合并设立一个"折旧费"项目，将生产工具和管理用具的摊销合并设立"低值易耗品摊销"项目等。因此，制造费用的费用项目一般应该包括机物料消耗、职工薪酬、折旧费、租赁（不包括融资租赁）费、保险费、低值易耗品摊销、水电费、取暖费、运输费、劳动保护费、设计制图费、试验检验费、差旅费、办公费、在产品盘亏和毁损及报废（减盘盈），以及季节性及修理期间停工损失等。

工业企业可以根据耗费比重大小和管理要求，对上列某些费用项目进行合并或进一步细分，也可以另行设立制造费用项目。但是，为了使各期成本资料可比，制造费用项目一经确定，不应任意变更。

制造费用的归集和分配应该通过"制造费用"科目进行。该科目应按不同的车间、部门设立明细账，账内按照制造费用项目设立专栏或专行，分别反映各车间、部门各项制造费用的发生情况，还应该根据有关的付款凭证、转账凭证和前述各种耗费分配表进行登记。

二、归集制造费用

生产车间发生的生产耗费，有的应该借记"基本生产成本"或"辅助生产成本"科目，有的则应借记"制造费用"科目。具体区别如下：基本生产车间发生的耗费中，专设成本项目的耗费（例如直接用于产品生产的原材料耗费），应借记"基本生产成本"科目，并计入所属有关产品成本明细账的成本项目（例如"直接材料"成本项目）；不是专设成本项目而是制造费用中的某项耗费（例如间接用于产品生产的机物料耗费），应借记"制造费用"科目，并计入有关车间、部门的制造费用明细账相应的费用项目（例如"机物料消耗"费用项目）。辅助生产车间发生的耗费，如果辅助生产车间的制造费用是通过"制造费用"科目核算的，应比照基本生产车间发生的耗费核算；如果辅助生产车间的制造费用不通过"制造费用"科目核算，则应全部借记"辅助生产成本"科目，并计入有关的辅助生产成本明细账相应的成本或费用项目。前述瑞鑫公司辅助生产车间发生的耗费，就是按照后一种方法核算的，其辅助生产成本明细账中所设的项目是产品成本项目与制造费用项目结合设立的项目。

月末，应根据"制造费用"科目和所属明细账借方归集的制造费用，分析和考核制造费用计划的执行情况，并将制造费用分配计入各种产品成本。

例 5-1

根据瑞鑫公司20××年9月各种耗费分配表及付款凭证等登记基本生产车间的制造费用明细账，如表5-1所示。

表5-1　制造费用明细账

车间名称：某基本生产车间　　　　　　　　　　　　　　　　　　　　　　　　　　　　单位：元

月	日	摘要	职工薪酬	机物料消耗	折旧费	办公费	水电费	财产保险费	租赁费	维修费	合计	转出	余额
9	29	表3-10 原始凭证汇总表				800					800		800
9	30	表3-1 材料耗费分配表		1 000							1 000		1 800
9	30	表3-3 外购动力费分配表					2 720				2 720		4 520
9	30	表3-6 应付职工薪酬耗费分配表	28 530								28 530		33 050
9	30	表3-7 固定资产折旧费分配表			32 640						32 640		65 690
9	30	表3-11 预付财产保险费分配表						2 500			2 500		68 190
9	30	表3-13 预提经营租赁费分配表							5 000		5 000		73 190
9	30	表4-4 辅助生产成本分配表（直接分配法）					60 071			51 930	112 001		185 191
9	30	本月合计	28 530	1 000	32 640	800	62 791	2 500	5 000	51 930	185 191		185 191
9	30	表5-2 制造费用分配表（生产工时比例分配法）										185 191	0

注：1. 各项费用专栏所记金额为借方发生额；"转出"栏为贷方发生额，应根据后列的制造费用分配表登记。

　　2. 表5-1最后一行之前的各行，均是归集的制造费用，该表最后一行则属于下面即将讲述的制造费用的分配。

第二节 制造费用的分配

各车间（分厂，下同）的制造费用的分配对象为本车间本期所生产的各种产品或所提供的劳务。如果本车间在本期生产中产生废品，则废品也应负担制造费用。基本生产车间的制造费用是产品生产成本的组成部分。在只生产一种产品的车间，制造费用可以直接计入该产品的成本。在生产多种产品的车间，如果各生产班组按产品品种分工，则各班组本身发生的制造费用也是直接计入耗费，应直接计入各种产品的成本，而各班组共同发生的制造费用是间接计入耗费，应当采用适当的分配方法分配计入各种产品的成本；如果各生产班组按生产工艺分工，则全部制造费用都是间接计入耗费，应当采用适当的分配方法分配计入该车间各种产品的成本。所谓"适当的分配方法"，是指既合理又比较简便的分配方法；将制造费用分配计入该车间各种产品的生产成本，即计入"基本生产成本"科目及其明细账的"制造费用"成本项目。

分配制造费用的方法很多，通常采用的有生产工时比例分配法、生产工人工资比例分配法、机器工时比例分配法和按年度计划分配率分配法等。企业应根据实际情况，选择合理的分配方法。分配方法一经确定，不能随意变动，以保证产品成本的客观性和可比性。

企业应根据选择的分配方法和分配计算的结果，编制制造费用分配表，据以进行制造费用分配的总分类核算和明细分类核算。

制造费用的分配

一、生产工时比例分配法

生产工时比例分配法是按照各种产品所用生产工人实耗工时的比例分配制造费用的一种方法。如果产品的工时定额比较准确，制造费用也可以按定额工时的比例分配。按照生产工时比例分配制造费用，同分配工资费用一样，能将劳动生产率与产品负担的耗费水平联系起来，使分配结果比较合理。由于生产工时是分配间接计入耗费常用的分配标准之一，所以必须正确组织产品生产工时的核算工作。

提示：做好生产工时的记录和核算工作，不仅是计算产品成本的一项重要的基础工作，而且对于分析和考核劳动生产率水平、加强生产管理和劳动管理也有着重要意义。

二、生产工人工资比例分配法

生产工人工资比例分配法是以各种产品的生产工人工资的比例分配制造费用的一种方法。采用这种分配方法，各种产品生产的机械化程度应该相差不大，否则，机械化程度高的产品，由于工资耗费少，分配的制造费用也少，从而会影响制造费用分配的合理性。

拓展知识

制造费用中包括不少与机器设备使用有关的费用，例如机器设备的折旧费、租赁费和保险费等，产品生产的机械化程度高，一般应该多负担这些费用，而不应该少负担这些费用。

三、机器工时比例分配法

机器工时比例分配法是按照各种产品所用机器设备运转时间的比例分配制造费用的一种方法。这种分配方法下各种产品分配的制造费用，与所用机器设备运转的时间密切联系。这种分配方法适用于产品生产机械化程度较高的车间，这些车间必须具备各种产品所用机器工时的原始记录。

由于制造费用包括各种性质和用途的耗费，为了提高分配结果的合理性，在增加核算工作量不多的情况下，也可以将制造费用加以分类，例如分为与机器设备使用有关的耗费和由于管理、组织生产而发生的耗费两类，分别采用适当的分配方法进行分配。前者可按机器工时比例分配，后者可按生产工时比例分配。

以上三种方法，有关计算公式如下。

$$分配率 = \frac{制造费用总额}{各种产品生产工时（生产工人工资、机器工时）总数} \times 100\% \qquad （式5\text{-}1）$$

某种产品应分配的制造费用 = 该产品生产工时（生产工人工资、机器工时）× 分配率（式5-2）

例 5-2

根据瑞鑫公司20××年9月某基本生产车间制造费用明细账及有关资料，按照生产工时比例分配法编制该基本生产车间制造费用分配表，如表5-2所示。

表 5-2　制造费用分配表（生产工时比例分配法）

车间名称：某基本生产车间　　　　　　　　20××年9月　　　　　　　　金额单位：元

应借科目	生产工时*（小时）	分配金额（分配率：11.574 4 元/小时）
基本生产成本——某车间——甲产品	10 000	115 744
——乙产品	6 000	69 447
合计	16 000	185 191

注：*生产工时资料见表3-5。

根据表5-2制造费用分配表编制以下会计分录，并据以登记有关总账和明细账。

借：基本生产成本——某车间——甲产品（制造费用）　　　　115 744

　　　　　　　　　　　——乙产品（制造费用）　　　　69 447

　　贷：制造费用——某基本生产车间　　　　　　　　　　185 191

例 5-3

根据东方公司20××年9月某基本生产车间制造费用明细账及有关资料，按照生产工人工资比例分配法编制该基本生产车间制造费用分配表，如表5-3所示。

表 5-3　制造费用分配表（生产工人工资比例分配法）

车间名称：某基本生产车间　　　　　　　　20××年9月　　　　　　　　金额单位：元

应借科目	生产工人工资*	分配金额（分配率：0.487 3）
基本生产成本——某车间——甲产品	225 000	109 642.50
——乙产品	155 000	75 548.50**
合计	380 000	185 191

注：*生产工人工资资料见表3-5。

　　**为处理四舍五入近似计算导致的尾差，此金额是倒挤得出的。

185 191－109 642.50 = 75 548.50（元）≈ 155 000 × 0.487 3 = 75 531.50（元）

根据表 5-3 制造费用分配表编制以下会计分录。

借：基本生产成本——某车间——甲产品（制造费用）　　　　　109 642.50

　　　　　　　　　　——乙产品（制造费用）　　　　　　　　75 548.50

　　贷：制造费用——某基本生产车间　　　　　　　　　　　　185 191

机器工时比例法分配制造费用的程序与以上方法类似，略。

四、按年度计划分配率分配法

按年度计划分配率分配法是按照年度开始前确定的全年度内适用的计划分配率分配制造费用的方法。假定以定额工时作为分配标准，其分配计算的公式如下。

$$年度计划分配率 = \frac{年度制造费用计划总额}{年度各种产品计划产量的定额工时总数} \times 100\% \qquad （式 5-3）$$

某月某种产品负担的制造费用 = 该月该种产品实际产量的定额工时数 × 年度计划分配率　（式 5-4）

生产多品种产品的企业，因为各种产品的产量不能直接相加，所以这种分配方法要以定额工时为分配标准，即年度计划分配率计算公式的分母要按定额工时计算。

采用这种分配方法，不管各月实际发生的制造费用多少，每月各种产品中的制造费用都按年度计划分配率分配。但在年度内如果发现全年的制造费用实际数和产量实际数与计划数可能发生较大的差额时，应及时调整计划分配率。

 例 5-4

某工业企业某车间全年制造费用计划为 737 280 元。全年各种产品的计划产量为：A 产品 33 600 件，B 产品 15 600 件。单件产品的工时定额为：A 产品 5 小时，B 产品 4 小时。

A 产品年度计划产量的定额工时 = 33 600 × 5 = 168 000（小时）

B 产品年度计划产量的定额工时 = 15 600 × 4 = 62 400（小时）

制造费用年度计划分配率 = 737 280 ÷（168 000 + 62 400）= 3.2（元/小时）

假设该车间 9 月的实际产量为：A 产品 3 000 件，B 产品 1 500 件。该月实际制造费用为 64 000 元。

A 产品该月实际产量的定额工时 = 3 000 × 5 = 15 000（小时）

B 产品该月实际产量的定额工时 = 1 500 × 4 = 6 000（小时）

该月 A 产品应负担的制造费用 = 15 000 × 3.2 = 48 000（元）

该月 B 产品应负担的制造费用 = 6 000 × 3.2 = 19 200（元）

该车间该月应分配转出的制造费用 = 48 000 + 19 200 = 67 200（元）

该车间该月的实际制造费用为 64 000 元（制造费用明细账的借方发生额），比按该月实际产量和年度计划分配率分配转出的制造费用 67 200 元（制造费用明细账的贷方发生额）少 3 200 元。因此，采用这种分配方法时，制造费用明细账以及与之相联系的"制造费用"总账，不仅可能有月末余额，而且既可能有借方余额，也可能有贷方余额。借方余额表示超过计划的预付耗费，属于待摊性质的耗费；贷方余额表示按照计划应付而未付的耗费，属于预提性质的耗费。

假定该企业只有一个车间，9 月初制造费用余额为借方余额 4 000 元，则上列该月制造费用的实际发生额和分配转出额的登记结果如以下 T 型账户所示。

制　造　费　用

9 月初余额	4 000		
9 月实际发生额	64 000	9 月分配转出额	67 200
9 月末余额	800		

　　在按年度计划分配率分配制造费用的情况下，"制造费用"科目如果年末有余额，就是全年制造费用的实际发生额与计划分配额的差额，一般应在年末调整计入 12 月的产品成本，即借记"基本生产成本"科目，贷记"制造费用"科目（如果实际发生额大于计划分配额，用蓝字调增；反之，用红字调减）。

　　这种分配方法的核算工作很简便，特别适用于季节性生产企业。因为在这种生产企业中，每月发生的制造费用相差不多，但生产淡月和旺月的产量悬殊，如果按照实际费用分配，各月单位产品成本中的制造费用将随之忽高忽低，而这不是车间工作本身引起的，因而不便于开展成本分析工作。此外，这种分配方法还可以按旬或按日提供产品成本预测所需要的产品应分配的制造费用资料，有利于产品成本的日常控制。但是，采用这种分配方法，企业必须有较高的计划工作的水平，否则年度制造费用的计划数脱离实际太多，就会影响成本计算的准确性。

　　通过上述制造费用的归集和分配，除了季节性的生产性企业或采用按年度计划分配率分配法分配制造费用的企业以外，其他企业"制造费用"科目和所属明细科目月末进行分配后都应没有余额。

　　至此，在不单独核算废品损失和停工损失的企业中，应计入本月产品成本的生产耗费，都已归集在"基本生产成本"科目的借方，并已归集在所属产品成本明细账的本月发生额的有关成本项目中。对于不单独核算上述这两种生产损失的企业，生产成本在各种产品之间横向的分配和归集，即第二章所述关于正确划分五个方面费用界限的第四方面——正确划分各种产品成本的界限已经介绍完毕。

 练习题

一、单项选择题

　　1.（　　）是指企业各个生产单位（分厂、基本生产车间）为组织和管理生产活动而发生的各项费用。

　　　　A. 生产成本　　　　　　B. 制造费用　　　　　C. 基本生产成本　　　　D. 辅助生产成本

　　2. 各生产单位的制造费用最终都必须分配计入（　　）。

　　　　A. 生产成本　　　　　　B. 制造费用　　　　　C. 待摊费用　　　　　　D. 本年利润

　　3. 车间用于组织和管理生产的费用，如间管理人员的工资、车间管理用房屋的折旧费等，应计入（　　）。

　　　　A. 生产成本　　　　　　B. 制造费用　　　　　C. 管理费用　　　　　　D. 车间费用

　　4. 制造费用分配的关键在于正确选择（　　）。

　　　　A. 受益对象　　　　　　B. 成本项目　　　　　C. 会计科目　　　　　　D. 分摊标准

　　5. 宜采用（　　）分配季节性生产企业的制造费用。

　　　　A. 按年度计划分配率分配法　　　　　　　　B. 生产工人工时比例分配法

　　　　C. 生产工人工资比例分配法　　　　　　　　D. 机器工时比例分配法

　　6. 为了简化核算工作，制造费用的费用项目在设立时主要考虑的因素是（　　）。

　　　　A. 费用的性质是否相同　　　　　　　　　　B. 是否直接用于产品生产

　　　　C. 是否间接用于产品生产　　　　　　　　　D. 是否用于组织和管理生产

7. 制造费用分配以后，"制造费用"科目月末一般应无余额，只有在采用（　　　）时，"制造费用"科目月末才可能有余额。

  A. 按年度计划分配率分配法   B. 生产工人工时比例分配法

  C. 生产工人工资比例分配法   D. 机器工时比例分配法

8. 某车间按年度计划分配率分配法分配制造费用，年度计划分配率为 3.2 元/小时，9 月"制造费用"科目月初贷方余额为 500 元，该月实际发生制造费用 4 430 元，实际产量定额工时为 1 250 小时。则该车间 9 月应分配的制造费用为（　　　）元。

  A. 4 000   B. 4 200   C. 4 120   D. 3 980

9. 接上题，该车间 9 月"制造费用"科目的月末余额方向和金额为（　　　）。

  A. 借方，70 元 B. 贷方，30 元 C. 借方，30 元 D. 贷方，70 元

10. 机器工时比例分配法适用于机械化程度较（　　　），制造费用中的折旧费、动力费、修理费等与机器设备的使用密切相关，而且在制造费用中所占的比重较（　　　）的生产车间。

  A. 高、小   B. 高、大   C. 低、小   D. 低、大

二、多项选择题

1. 制造费用是企业各个生产单位（分厂、基本生产车间）为组织和管理生产活动而发生的各项费用，下列属于制造费用的有（　　　）。

  A. 车间管理人员工资和福利费   B. 车间固定资产折旧费和维修费

  C. 分厂行政管理部门人员工资和福利费 D. 车间生产用照明费、取暖费等

2. 以下关于"制造费用"账户的说法中正确的有（　　　）。

  A. "制造费用"账户期初一般无余额

  B. "制造费用"账户一般按照车间设置明细账户

  C. "制造费用"账户借方反映当期发生的全部制造费用，贷方反映月末的分配结转，月末一定没有余额

  D. 生产产品所耗用的电费应该计入"制造费用"明细账户

3. 制造费用的分配方法有（　　　）。

  A. 生产工时比例分配法   B. 机器工时比例分配法

  C. 生产工人工资比例分配法   D. 按年度计划分配率分配法

4. 按年度计划分配率计算分配的制造费用和实际发生的制造费用的差额的处理方法有（　　　）。

  A. 年末余额应追加调整到基本生产成本

  B. 1~11 月的余额不做任何调整

  C. 将差额并入 12 月的制造费用并改按实际直接人工工时分配法进行分配

  D. 差额很大时调整，差额很小时不调整

5. 下列科目中，月末既可能有借方余额，也可能有贷方余额的有（　　　）。

  A. 基本生产成本 B. 辅助生产成本 C. 制造费用 D. 材料成本差异

  E. 管理费用

三、判断题

1. 由于制造费用和直接材料、直接人工共同构成生产成本，而且制造费用往往在生产成本中占有较大比重，所以制造费用的正确归集是一项非常重要的工作。（　　　）

2. 制造费用账户期末无余额。（　　　）

3. 季节性生产企业比较适宜采用按年度计划分配率分配法分配制造费用。（　　　）

4．基本生产车间固定资产计提折旧，应借记"累计折旧"科目，贷记"制造费用"科目。（　　）

5．管理人员的工资和福利费，均应通过"制造费用"科目核算。（　　）

6．无论采用哪一种制造费用的分配方法，"制造费用"科目月末都没有余额。（　　）

7．采用机器工时比例分配法每个月均需计算制造费用分配率，从而分配制造费用。（　　）

8．辅助生产车间不需要设置"制造费用"科目。（　　）

9．采用按年度计划分配率分配法，只需要在年初按照预算数计算分配率。（　　）

10．按年度计划分配率分配法分配制造费用时，"制造费用"科目可能出现借方余额，也可能出现贷方余额。（　　）

四、业务综合题

1．某车间全年度计划制造费用为 26 400 元。全年各种产品的计划产量为：甲产品 300 件，乙产品 200 件。单件工时定额为：甲产品 4 小时，乙产品 5 小时。该车间某月实际产量为：甲产品 56 件，乙产品 40 件。实际发生制造费用为 3 800 元。

要求：

（1）计算年度计划分配率；

（2）按年度计划分配率分配制造费用；

（3）编制分配制造费用的会计分录。

2．某企业的第一生产车间本月共发生制造费用 51 820 元，其中折旧费和电费为 26 880 元，其他耗费为 24 940 元。该车间共生产甲、乙两种产品，甲产品机器工时为 300 小时，乙产品机器工时为 200 小时。甲产品生产工时为 2 500 小时，乙产品生产工时为 1 800 小时。

要求：根据上述资料，采用机器工时比例分配法分配折旧费和修理费，采用生产工时比例分配法分配其他耗费，并将计算结果填入表 5-4 中。

表 5-4　制造费用分配表

产品名称	折旧费、电费			其他耗费			制造费用（元）
	机器工时（小时）	分配率	分配金额（元）	生产工时（小时）	分配率	分配金额（元）	
甲产品							
乙产品							
合计							

3．某工业企业按年度计划分配率分配制造费用，有关资料如表 5-5 所示。

表 5-5　制造费用分配有关资料

产品名称	全年计划产量（件）	单位产品工时定额（小时）	年度计划产量定额工时（小时）	本月实际产量（件）	本月实际产量定额工时（小时）
甲	9 600	6.4	61 440	810	5 184
乙	7 680	4.0	30 720	600	2 400
合计	—	—	92 160	—	7 584

年度制造费用的计划总额为 829 440 元。

要求：

（1）计算制造费用年度计划分配率；

（2）计算本月甲、乙产品各应分配的制造费用；

（3）计算本月应分配转出的制造费用。

第六章 生产损失的归集和分配

生产损失是指工业企业在产品生产过程中因生产原因发生的损失，包括废品损失和停工损失。生产损失是企业产品成本的组成部分，核算与控制生产损失，对加强企业管理、改进生产技术、提高产品质量、降低产品成本、提高经济效益具有重要意义。

第一节 废品损失的归集和分配

一、废品损失概述

废品损失概述

（一）废品的概念

在管理上要求单独反映和控制废品损失的工业企业，在进行成本核算时，还应进行废品损失的核算。生产中的废品，是指不符合规定的技术标准，不能按照原定用途使用，或者需要重新加工修理后才能使用的在产品、半成品或产成品。不论是在生产过程中发现的废品，还是在入库后发现的废品，都应包括在内。但是，入库时是合格品，由于保管不善，运输不当等情况而损坏、变质的产品不属于废品，因为是管理上的问题所造成的，所产生的损失应作为管理费用处理；经检验部门鉴定不需要返修而可以降价出售的不合格品，也不属于废品，其售价低于合格品售价所发生的损失，体现在产品销售损益之中。实行包退、包修、包换（"三包"）的企业，在产品出售以后发生的一切损失，也应计入管理费用，不包括在废品损失内。

（二）废品的分类

废品分为可修复废品和不可修复废品两种。

（1）可修复废品，是指经过修理可以使用，而且所花费的修复成本在经济上合算的废品（必须同时具备这两个条件）。

（2）不可修复废品，则指技术上不能修复，或者所花费的修复成本在经济上不合算的废品（只需具备其中一个条件）。

（三）废品损失的概念

废品损失包括在生产过程中发现的和入库后发现的不可修复废品的生产成本，以及可修复废品的修复成本，扣除回收的废品残料价值和应由过失单位或个人赔款以后的损失。

质量检验部门发现废品时，应该填制废品通知单，列明废品的种类、数量、产生废品的原因和责任人等。废品分工废和料废两类：工废是由于工人操作产生的废品，属于操作工人的责任；料废是由于送来的加工原材料或半成品的质量不符合要求所产生的废品，不属于操作工人的责任。成本会计人员应该会同检验人员对废品通知单所列废品产生的原因和责任人等项目加强审核。只有经过审核的废品通知单，才能作为废品损失核算的根据。

（四）废品损失的科目设置

为了单独核算废品损失，企业应增设"废品损失"科目，并在成本项目中增设"废品损失"项目。

"废品损失"科目是为了归集和分配废品损失而设立的。该科目应按车间设立明细账，账内按产品品种分设专户，并按成本项目分设专栏或专行，进行明细核算。不可修复废品的生产成本和可修复废品的修复成本，都应在"废品损失"科目的借方归集。不可修复废品的生产成本，应根据不可修复废品损失计算表（下面即将述及），借记"废品损失"科目，贷记"基本生产成本"科目；可修复废品的修复成本，应根据前述各种耗费分配表，借记"废品损失"科目，贷记"原材料""应付职工薪酬""制造费用"等科目。因此，单独核算废品损失的企业在编制各种耗费分配表时，应该为修复废品而发生的耗费，加设借记"废品损失"科目的行次。废品残料的回收价值和应收的赔款，应从"废品损失"科目的贷方转出，即借记"原材料"和"其他应收款"等科目，贷记"废品损失"科目。"废品损失"科目上述借方发生额大于贷方发生额的差额，就是废品损失，应分配转由本月同种产品的成本负担，即借记"基本生产成本"科目，贷记"废品损失"科目。通过上述归集和分配，"废品损失"科目月末应没有余额。

二、不可修复废品损失的归集和分配

不可修复废品损失的归集和分配

为了归集和分配不可修复废品损失，应先计算截至报废时已经发生的废品的生产成本，然后扣除残值和应收赔款，算出废品的净损失。不可修复废品的生产成本，一般可按废品实际耗费（实际成本）计算，也可按废品的定额耗费（定额成本）计算。

（一）按废品的实际成本计算

按废品的实际成本计算不可修复废品的生产成本，由于废品报废以前发生的各项耗费是与合格产品一起计算的，所以要将废品报废以前与合格品计算在一起的各项耗费，采用适当的分配方法，在合格品与废品之间进行分配，计算出废品的实际成本，从"基本生产成本"科目的贷方转入"废品损失"科目的借方。

 例 6-1

某工业企业某车间生产 A 种产品 1 000 件，原材料在生产开始时一次性投入。20××年××月，生产过程中发生 20 件不可修复废品。该产品成本明细账所记合格品和废品共同发生的生产成本为：原材料 700 000 元，燃料及动力 6 000 元，生产工人薪酬 570 600 元，制造费用 120 000 元，合计 1 396 600 元。因为原材料是在生产开始时一次性投入的，所以原材料耗费应按合格品数量 980 件和废品数量 20 件的比例进行分配；其他耗费按生产工时比例分配，生产工时为：合格品 29 400 小时，废品 400 小时，合计 29 800 小时。废品回收的残料入库，计价 600 元，经领导研究决定，由责任人赔款 500 元。根据上述资料，编制不可修复废品损失计算表，如表 6-1 所示。

表 6-1　不可修复废品损失计算表
（按实际成本计算）

车间名称：某车间
产品名称：A 产品　　　　　　　　　　　20××年××月　　　　　　　　　　金额单位：元

项目	数量（件）	直接材料	生产工时（小时）	燃料及动力	直接人工	制造费用	成本合计
合格品和废品生产成本总额	1 000	700 000	29 800	6 000	570 600	120 000	1 396 600

续表

项目	数量（件）	直接材料	生产工时（小时）	燃料及动力	直接人工	制造费用	成本合计
成本分配率		700①		0.201 3②	19.147 7③	4.026 8④	
废品生产成本	20	14 000	400	80.52	7 659.08	1 610.72	23 350.32
减：残料价值		600					600
责任人赔款							500
废品损失		13 400					22 250.32

注：①700 000÷1 000＝700（元/件）。

②6 000÷29 800≈0.201 3（元/小时）。

③570 600÷29 800≈19.147 7（元/小时）。

④120 000÷29 800≈4.026 8（元/小时）。

根据表 6-1 不可修复废品损失计算表，编制以下会计分录，并据以登记有关总账和明细账。

（1）结转不可修复废品成本。

借：废品损失——A 产品　　　　　　　　　　　　　　23 350.32

　　贷：基本生产成本——A 产品（直接材料）　　　　　14 000

　　　　　　　　　　——A 产品（燃料及动力）　　　　　80.52

　　　　　　　　　　——A 产品（直接人工）　　　　 7 659.08

　　　　　　　　　　——A 产品（制造费用）　　　　 1 610.72

（2）废品残料回收入库。

借：原材料　　　　　　　　　　　　　　　　　　　　　600

　　贷：废品损失——A 产品　　　　　　　　　　　　　　600

（3）登记应收责任人赔款。

借：其他应收款　　　　　　　　　　　　　　　　　　　500

　　贷：废品损失——A 产品　　　　　　　　　　　　　　500

（4）将废品净损失 22 252（23 352-600-500）元，转入同种合格品的成本。

借：基本生产成本——A 产品（废品损失）　　　　　22 250.32

　　贷：废品损失——A 产品　　　　　　　　　　　　22 250.32

在上列 4 笔会计分录中，第 1 笔分录是从 A 产品成本明细账的各成本项目中将属于废品的生产成本转出；第 4 笔分录是将废品的净损失转入该产品成本明细账中的"废品损失"成本项目。这样，既可以通过"废品损失"科目总括反映整个企业的废品损失，又可以通过产品成本明细账"废品损失"成本项目具体反映各种产品的废品损失。应该注意到：由于产生了废品，减少了合格品的数量，合格产品的单位成本提高了，导致企业发生了生产损失。

（二）按废品的定额成本计算

按废品的实际成本计算不可修复废品的生产成本，比较合理、符合实际，但核算工作量较大。按废品的定额成本核算不可修复废品的生产成本，可以减少核算工作量。

在按废品的定额成本计算不可修复废品的生产成本时，废品的生产成本按废品的数量和各项耗费定额计算，而不考虑废品实际发生的耗费与按定额计算的耗费的差异。

 例 6-2

沿用【例 6-1】的基本资料，按废品定额成本计算废品的生产成本。其原材料定额为 702 元，每小时加工成本的定额为：燃料及动力 0.2 元，生产工人薪酬 19 元，制造费用 4 元。废品 20 件的定额工时合计为 400 小时。按废品定额成本计算不可修复废品的生产成本，编制不可修复废品损失计算表，如表 6-2 所示。

表 6-2　不可修复废品损失计算表
（按定额成本计算）

车间名称：某车间　　　　　　　　　　　　20××年××月
产品名称：A 产品
废品数量：20 件　　　　　　　　　　　　　　　　　　　　　　　单位：元

项目	直接材料	燃料及动力	直接人工	制造费用	合计
费用定额	702	0.2	19	4	
废品定额成本	14 040①	80②	7 600③	1 600④	23 320
减：残料价值					600
责任人赔款					500
废品损失					22 220

注：①20 × 702 = 14 040（元）。

②400 × 0.2 = 80（元）。

③400 × 19 = 7 600（元）。

④400 × 4 = 1 600（元）。

因为原材料是在生产开始时一次性投入的，所以在所列不可修复废品损失计算表中，废品的定额原材料耗费应根据原材料耗费定额乘以废品数量计算；其他成本在随着生产进度陆续发生的情况下，其定额成本应根据各该耗费定额乘以定额工时计算。

根据表 6-2 不可修复废品损失计算表，编制以下会计分录，并据以登记有关总账和明细账。

（1）结转不可修复废品成本。

借：废品损失——A 产品　　　　　　　　　　　　　　　23 320

　　贷：基本生产成本——A 产品（直接材料）　　　　　　14 040

　　　　　　　　　　——A 产品（燃料及动力）　　　　　　80

　　　　　　　　　　——A 产品（直接人工）　　　　　　7 600

　　　　　　　　　　——A 产品（制造费用）　　　　　　1 600

（2）废品残料回收入库。

借：原材料　　　　　　　　　　　　　　　　　　　　　　600

　　贷：废品损失——A 产品　　　　　　　　　　　　　　600

（3）登记应收责任人赔款。

借：其他应收款　　　　　　　　　　　　　　　　　　　　500

　　贷：废品损失——A 产品　　　　　　　　　　　　　　500

（4）将废品净损失，转入同种合格品的成本。

借：基本生产成本——A 产品（废品损失）　　　　　　22 220

　　贷：废品损失——A 产品　　　　　　　　　　　　　22 220

按废品的定额耗费计算废品的生产成本，由于耗费定额已经事先确定，不仅计算工作比较简便，而且还可以使计入产品成本的废品损失数额不受废品实际耗费水平的影响。也就是说，废品损失大小只受废品数量差异（量差）的影响，而不受废品实际成本与定额成本差异（价差）的影响，从而有利于企业分析和考核废品损失和产品成本。但是，采用这一方法计算废品生产成本，企业必须具备比较准确的定额资料，否则会影响成本计算的准确性。

三、可修复废品损失的归集和分配

可修复废品损失是指废品在修复过程中所发生的各项修复成本。可修复废品返修以前发生的生产成本，不是废品损失，应留在"基本生产成本"科目和所属有关产品成本明细账中，不必转出。返修发生的各种耗费为废品损失，应根据前述各种耗费分配表等计入"废品损失"科目的借方。如有残值和应收的赔款，应从"废品损失"科目的贷方，转入"原材料"和"其他应收款"等科目的借方，以冲减废品损失。修复完毕，应将废品修复成本减去残值和赔款后的废品净损失，从"废品损失"科目的贷方转入"基本生产成本"科目的借方，在所属有关的产品成本明细账中，计入"废品损失"成本项目。

对于废品率低，废品损失对产品成本影响不大的企业，如果管理上不要求提供废品损失的资料，则可以不单独核算废品损失，不设置"废品损失"账户及"废品损失"成本项目。在这种情况下，不可修复废品发生的耗费或可修复废品发生的修复耗费就与合格品耗费混合在一起，最终计入合格品成本。在不单独核算废品损失的企业中，回收废品残料时，借记"原材料"科目，贷记"基本生产成本"科目，并从所属有关产品成本明细账的"原材料"成本项目中扣除残料价值。"基本生产成本"科目和所属有关产品成本明细账归集的完工产品总成本，除以合格品数量，就是合格产品的单位成本。这样核算很简便，但由于合格产品的各成本项目中都包括不可修复废品的生产成本和可修复废品的修复耗费，没有单独反映废品损失，所以不便于分析和控制废品损失。

以上所述废品损失是指基本生产的废品损失。辅助生产的规模一般不大，为了简化核算工作，一般不单独核算废品损失。

第二节 停工损失的归集和分配

在管理上要求单独反映和控制停工损失的工业企业，在进行成本核算时，还应核算停工损失。

一、停工损失的概念

停工损失是指生产车间或车间内某个班组在停工期间因减产、停电、待料、机器设备发生故障等原因而发生的损失。停工损失包括停工期间发生的生产工人薪酬、应负担的制造费用和所耗费的原材料、燃料及动力费等。应由过失单位或保险公司负担的赔款，应从停工损失中扣除。

二、停工损失的确认及报告

企业发生停工的原因很多，例如电力中断、原材料供应脱节、机器设备发生故障或进行大修理、发生非常灾害，以及计划减产等。但不是所有的停工耗费都作为停工损失处理，例如，由于自然灾害停工而发生的损失，应在"营业外支出"账户归集；因季节性停工和固定资产大修理的停工而发生的损失，应在"制造费用"账户归集。为了简化核算工作，停工不满一个工作日的，一般不计算停工损失。计算停工损失的时间起点，由企业或主管企业的上级机构确定。

企业发生停工时，应按企业规定的程序填制停工报告单，并报有关部门审批。只有经过审批且应作为停工损失处理的停工报告单，才能作为停工损失核算的依据。停工报告单一式数联，有关部门将经过审批的其中的一联转交会计部门，经会计人员审核无误后，作为停工损失核算的主要依据。停工报告单的参考格式如表 6-3 所示。

表 6-3 停工报告单

部　　门		停工时间		月　日　时　分至　月　日　时　分			
停工范围				原生产产品			
停工原因							
影　　响							
批　　示			采取措施				

本表由生产管理部门发出，现场主管填写，　　　　　　　　　现场主管：
生产管理部门呈厂长批示后存生产管理部门

三、归集和分配停工损失

企业为了掌握停工损失对产品成本的影响情况，明确经济责任，加强对停工损失的控制和分析，可以设置"停工损失"科目，对停工损失进行归集和分配。该科目应按车间设立明细账，账内按成本项目分设专栏或专行，进行明细核算。停工期间发生的应该计入停工损失的各种耗费，都应在该科目的借方归集，借记"停工损失"科目，贷记"原材料""应付职工薪酬""制造费用"等科目。因此，单独核算停工损失的企业在编制各种耗费分配表时，应该将属于停工损失的耗费，加填借记"停工损失"科目的行次；而在制造费用的费用项目中，则可不设立"季节性和修理期间停工损失"费用项目。

归集在"停工损失"科目借方的停工损失，其中应取得赔偿的损失和应计入营业外支出的损失，应从该科目的贷方分别转入"其他应收款"和"营业外支出"科目的借方；应计入产品成本的损失，则应从该科目的贷方转入"基本生产成本"科目的借方。应计入产品成本的停工损失，如果停工的车间只生产一种产品，应直接计入该种产品成本明细账的"停工损失"成本项目；如果停工的车间生产多种产品，则应采用适当的分配方法（一般采用分配制造费用的方法），分配计入该车间各种产品成本明细账的"停工损失"成本项目。通过上述归集和分配，"停工损失"科目月末应无余额。不单独核算停工损失的企业不设立"停工损失"科目和成本项目。停工期间发生的属于停工损失的各种费用，直接计入"制造费用"和"营业外支出"等科目。这样核算很简便，但不便于企业分析和控制停工损失。

以上所述停工损失，都是指基本生产的停工损失。辅助生产由于规模一般不大，为了简化核算工作，一般不单独核算停工损失。

在单独核算废品损失和停工损失的企业中，已将应计入本月产品成本的生产耗费全部归集在"基本生产成本"科目的借方，并在各产品成本明细账的本月发生额中按"直接材料""直接人工""制造费用""废品损失""停工损失"等成本项目分别反映。

至此，第二章所述关于正确划分五个方面费用界限的第四方面，即正确划分各种产品的成本界限已经介绍完毕。

 练习题

一、单项选择题

1. 废品净损失分配转出时，应借记"（   ）"科目。

    A. 废品损失   B. 基本生产成本   C. 制造费用   D. 管理费用

2. "废品损失"科目借方应反映（   ）项目。

    A. 可修复废品的生产成本   B. 责任人的赔款

    C. 可修复废品的修复耗费   D. 不可修复废品的修复耗费

    E. 回收废料的价值

3. 可修复废品在返修过程中所发生的修理用材料、动力、生产工人工资、应负担的制造费用等属于（   ）。

    A. 修复耗费   B. 报废损失   C. 待产损失   D. 停工损失

4. 不可修复废品应负担原材料耗费 1 000 元，加工费 500 元；收回残料价值 200 元，应由责任人赔款 300 元，则废品净损失应为（   ）。

    A. 1 000 元   B. 1 300 元   C. 1 200 元   D. 1 500 元

5. 下列各项中，应确认为可修复废品损失的是（   ）。

    A. 返修以前发生的生产成本

    B. 可修复废品的生产成本

    C. 返修过程中发生的修复耗费

    D. 可修复废品的生产成本加上返修过程中发生的修复耗费

6. 下列各项中，应核算停工损失的是（   ）。

    A. 机器设备故障或发生大修理   B. 季节性停工

    C. 不满一个工作日的停工   D. 辅助生产车间设备的停工

7. 在进行产品成本核算时，要求单独核算的废品损失一般（   ）。

    A. 在在产品和完工产品之间采用特定方法进行分配

    B. 全部由合格产品成本负担

    C. 直接作为期间费用

    D. 全部由月末在产品负担

8. 应计入产品成本的停工损失是（   ）。

    A. 由于火灾发生的停工损失   B. 应由过失单位赔偿的停工损失

    C. 电力中断导致的停工损失   D. 由于地震发生的停工损失

9. 实行包退、包修、包换的企业，在产品出售以后发生的一切损失，在财务上应计入（   ）。

    A. 废品损失   B. 营业外支出   C. 管理费用   D. 基本生产成本

10. 计算不可修复废品的生产成本，可以按废品所耗的实际成本，也可以按废品所耗（   ）。

    A. 消耗定额   B. 定额成本   C. 定额消耗   D. 成本定额

二、多项选择题

1. 不形成产品价值，但应计入产品成本的有（　　）。

   A. 废品损失　　　　　　　　　　　　B. 季节性停工损失

   C. "三包"损失　　　　　　　　　　　D. 入库后由于保管不善发生的损失

   E. 固定资产修理期间的停工损失

2. 下列各项损失中，不属于废品损失的有（　　）。

   A. 产品入库以前发现的生产中的废品的损失

   B. 产品入库以后发现的由于保管不善发生的废品损失

   C. 降价出售不合格品的降价损失

   D. 产品销售后发现的废品由于包退发生的损失

   E. 产品销售后发现的废品由于包换发生的损失

3. 计算废品净损失时，应考虑的内容有（　　）。

   A. 生产过程中发现的不可修复废品的生产成本

   B. 可修复废品的修复成本

   C. 废品的残值

   D. 废品的应收赔款

   E. 入库后发现的生产过程中造成的不可修复废品的生产成本

4. 可修复废品的确认，必须满足的条件有（　　）。

   A. 经过修理仍不能使用的　　　　　　B. 所花费的修复费用在经济上合算的

   C. 经过修理可以使用的　　　　　　　D. 所花费的修复费用在经济上不合算的

   E. 不经过修理也可以使用的

5. 废品损失由（　　）构成。

   A. 不可修复废品的生产成本　　　　　B. 可修复废品的修理耗费

   C. 扣除回收的废品残料价值　　　　　D. 降价损失

   E. 可修复废品返修以前的生产成本

三、判断题

1. 可修复废品是指经过修复可以使用，而且在经济上合算的废品。（　　）

2. 废品损失是指废品的报废损失，即不可修复废品的生产成本扣除回收材料、废料价值后的净损失。（　　）

3. 停工损失是指在停工期间发生的损失，所以核算停工损失时既不考虑停工期间长短，也不考虑损失发生的地点。（　　）

4. 修复费用是指可修复废品在返修过程中所发生的修理材料、动力、生产工人工资、应负担的制造费用等扣除责任人赔偿款后的净支出。（　　）

5. "废品损失"科目月末一般无余额。（　　）

6. 生产中的废品，是指在生产入库后发现的废品。（　　）

7. 产成品入库后，由于保管不善等情况而损坏变质的损失，不作为废品损失处理。（　　）

8. 按废品所耗定额成本计算不可修复废品成本时，应事先制定相关的定额。（　　）

9. 可修复废品返修以前发生的成本，应转出至"废品损失"科目中进行成本核算。（　　）

10．按实际成本计算不可修复废品损失时，应采用适当的方法将生产成本在合格品和废品之间进行分配。（　　　）

四、业务综合题

1．某生产车间生产甲产品，本月投产 300 件，完工验收入库发现废品 8 件；合格品生产工时 8 760 小时，废品生产工时 240 小时，甲产品生产成本明细账所记合格品和废品的全部生产耗费为：直接材料 12 000 元，燃料和动力 10 800 元，直接人工 12 600 元，制造费用 7 200 元。原材料在生产开始时一次性投入。废品残料入库，作价 50 元。

要求：根据以上资料，编制不可修复废品损失计算表（按实际成本计算）（见表 6-4），并编制有关废品损失的会计分录。

表 6-4　不可修复废品损失计算表（按实际成本计算）

车间名称：某生产车间

产品名称：甲产品　　　　　　　　　　　　　　××年××月　　　　　　　　　　　　　金额单位：元

项目	数量（件）	直接材料	生产工时（小时）	燃料及动力	直接人工	制造费用	合计
合格品和废品生产成本							
分配率							
不可修复废品的生产成本							
减：废品残值							
废品净损失合计							

2．某生产车间本月在生产 B 产品的过程中发现不可修复废品 10 件，按所耗定额成本计算不可修复废品的生产成本。单件原材料成本定额为 50 元，已完成的定额工时共计 150 小时，每小时的耗费定额为：燃料和动力 1.5 元，直接人工 1.8 元，制造费用 1.2 元。不可修复废品的残料作价 100 元以辅助材料入库，应由责任人赔款 200 元。废品净损失由当月同种产品成本负担。

要求：根据以上资料，编制不可修复废品损失计算表（按定额成本计算）（见表 6-5），并编制有关废品损失的会计分录。

表 6-5　不可修复废品损失计算表（按定额成本计算）

车间名称：某生产车间

产品名称：B 产品　　　　　　　　　　　　　　××年××月　　　　　　　　　　　　　金额单位：元

项目	数量（件）	直接材料	生产工时（小时）	燃料及动力	直接人工	制造费用	合计
耗费定额							
不可修复废品的生产成本							
减：废品残值							
责任人赔款							
废品净损失合计							

3．某企业不可修复废品成本按定额成本计价。20××年××月不可修复废品计算表所列甲产品不可修复废品的定额成本资料为：不可修复废品 10 件，每件原材料费用定额 50 元；10 件废品的定额工时合计为 120 小时；每小时的费用定额为直接人工 14 元，制造费用 12 元。不可修复废品的残料作为某种原材料入库，按计划成本共 100 元计价；由责任人赔款 80 元。不可修复废品净损失由当月产品成本负担。

要求：

（1）计算甲产品不可修复废品的定额成本及净损失；

（2）编制结转不可修复废品定额成本、残值、赔款和废品净损失的会计分录。

期间费用是指本期发生的、不计入产品成本而直接计入当期损益的各项费用，包括销售费用、管理费用、财务费用。

第一节　销售费用的归集和结转

一、销售费用的概念

销售费用是指企业销售商品和材料、提供劳务的过程中发生的各种费用，包括保险费、包装费、展览费、广告费、商品维修费、预计产品质量保证损失、运输费、装卸费等，以及为销售本企业商品而专设的销售机构（含销售网点、售后服务网点等）的职工薪酬、业务费、折旧费等经营费用。

二、销售费用的归集和结转程序

销售费用的归集和结转

销售费用的归集和结转是通过登记"销售费用"总账和所属明细账进行的。"销售费用"科目应按费用项目设置明细账，进行明细核算，用以反映和考核各项费用的支出情况。发生上述各项销售费用时，借记"销售费用"科目，贷记"库存现金""银行存款""应付账款""应付职工薪酬""累计折旧"等科目。企业发生的与专设销售机构相关的固定资产修理费用等后续支出，也在"销售费用"科目中核算。月末，将归集在"销售费用"科目借方余额的销售费用，转入"本年利润"科目，结转后"销售费用"科目应无余额。

 例 7-1

根据瑞鑫公司 20××年 9 月各种耗费分配表及有关凭证，登记销售费用明细账，如表 7-1 所示。

表 7-1　销售费用明细账

20××年 9 月 单位：元

月	日	摘要	职工薪酬	机物料消耗	折旧费	修理费	办公费	水电费	……	其他	合计	转出	余额
9	29	表3-10原始凭证汇总表					2 000				2 000		2 000
9	30	表3-1材料耗费分配表		600							600		2 600
9	30	表3-3外购动力费分配表						2 040			2 040		4 640
9	30	表3-6应付职工薪酬耗费分配表	31 700								31 700		36 340

续表

月	日	摘要	职工薪酬	机物料消耗	折旧费	修理费	办公费	水电费	……	其他	合计	转出	余额
9	30	表 3-7 固定资产折旧费分配表			6 120						6 120		42 460
9	30	表 4-4 辅助生产成本分配表（直接分配法）				5 770		5 676			11 446		53 906
		本月合计	31 700	600	6 120	5 770	2 000	7 716			53 906		53 906
		转账凭证										53 906	0

月末，将归集在"销售费用"科目借方余额的销售费用，转入"本年利润"科目，编制以下会计分录。

借：本年利润   53 906
    贷：销售费用   53 906

第二节 管理费用的归集和结转

一、管理费用的概念

管理费用是指企业为组织和管理企业生产经营所发生的各项费用，包括企业在筹建期间发生的开办费、董事会和行政管理部门在企业的经营管理中发生的或者应由企业统一负担的公司经费（包括行政管理部门职工薪酬、物料消耗、低值易耗品摊销、办公费和差旅费等）、工会经费、董事会会费（包括董事会成员津贴、会议费和差旅费等）、聘请中介机构费、咨询费（含顾问费）、诉讼费、业务招待费、技术转让费、矿产资源补偿费、研究费用、排污费等。

二、管理费用的归集和结转程序

管理费用的归集和结转是通过登记"管理费用"总账和所属明细账进行的。"管理费用"科目应按费用项目设置明细账，进行明细核算，用以反映和考核各项费用的支出情况。发生上述各项管理费用时，借记"管理费用"科目，贷记"库存现金""银行存款""应付账款""应付职工薪酬""累计折旧""研发支出"等科目。月末，将归集在"管理费用"科目借方余额的管理费用，转入"本年利润"科目，结转后本科目应无余额。

例 7-2

根据瑞鑫公司 20××年 9 月各种耗费分配表及有关凭证，登记管理费用明细账，如表 7-2 所示。

表7-2　管理费用明细账

20××年9月

单位：元

月	日	摘要	职工薪酬	机物料消耗	折旧费	修理费	办公费	水电费	业务招待费	其他	合计	转出	余额
9	29	表3-10 原始凭证汇总表					3 000		5 000		8 000		8 000
9	30	表3-1 材料耗费分配表		400							400		8 400
9	30	表3-3 外购动力费分配表						2 720			2 720		11 120
9	30	表3-6 应付职工薪酬耗费分配表	39 625								39 625		50 745
9	30	表3-7 固定资产折旧费分配表			17 136						17 136		67 881
9	30	表3-11 预付财产保险费分配表								1 300	1 300		69 181
	30	表3-13 预提经营租赁费分配表								1 000	1 000		70 181
9	30	表4-4 辅助生产成本分配表（直接分配法）				23 084		8 769			31 853		102 034
		本月合计	39 625	400	17 136	23 084	3 000	11 489	5 000	2 300	102 034		102 034
		转账凭证										102 034	0

月末，将归集在"管理费用"科目借方余额的管理费用，转入"本年利润"科目，编制会计分录如下。

借：本年利润　　　　　　　　　　　　　　　　　　　　102 034

　　贷：管理费用　　　　　　　　　　　　　　　　　　　　102 034

第三节　财务费用的归集和结转

一、财务费用的概念

财务费用是指企业为筹集生产经营所需资金等而发生的筹资费用，包括利息支出（减利息收入）、汇兑损益以及相关的手续费、企业收到的现金折扣等。

二、财务费用的归集和结转程序

财务费用的归集和结转是通过登记"财务费用"总账和所属明细账进行的。"财务费用"科目应按费用项目设置明细账，进行明细核算，用以反映和考核各项费用的支出情况。发生上述各项财务费用时，借记"财务费用"科目，贷记 "银行存款""未确认融资费用"等科目。发生的应冲减财务费用的利息收入、汇兑损益、现金折扣，借记"银行存款""应付账款"等科目，贷记"财务费用"科目。月末，将归集在"财务费用"科目借方余额的财务费用，转入"本年利润"科目，结转后本科目应无余额。

 例 7-3

根据瑞鑫公司20××年9月各种耗费分配表及有关凭证，登记财务费用明细账，如表7-3所示。

表 7-3　财务费用明细账

20××年9月　　　　　　　　　　　　　　　　　　　　　　　　单位：元

月	日	摘要	利息支出	汇兑损益	手续费	……	合计	转出	余额
9	30	利息收入	−275*				−275*		−275
9	30	预提利息分配表	1 300				1 300		1 025
		本月合计	1 025				1 025		1 025
		转账凭证						1 025	0

注：*实际工作中，以红字275登记。

月末，将归集在"财务费用"科目借方余额的财务费用，转入"本年利润"科目，编制会计分录如下。

借：本年利润　　　　　　　　　　　　　　　　　　　　　　1 025
　　贷：财务费用　　　　　　　　　　　　　　　　　　　　　　1 025

【注】《初级会计实务》教材详细介绍了期间费用的核算，且期间费用在成本会计核算中涉及内容不多，本章练习题略。

生产成本在完工产品与在产品之间的分配概述

一、完工产品与在产品的含义

（一）完工产品的含义

工业企业的完工产品有广义和狭义的概念之分。

1. 广义完工产品

广义完工产品，是就整个企业而言，指完成所有生产过程或生产步骤，验收入库可以对外销售的产品。

2. 狭义完工产品

狭义完工产品，是就某一生产部门或某一生产步骤而言，指完成某一生产步骤加工过程的产品。其仅指本部门或本步骤已经完工转出的自制半成品。

（二）在产品的含义

同样，工业企业的在产品也有广义和狭义之分。

1. 广义在产品

广义在产品，是就整个企业而言，指没有完成全部生产过程，不能作为商品销售的产品，包括正在各生产部门（车间、分厂）加工的在制品和已经完成一个或多个生产步骤，尚未最终完工、需要继续加工的自制半成品。

2. 狭义在产品

狭义在产品，是就某一生产部门或某一生产步骤而言，指没有完成某一生产步骤加工过程的产品。其仅指本部门或本步骤正在加工的在制品，不包括本部门或本步骤已经完工转出的自制半成品。

在以下有关章节的学习中将会看到，完工产品和在产品的广义和狭义概念分别应用于不同的成本计算方法。

二、生产成本在完工产品与在产品之间分配的几种情况

完工产品成本的计算应视本月产品完工的不同情况而定，一般有以下三种情况。

（1）该产品本月已经全部完工，没有月末在产品，产品成本明细账中归集的生产成本（如果有月初在产品，还包括月初在产品生产成本，下同）之和，就是该种完工产品的成本。

（2）该产品本月全部没有完工，产品成本明细账中归集的生产成本之和，就是该种在产品的成本。

（3）该产品本月既有完工入库的产成品，月末又有在产品，产品成本明细账中归集的生产成本之和，应在完工产品与月末在产品之间，采用适当的分配方法，进行生产成本的分配和归集，以计

算本月完工产品的总成本、单位成本和月末在产品的成本。

月初在产品成本、本月发生的生产成本、完工产品成本和月末在产品成本四者之间的关系，可用公式表示如下。

月初在产品成本＋本月发生的生产成本＝本月完工产品成本＋月末在产品成本　　（式8-1）

以上公式左边两项之和为生产成本合计，又称生产成本累计，其在完工产品与在产品之间分配有两种方法：一是将生产成本合计在本月完工产品与月末在产品之间按照一定比例进行分配，计算完工产品成本和月末在产品成本；二是采用一定的方法（如定额成本法、固定成本计价法等方法）先确定月末在产品成本，然后倒挤出本月完工产品成本。第二种方法的计算公式如下。

本月完工产品成本＝月初在产品成本＋本月发生的生产成本－月末在产品成本　　（式8-2）

无论采用哪一种方法，企业都必须提供正确的月末在产品数量资料，以便为生产成本在完工产和月末在产品之间进行分配提供依据。

第二节　在产品的核算

一、在产品收发结存的数量核算

车间在产品收发结存数量的日常核算，通常是通过登记在产品收发结存账进行的。在实际工作中，在产品收发结存账也叫在产品台账，应区分车间并且按照产品的品种和在产品的名称设立，以便用来反映车间各种在产品的转入、转出和结存的数量。根据生产的特点和管理的要求，有的还应进一步按照加工工序组织在产品的数量核算。各车间应认真做好在产品的计量、验收和交接工作，并在此基础上，根据领料凭证、在产品内部转移凭证、产成品检验凭证和产品交库凭证，及时登记在产品收发结存账。其参考格式如表8-1所示。

表8-1　在产品收发结存账（在产品台账）

20××年

在产品名称、编号：　　　　　　　　　车间名称：　　　　　　　　　单位：件

月	日	摘要	收入		发出			结存		备注
			凭证号	数量	凭证号	合格品	废品	完工	未完工	

在产品收发结存账是根据领料凭证、在产品内部转移凭证、产品检验凭证和产品交库凭证等及时登记，由车间核算人员审核汇总的。

二、在产品清查的核算

在产品的管理与企业其他财产物资一样，应定期和不定期地进行清查，做到账实相符，保证在产品的安全完整。在产品的清查方法、清查结果的处理在基础会计课程"财产清查"中有详细介绍，此处不展开介绍。

第三节 生产成本在完工产品与在产品之间分配的方法

如何既较合理又简便地在完工产品和月末在产品之间分配产生成本，是产品成本计算工作中重要而复杂的问题，在产品结构复杂、零部件种类和加工工序较多的情况下更是如此。企业应该根据在产品数量的多少、各月在产品数量变化的大小、各项成本比重的大小，以及定额管理基础的好坏等具体条件，采用适当的分配方法。常用的方法有：在产品不计算成本法、在产品按固定成本计价法、在产品按所耗原材料成本计价法、约当产量比例法、在产品成本按完工产品成本计算法、在产品按定额成本计价法和定额比例法。

一、在产品不计算成本法

采用在产品不计算成本法时，虽然有月末在产品，但不计算成本。这种方法适用于各月末在产品数量很少的产品。如果各月月末在产品的数量很少，那么月初和月末在产品成本就很小，月初在产品成本与月末在产品成本的差额更小，是否计算各月在产品成本对完工产品成本的影响很小。因此，为了简化产品成本计算工作，可以不计算在产品成本。就是说，这种方法下，产品每月发生的生产成本，全部由该种产品的完工产品负担，其每月生产成本之和也就是每月完工产品成本。例如煤炭工业采煤，由于工作面小，在产品数量很少，月末在产品就可以不计算成本。

二、在产品按固定成本计价法

采用在产品按固定成本计价法，各月末在产品的成本固定不变。这种方法适用于各月末在产品数量较少，或者在产品数量虽多，但各月之间变化不大的产品。这是因为，在这两种情况下，月初在产品成本与月末在产品成本的差额均不大，是否计算各月在产品成本的差额对完工产品成本的影响不大。因此，为了简化产品成本计算工作，上述两种情况下的产品，每月在产品成本都可以固定不变。

采用这种分配方法的产品，每月发生的生产成本之和仍然是每月该种完工产品的成本。但对于在产品数量较大，但各月之间变化不大的产品，在年末，应该根据实际盘点的在产品数量，具体计算在产品成本，据以计算 12 月产品成本，并将算出的年末在产品成本作为下一年度各月固定的在产品成本，以免相隔时间过长，在产品成本与实际相差过大，影响产品生产成本计算的正确性。例如炼铁企业和化工企业的产品，由于高炉和化学反应装置的容积固定，其在产品成本就可以这样计算。

三、在产品按所耗原材料成本计价法

采用在产品按所耗原材料成本计价法时，月末只计算在产品所耗用的原材料成本，不计算职工薪酬、制造费用等加工成本，就是说，产品的加工成本全部由完工产品成本负担。这种方法适用于各月末在产品数量较多，各月在产品数量变化较大，原材料成本在生产成本中所占比重较大的产品。这是因为，各月末在产品数量较多，各月在产品数量变化较大的产品，既不能采用第一种方法，也不能采用第二种方法，而必须具体计算每月末的在产品成本。另外，由于该种产品的原材料成本在生产成本中所占比重较大，职工薪酬、制造费用等加工成本在生产成本中的比重不大，在产品成本中的加工成本，尤其是月初、月末在产品加工成本的差额不大，月初和月末在产品的加工成本基本上可以互相抵销。因此，为了简化计算工作，可以不计算在产品加工成本。这时，这种产品的全部生产成本，减去按所耗原材料成本计算的在产品成本，就是该种完工产品的成本。例如纺织、造纸和酿酒等工业的产品的原材料成本比重较大，企业可以采用这种分配方法。

例 8-1

瑞鑫公司生产甲产品，该产品原材料成本在产品成本中所占比重较大，采用在产品按所耗原材料成本计价法。甲产品月初在产品原材料成本（月初在产品成本）为 4 850 元；本月发生原材料成本 20 000 元，直接人工等加工成本共计 1 100 元；完工产品 850 件，月末在产品 150 件，这种产品的原材料是在生产开始时一次性投入的。原材料成本按完工产品和在产品的数量比例分配，分配计算完工产品成本与在产品成本的过程如下。

原材料成本分配率=（4 850+20 000）÷（850+150）=24.85（元/件）

月末在产品原材料成本（月末在产品成本）=150×24.85=3 727.5（元）

完工产品成本=4 850+20 000+1 100−3 727.5=22 222.5（元）

四、约当产量比例法

（一）约当产量和约当产量比例法的概念

约当产量，指月末在产品数量按照完工程度折算为完工产品的产量。约当产量比例法是根据本月完工产品产量（完工程度为 100%的约当产量）与月末在产品约当产量的比例分配计算完工产品成本和月末在产品成本的一种方法。这种方法适用于月末在产品数量较多，各月末在产品数量变化较大，产品成本中原材料成本和职工薪酬、制造费用等各项加工成本的比重相差不多的产品。这是因为：①月末在产品数量较多，而且各月末在产品数量变化较大，因而既不能不算月末在产品成本，也不能让月末在产品成本固定不变，而必须按照月末在产品数量具体计算月末在产品成本；②产品成本中的原材料成本比重与职工薪酬、制造费用等各项加工成本比重相差不多，因而不能只计算月末在产品的原材料成本，而必须全面地计算各项成本。

（二）约当产量比例法计算的步骤

约当产量比例法通常分为以下三个步骤。

第一步，计算各个成本项目月末在产品的约当产量。其计算公式如下。

在产品约当产量＝在产品数量×完工率（对于直接材料成本项目而言，即投料率）（式 8-3）

第二步，计算单位完工产品应分配的各个成本项目的金额，将其称为各成本项目的"成本分配

率"。其计算公式如下。

$$某项成本分配率 = \frac{该项成本总额}{完工产品产量 + 在产品约当产量} \qquad （式8-4）$$

第三步，计算本月完工产品成本和月末在产品成本。其计算公式如下。

$$完工产品该项成本 = 完工产品产量 \times 该项成本分配率 \qquad （式8-5）$$

在产品该项成本的计算，从理论上讲其计算方法如下。

$$在产品该项成本 = 在产品约当产量 \times 该项成本分配率 \qquad （式8-6）$$

实务操作中，为了消除四舍五入近似计算产生的尾差，在产品该项成本的计算方法如下。

$$在产品该项成本 = 该项成本总额 - 完工产品该项成本 \qquad （式8-7）$$

在上述三个步骤中，关键（也是难点）在于计算"某项成本分配率"。相对而言，直接材料成本分配率（投料率）比直接人工、制造费用等成本分配率的计算情况复杂一些。下面先结合实例比较，系统、全面地介绍约当产量比例法下直接材料成本分配的几种常见情况和相应的分配率的计算方法。

（三）直接材料成本在本月完工产品与月末在产品之间的分配

1. 直接材料在生产开始时一次性投入

在直接材料在生产开始时一次性投入情况下，每件完工产品与每件在产品耗用的直接材料成本是相等的，在产品的投料率为100%。所以，有以下计算公式。

$$月末在产品约当产量 = 月末在产品实际数量 \qquad （式8-8）$$

$$直接材料成本分配率 = \frac{本月直接材料成本累计金额}{完工产品产量 + 月末在产品实际数量} \qquad （式8-9）$$

$$完工产品直接材料成本 = 完工产品产量 \times 直接材料成本分配率 \qquad （式8-10）$$

月末在产品直接材料成本 = 本月直接材料成本累计金额 - 完工产品直接材料成本　（式8-11）

采用倒挤法计算月末在产品直接材料成本，可以消除四舍五入近似计算生产的尾差。

 例 8-2

瑞鑫公司甲产品需经三道工序完成，材料在生产开始时一次性投入，第一道工序月末在产品数量为200件，第二道工序月末在产品数量为280件，第三道工序月末在产品数量为270件。完工产品数量为2 447件，月初在产品直接材料成本和本月发生的直接材料成本累计金额为60 000元。

所有工序月末在产品数量为：200+280+270=750（件）

$$直接材料成本分配率 = \frac{60\,000}{2\,447 + 750} = 18.7676（元/件）$$

完工产品直接材料成本=2 447×18.7676=45 924.32（元）

在产品直接材料成本=60 000-45 924.32=14 075.68（元）

2. 直接材料在每道工序开始时一次性投入

在直接材料在每道工序开始时一次性投入的情况下：①应该按工序分别计算各道工序在产品的投料率；②在确定各道工序在产品的投料率时，一般以各道工序的直接材料消耗定额为依据，投料程度按本工序消耗定额的100%折算。

某道工序在产品投料率（某道工序在产品直接材料分配率）计算公式如下。

$$某道工序在产品投料率=\frac{前面各道工序累计材料消耗定额+本道工序材料消耗定额}{完工产品材料定额}\times100\% \qquad （式8\text{-}12）$$

 **例 8-3**

瑞鑫公司甲产品需经三道工序完成，各道工序直接材料消耗定额、月末在产品数量资料见表8-2。完工产品数量为 2 447 件，月初在产品直接材料成本和本月发生的直接材料成本累计金额为 60 000 元。

表 8-2　直接材料消耗定额及月末在产品数量

产品名称：甲产品　　　　　　　　　　　　　　　20××年9月

工序	单位产品直接材料消耗定额（千克）	月末在产品数量（件）
1	160	200
2	130	280
3	110	270
合计	400	750

计算完工产品和月末在产品直接材料成本的过程如表8-3所示。

表 8-3　甲产品直接材料成本分配计算表

20××年9月

项目	工序 1	工序 2	工序 3	合计
月末在产品数量（件）	200	280	270	750
单位产品直接材料消耗定额（千克）	160	130	110	400
直接材料投料率	40%①	72.5%②	100%③	—
月末在产品约当产量（件）	80④	203⑤	270⑥	553
直接材料成本分配率*	60 000÷（2 447+553）=20（元/件）*			
完工产品直接材料成本（元）	20×2 447=48 940			
月末在产品直接材料成本（元）	1 600⑦	4 060⑧	5 400⑨	11 060

注：*其经济含义就是：每件完工产品的直接材料成本为 20 元。

①160÷400×100%=40%（第一道工序每件在产品的直接材料成本等于每件完工产品成本的40%，以下类似）。

②（160+130）÷400×100%=72.5%。

③（160+130+110）÷400×100%=100%。

④200×40%=80（件）（第一道工序200件在产品的直接材料成本等于80件完工产品直接材料成本，以下类似）。

⑤280×72.5%=203（件）。

⑥270×100%=270（件）。

⑦20×80=1 600（元）。

⑧20×203=4 060（元）。

⑨60 000-48 940-1 600-4 060=5 400（元）[验证：20×270=5 400（元）]。

3. 直接材料在每道工序开始以后逐步投入，其投料程度与加工进度不一致

在这种情况下：①应该按工序分别计算各道工序在产品的投料率；②在确定各道工序在产品的投料率时，一般以各道工序的直接材料消耗定额为依据，投料程度按本工序消耗定额的50%折算。

某道工序在产品投料率（某道工序在产品直接材料分配率）的计算公式如下。

$$某道工序在产品投料率=\frac{前面各道工序累计材料消耗定额+本道工序材料消耗定额\times50\%}{完工产品材料定额}\times100\% \qquad （式8\text{-}13）$$

例 8-4

沿用【例 8-3】的资料，直接材料在每道工序开始以后逐步投入，其投料程度与加工进度不一致。计算完工产品和月末在产品直接材料成本的过程如表 8-4 所示。

表 8-4 甲产品直接材料成本分配计算表

20××年 9 月

项目	工序 1	工序 2	工序 3	合计
月末在产品数量（件）	200	280	270	750
单位产品直接材料消耗定额（千克）	160	130	110	400
直接材料投料率	20%[①]	56.25%[②]	86.25%[③]	—
月末在产品约当产量（件）	40[④]	157.5[⑤]	232.875[⑥]	430.375
直接材料成本分配率	60 000 ÷（2 447 + 430.375）≈ 20.852 3（元/件）			
完工产品直接材料成本（元）	20.852 3 × 2 447 = 51 025.58			
月末在产品直接材料成本（元）	834.09[⑦]	3 284.24[⑧]	4 856.09[⑨]	8 974.42

注：[①]160×50%÷400×100%=20%（第一道工序每件在产品的直接材料成本等于每件完工产品成本的 20%，以下类似）。

[②]（160 + 130×50%）÷400×100%=56.25%。

[③]（160 + 130 + 110×50%）÷400×100%=86.25%。

[④]200×20%=40（件）（第一道工序 200 件在产品的直接材料成本等于 40 件完工产品直接材料成本，以下类似）。

[⑤]280×56.25%=157.5（件）。

[⑥]270×86.25%=232.875（件）。

[⑦]20.852 34×40=834.09（元）。

[⑧]20.852 34×157.5=3 284.24（元）。

[⑨]60 000-51 025.58-834.09-3 284.24=4 856.09（元）[验证：20.852 34×232.875≈4 855.99（元）]。

4. 直接材料随加工进度陆续投入且直接材料投入的进度与加工进度一致或基本一致

在直接材料随加工进度陆续投入且直接材料投入的进度与加工进度一致或基本一致的情况下，月末在产品的投料率可采用分配直接人工、制造费用等加工成本的完工率。

（四）加工成本在本月完工产品与月末在产品之间的分配

1. 各工序在产品数量和单位产品在各工序加工量相差较大

在产品完工程度应按各工序分别计算。其计算公式如下。

$$某道工序在产品完工率 = \frac{前面各道工序工时定额之和 + 本工序工时定额×50\%}{产品工时定额} ×100\% \quad （式 8-14）$$

在上列公式中，本工序（在产品所在工序）的工时定额乘以 50%，是因为该工序中各件在产品的完工程度不同，为了简化完工率的测算工作，都按平均完工 50% 计算。在产品从上一道工序转入下一道工序时，上一道工序已经完工，因而前面各道工序的工时定额应按 100% 计算。

例 8-5

某工业企业乙产品的工时定额为 40 小时，经两道工序加工完成。每道工序的工时定额分别为 30 小时和 10 小时。其完工率应计算如下。

$$第一道工序完工率 = \frac{30×50\%}{40} ×100\% = 37.5\%$$

$$第二道工序完工率 = \frac{30 + 10×50\%}{40} ×100\% = 87.5\%$$

产品生产各工序的完工率确定以后，每月计算产品成本时，根据各工序的月末在产品数量和确定的完工率，即可计算各工序月末在产品的约当产量及其总数，据以分配成本。

假定乙产品各工序月末在产品的数量为：第一道工序 350 件，第二道工序 210 件。完工产品数量为 780 件。月初在产品和本月计入的制造费用共为 81 030 元。完工产品和月末在产品的制造费用分配计算如下。

第一道工序在产品约当产量=350×37.5%=131.25（件）

第二道工序在产品约当产量=210×87.5%=183.75（件）

月末在产品约当产量总数=131.25+183.75=315（件）

$$制造费用分配率 = \frac{81\,030}{780+315} = 74 \ （元／件）$$

即：每件完工产品分配的制造费用为 74 元。

完工产品制造费用=780×74=57 720（元）

月末在产品制造费用=315×74=23 310（元）

2. 各工序在产品数量和单位产品在各工序的加工量相差不大

这种情况下，全部在产品完工程度可统一按 50% 计算（后面工序在产品多加工的程度与前面工序在产品少加工的程度互相"填平补齐"）。

情况 2 实际上是情况 1 在特殊条件下的简化计算方法。举例说明如下。

 例 8-6

某工业企业某产品的工时定额为 40 小时，经四道工序加工完成，每道工序的工时定额均为 10 小时。假定该产品 20××年 9 月各工序月末在产品的数量均为 200 件，完工产品数量为 1 600 件。其完工率计算如下。

（1）采用情况 1 的计算方法。

$$第一道工序完工率 = \frac{10 \times 50\%}{40} \times 100\% = 12.5\%$$

$$第二道工序完工率 = \frac{10 + 10 \times 50\%}{40} \times 100\% = 37.5\%$$

$$第三道工序完工率 = \frac{10 + 10 + 10 \times 50\%}{40} \times 100\% = 62.5\%$$

$$第四道工序完工率 = \frac{10 + 10 + 10 + 10 \times 50\%}{40} \times 100\% = 87.5\%$$

在产品所在工序情况如表 8-5 所示。

表 8-5　在产品所在工序情况

20××年 9 月

单位：件

在产品所在工序	完工率	在产品数量		完工产品产量	产量合计
		结存数量	约当产量		
1	12.5%	200	25		
2	37.5%	200	75		
3	62.5%	200	125		
4	87.5%	200	175		
合计	50%*	800	400	1 600	2 000

注：*400÷800×100%=50%。

（2）采用情况 2 的计算方法。

全部在产品完工程度统一按 50% 计算，在产品约当产量为 800×50%=400（件）。

五、在产品成本按完工产品成本计算法

采用在产品成本按完工产品成本计算法时，将在产品视同完工产品分配成本。这种方法适用于月末在产品已经接近完工，或者已经完成全部加工过程只是尚未包装或尚未验收入库的产品。因为这种情况下的在产品成本已经接近完工产品成本，为了简化产品成本计算工作，月末在产品可以视同完工产品，按两者的数量比例分配各项成本。

 例 8-7

某产品的月初在产品成本为：直接材料 24 340 元，直接人工 7 610 元，制造费用 27 890 元，合计59 840 元。本月发生的生产成本为：直接材料 62 280 元，直接人工 13 130 元，制造费用 28 230元，合计 103 640 元。本月完工产品 810 件。月末在产品 410 件，月末在产品都已完工，尚未验收入库，可以视同完工产品分配各项成本。产品成本分配计算如表 8-6 所示。

表 8-6　产品成本计算单

20××年 9 月

金额单位：元

成本项目	月初在产品成本	本月生产成本	生产成本累计	成本分配率(元/件)	完工产品 数量（件）	完工产品 成本	月末在产品 数量（件）	月末在产品 成本
直接材料	24 340	62 280	86 620	71		57 510		29 110
直接人工	7 610	13 130	20 740	17		13 770		6 970
制造费用	27 890	28 230	56 120	46		37 260		18 860
合计	59 840	103 640	163 480	134	810	108 540	410	54 940

表中所列各项成本分配率，应根据各该项成本的累计数，除以完工产品数量与月末在产品数量之和计算；以各项成本分配率分别乘以完工产品数量和月末在产品数量，即为各该项目的完工产品成本和月末在产品成本。

六、在产品按定额成本计价法

采用在产品按定额成本计价法时，月末在产品成本按预先制定的定额成本计算，将该种产品的本月累计生产成本减去按定额成本计算的月末在产品成本的差额，就是完工产品成本。在这种计价法下，每月累计实际生产成本脱离定额的节约差异或超支差异全部计入当月完工产品成本。这种方法适用于各项消耗定额或成本定额比较准确、稳定，而且各月末在产品数量变化不大的产品。

由于产品的各项消耗定额或成本定额比较准确，月初和月末单件在产品成本脱离定额的差异不会大；而且，由于各月末在产品数量变化不大，月初在产品成本脱离定额差异总额与月末在产品成本脱离定额差异总额相差也不会大。因此，月末在产品不计算成本差异，对完工产品成本的影响不大，为了简化成本计算工作，可以这样分配成本。

但是，在修订消耗定额的月份，月末在产品就按新的定额成本计算，产品本月累计的全部生产成本减去按新定额计算的月末在产品成本以后的余额，全部作为完工产品成本。就是说，完工产品成本包括了月末在产品按新的定额成本计价所发生的差额，这样做不利于分析和考核完工产品成本。因此，采用在产品按定额成本计价法，产品的各项消耗定额必须比较稳定，不需要经常修订消耗定额。

如果产品成本中直接材料成本所占比重较大，为了进一步简化成本计算工作，月末在产品成本

也可以只计算定额原材料成本。

 例 8-8

某厂生产的甲产品所经过的三道工序各项消耗定额都比较准确、稳定，各月末在产品数量变化不大。月末在产品按定额成本计价。20××年9月，甲产品本月生产成本累计 2 434 500 元，其中：直接材料 723 000 元，直接人工 1 467 000 元，制造费用 244 500 元。完工产品产量为 1 000 件；在第一、第二、第三道工序的月末在产品数量分别为 50 件、40 件、10 件；生产甲产品的原材料在各工序生产开始时一次性投入，各道工序单位产品原材料投入成本定额分别为 200 元/件、300 元/件、200 元/件；各道工序单位产品工时定额分别为 40 小时/件、50 小时/件、30 小时/件。各道工序内月末在产品的平均加工工程度均为 50%。直接人工的计划小时薪酬率均为 12 元/小时；制造费用分配率为 2 元/小时。甲产品月末在产品定额成本计算表和产品成本计算单分别如表 8-7 和表 8-8 所示。

表 8-7　月末在产品定额成本计算表

产品名称：甲产品　　　　　　　　　　　　　　20××年9月　　　　　　　　　　　　　　金额单位：元

工序	月末在产品数量（件）	单位产品原材料投入成本定额（元/件）	定额工时		直接材料定额成本	直接人工定额成本	制造费用定额成本	定额成本合计
			单位产品定额工时（小时/件）	月末在产品定额工时（小时）				
1	50	200	40	1 000①	10 000④	12 000	2 000	24 000
2	40	300	50	2 600②	20 000⑤	31 200	5 200	56 400
3	10	200	30	1 050③	7 000⑥	12 600	2 100	21 700
合计	100	700	120	4 650	37 000	55 800	9 300	102 100

注：① 40×50%×50=1 000（小时）。

② （40+50×50%）×40=2 600（小时）。

③ （40+50+30×50%）×10=1 050（小时）。

④ 200×50=10 000（元）。

⑤ （200+300）×40=20 000（元）。

⑥ （200+300+200）×10=7 000（元）。

表 8-8　产品成本计算单

产品名称：甲产品　　　　　　　　　　　　　20××年9月　　　　　　　　　　　　　　单位：元

摘要	直接材料	直接人工	制造费用	合计
本月生产成本累计	723 000	1 467 000	244 500	2 434 500
月末在产品定额成本	37 000	55 800	9 300	102 100
本月完工产品成本	686 000	1 411 200	235 200	2 332 400

注：【公式总结】在产品按定额成本计价法的有关计算公式如下。

在产品直接材料定额成本=在产品数量×材料消耗定额×材料计划单价

在产品直接人工定额成本=在产品数量×工时定额×计划小时薪酬率

在产品制造费用定额成本=在产品数量×工时定额×计划小时费用率

完工产品成本=月初在产品成本+本月生产成本-月末在产品定额成本

将以上有关计算公式只作为附注总结，旨在引导学生注重理解计算原理和方法，弱化记忆公式。

七、定额比例法

采用定额比例法时，产品的生产成本在完工产品与月末在产品之间按照两者的定额消耗量或定额成本比例，分配计算完工产品与月末在产品的成本。其中，直接材料成本，按直接材料的定额消耗量或定额成本比例分配；直接人工成本、制造费用等各项加工成本，可以按定额工时的比例分配，也可以按定额成本的比例分配。

这种分配方法适用于各项消耗定额或成本定额比较准确、稳定，但各月末在产品数量变化较大的产品。这是因为，月初和月末单件在产品成本脱离定额的差异虽然由于产品的消耗定额或成本定额比较准确、稳定而不大，但由于各月末在产品数量变化较大，月初在产品成本脱离定额的差异总额与月末在产品成本脱离定额的差异总额的差额会较大。如果仍采用在产品按定额成本计价法，将月初、月末在产品成本脱离定额差异的差额计入完工产品成本，会对完工产品成本的正确性产生较大的影响，甚至出现完工产品成本是负数的很不合理的现象。例如某种产品月初没有在产品，月末在产品为 10 000 件，本月完工产品为 1 件，则 10 000 件月末在产品的成本差异全部计入完工产品成本，这 1 件完工产品成本就会不正确；如果成本差异是节约差异，这 1 件完工产品成本就可能是负数。因此，在上述条件下，不能采用在产品按定额成本计价法，而应采用定额比例法。

采用定额比例法时，如果直接材料成本按定额成本比例分配，各项加工成本均按定额工时比例分配，则其分配计算的公式如下。

公式一：

$$消耗量分配率 = \frac{月初在产品实际消耗量 + 本月实际消耗量}{完工产品定额消耗量 + 月末在产品定额消耗量} \qquad （式 8-15）$$

消耗量分配率的经济含义：实际累计消耗量是定额累计消耗量的"几倍"。

$$完工产品实际消耗量 = 完工产品定额消耗量 \times 消耗量分配率 \qquad （式 8-16）$$

$$（某成本项目）完工产品成本 = 完工产品实际消耗量 \times 该成本项目的单价 \qquad （式 8-17）$$

$$月末在产品实际消耗量 = 月末在产品定额消耗量 \times 消耗量分配率 \qquad （式 8-18）$$

$$（某成本项目）月末在产品成本 = 月末在产品实际消耗量 \times 该成本项目的单价 \qquad （式 8-19）$$

该成本项目的单价分别指：原材料单价、单位工时的直接人工成本、单位工时的制造费用等。

公式一可以提供完工产品和月末在产品的实际成本资料，也可以提供实际消耗量资料，便于考核和分析各项消耗定额的执行情况。但是，在各产品所耗原材料品种较多的情况下，采用这种方法时工作量较大。为了简化核算工作可以采用公式二。

公式二：

$$直接材料成本分配率 = \frac{月初在产品实际直接材料成本 + 本月发生的实际直接材料成本}{完工产品定额直接材料成本 + 月末在产品直接材料成本} \qquad （式 8-20）$$

直接材料成本分配率的经济含义：当月全部产品的实际直接材料成本是定额直接材料成本的"几倍"。

$$完工产品直接材料成本 = 完工产品定额直接材料成本 \times 直接材料成本分配率 \qquad （式 8-21）$$

$$月末在产品直接材料成本 = 月末在产品定额直接材料成本 \times 直接材料成本分配率 \qquad （式 8-22）$$

或：

$$\text{月末在产品} \atop \text{直接材料成本} = {\text{月初在产品实际} \atop \text{直接材料成本}} + {\text{本月实际} \atop \text{直接材料成本}} - {\text{完工产品} \atop \text{直接材料成本}} \qquad \text{（式 8-23）}$$

这是采用倒挤法计算月末在产品成本，可以消除四舍五入近似计算产生的尾差，实际工作中一般采用该公式。

$$\text{某项加工成本分配率} = \frac{\text{月初在产品该项加工} \atop \text{成本的实际金额} + {\text{本月该项加工成本} \atop \text{发生的实际金额}}}{\text{完工产品定额工时} + \text{月末在产品定额工时}} \qquad \text{（式 8-24）}$$

式中，某项加工成本指直接人工、制造费用等成本项目的成本；某项加工成本分配率的经济含义是单位定额工时所应负担（分配）的成本金额。

$$\text{完工产品应负担的某项加工成本的金额} = \text{完工产品定额工时} \times \text{该项加工成本分配率} \qquad \text{（式 8-25）}$$

$$\text{月末在产品应负担的} \atop \text{某项加工成本的实际金额} = {\text{月末在产品} \atop \text{定额工时}} \times {\text{该项加工} \atop \text{成本分配率}} \qquad \text{（式 8-26）}$$

为了消除四舍五入近似计算产生的尾差，实际工作中一般采用倒挤法计算。

$$\text{月末在产品应负担的某} \atop \text{项加工成本的实际金额} = {\text{月初在产品该项} \atop \text{实际加工成本}} + {\text{本月该项实际} \atop \text{加工成本}} - {\text{完工产品应负担的} \atop \text{该项实际加工成本}} \qquad \text{（式 8-27）}$$

 例 8-9

某厂生产的甲产品所经过的三道工序各项消耗定额和成本都比较准确、稳定，各月月末在产品数量变化较大。20××年 9 月，甲产品完工产品产量为 1 000 件，生产甲产品的原材料在生产开始时一次性投入，单位甲产品各道工序单位产品原材料投入成本定额分别为 200 元、300 元、200 元；本月生产成本累计 2 434 500 元，其中，直接材料 723 000 元，直接人工 1 467 000 元，制造费用 244 500 元；在第一、第二、第三道工序的月末在产品数量分别为 50 件、40 件、10 件；单位产品工时定额分别为 40 小时、50 小时、30 小时。采用定额比例法的公式二，分配计算甲产品本月完工产品和月末在产品成本（见表 8-9）。

表 8-9　定额比例法成本分配计算表

20××年 9 月　　　　　　　　　　　　　　　　　　金额单位：元

成本项目	直接材料		直接人工		制造费用	
	定额成本	实际成本	定额工时（小时）	实际成本	定额工时（小时）	实际成本
本月完工产品	700 000①	657 300④	120 000⑥	1412280⑨	120 000	235 380⑫
月末在产品	70 000②	65 700⑤	4 650⑦	54 720⑩	4 650	9 120⑬
成本分配率	0.9390③		11.7690⑧		1.9615⑪	
合计		723 000		1 467 000		244 500

注：①700 × 1 000=700 000（元）。

②700 × 100=70 000（元）。

③723 000 ÷（700 000+70 000）=0.939 0。

④700 000 × 0.939 0=657 300（元）。

⑤723 000-657 300=65 700（元）（70 000 × 0.939 0=65 730≈65 700）。

⑥120 × 1 000=120 000（小时）。

⑦4 650（小时）（见表 8-7）。

⑧1 467 000 ÷（120 000+4 650）=1 467 000 ÷ 124 650=11.769 0（元/小时）。

⑨120 000×11.769 0=1 412 280（元）。

⑩1 467 000-1 412 280=54 720（元）（4 650×11.769 0=54 725.85≈54 720）。

⑪244 500÷（120 000+4 650）=1.961 5（元/小时）。

⑫120 000×1.961 5=235 380（元）。

⑬244 500-235 380=9 120（元）（4 650×1.961 5=9 120.98≈9 120）。

根据以上资料，登记产品成本计算单（见表8-10）。

表8-10　产品成本计算单

产品名称：甲产品　　　　　　　　　　　　　20××年9月　　　　　　　　　　　　单位：元

摘要	直接材料	直接人工	制造费用	合计
本月生产成本累计	723 000	1 467 000	244 500	2 434 500
本月完工产品成本	657 300	1 412 280	235 380	2 304 960
月末在产品成本	65 700	54 720	9 120	129 540

第四节　完工产品成本的结转

工业企业生产产品发生的各项生产成本，已在各种产品之间进行了分配，在此基础上又在同种产品的完工产品和月末在产品之间进行了分配，计算出各种完工产品的成本，从"基本生产成本"科目（或"辅助生产成本"科目）及所属明细科目贷方，计入有关科目的借方。完工入库产成品的成本，借记"库存商品"科目；完工的自制材料、工具、模具等的成本，分别借记"原材料""周转材料"（或"低值易耗品"）等科目；贷记"基本生产成本"科目。"基本生产成本"科目月末借方余额就是基本生产中的在产品的成本，即占用在基本生产过程中的生产资金。

【例8-10】沿用【例8-8】资料，根据完工验收入库的甲产品入库单等（如果完工验收入库多种产成品，可编制产成品成本汇总表），编制会计分录如下。

借：库存商品——甲产品　　　　　　　　　　　　　　2 304 960

贷：基本生产成本——某车间——甲产品　　　　　　　2 304 960

至此，第二章所述关于正确划分五个方面费用界限的第五方面，即正确划分完工产品与在产品的成本界限已经介绍完毕。

 练习题

一、单项选择题

1. 按完工产品和月末在产品数量比例，分配计算完工产品和月末在产品成本，必须具备的条件是（　　　）。

A. 在产品已接近完工　　　　　　　　B. 原材料在生产开始时一次投料

C. 在产品原材料耗费在产品成本中比重大　　D. 各项消耗定额比较准确

2. 月末可以不计算在产品成本的条件是（　　　）。

A. 各月月末在产品数量很少　　　　　B. 各月月末在产品数量很多

C. 各月月末在产品数量变化很小　　　D. 各月月末在产品数量变化很大

3. 月末在产品成本可以按固定数计算的条件是 （   ）。

    A. 原材料耗费在产品成本中比重较大

    B. 各月月末在产品数量较多，但数量变化不大

    C. 各月月末在产品数量很少

    D. 各月月末在产品数量很多

4. 为了组织在产品数量的日常核算，可以设置（   ）。

    A. "原材料"账户   B. 在产品台账

    C. "在产品"账户   D. "库存商品"账户

5. 如果某种产品月末在产品数量较多，各月末在产品数量变化较大，产品成本中材料耗费的比重与其他加工耗费的比重相当，则生产成本在完工产品与月末在产品之间分配时应采用（   ）。

    A. 在产品按所耗原材料成本计价法   B. 约当产量比例法

    C. 在产品按定额成本计价法   D. 在产品不计算成本法

6. 在产品只计算材料成本，主要适合于（   ）的产品。

    A. 月末在产品数量较大，但各月大体相同   B. 定额资料比较完整

    C. 直接材料耗费在产品成本中所占比重较大   D. 工资和其他耗费发生得比较均衡

7. 在财产清查中发生的在产品盘亏，如果是意外灾害造成的损失，在扣除了残值和保险公司赔款后的净损失，应借记的账户是"（   ）"。

    A. 营业外支出   B. 生产成本   C. 其他应收款   D. 管理费用

8. 如果原材料投入程度与生产工时投入程度或加工程度一致或基本一致，原材料耗费也可以按完工产品和月末在产品的（   ）比例分配计算。

    A. 所耗原材料的数量   B. 在产品的实际产量

    C. 在产品的约当产量   D. 完工产品实际产量和在产品的约当产量

9. 计算月末在产品约当量的依据是（   ）。

    A. 月末在产品数量   B. 本月完工产品数量

    C. 月末在产品数量和完工程度   D. 月末在产品定额成本和定额工时

10. 某种产品月末在产品数量变动较大，产品内的各项消耗定额或费用定额比较准确，则生产成本在完工产品与月末在产品之间分配时，应采用（   ）

    A. 定额比例法   B. 约当产量比例法

    C. 在产品按定额成本计价法   D. 不计算在产品成本法

二、多项选择题

1. 下列属于完工产品与在产品之间分配生产成本的方法有（   ）

    A. 约当产量比例法   B. 定额比例法   C. 交互分配法   D. 顺序分配法

2. 选择在完工产品与在产品之间分配成本的方法时，应考虑的条件有（   ）。

    A. 月末在产品数量的多少

    B. 各月之间在产品数量变化的大小

    C. 各项耗费在产品成本中所占比重的大小

    D. 消耗定额制定的准确性与定额管理基础工作的好坏

3. 计算本月完工产品成本时，要依据的成本资料主要有（   ）。

    A. 月初在产品成本   B. 本月发生的生产成本

C．月末在产品成本   D．上月完工产品成本

4．完工产品与在产品之间分配成本的约当产量比例法可以用来分配（   ）。

A．直接材料耗费   B．直接人工耗费

C．制造费用   D．管理费用

5．影响某道工序在产品完工率的因素有（   ）。

A．本工序工时定额   B．前面各道工序工时定额之和

C．整个产品工时定额   D．本工序工时定额的完工程度

三、判断题

1．企业本月完工产品总成本，应当等于本月发生的全部生产成本。（   ）

2．如果某种产品，月末在产品成本按固定数计算，则该种产品本月发生的生产成本就是本月完工产品的成本。（   ）

3．在产品约当产量是指在产品按照数量和完工程度折合为完工产品的数量。（   ）

4．采用在产品按定额成本计价法分配完工产品与月末在产品之间的生产成本，定额成本与实际成本的差异，由在产品负担。（   ）

5．为了简化核算，不论什么企业都应当采用定额比例法来计算在产品成本。（   ）

6．采用在产品按定额成本计价法，分配完工产品与月末在产品的生产成本时，应首先计算出完工产品的实际成本，然后再计算月末在产品的定额成本。（   ）

7．生产成本在完工产品和月末产品之间分配的方法很多，企业可根据所生产品的特点及管理情况而定。一旦采用某种方法，不应随意变动，以便不同时期的产品具有可比性。（   ）

8．原材料在生产产品的每道工序开始时一次性投入，用来分配原材料耗费的投料率，是该工序原材料消耗定额和完工产品原材料消耗定额的比率。（   ）

9．约当产量比例法只适用于分配工资和其他加工成本，不适用于分配原材料成本。（   ）

10．采用在产品按定额成本计价法的企业，为了使各项消耗定额或耗费定额比较准确，应经常修订定额。（   ）

四、业务综合题

1．某企业 A 产品成本中原材料成本所占比重较大，月末在产品按所耗原材料成本计价。6 月初在产品成本为直接材料 500 元，6 月投入生产成本为：直接材料 15 000 元，燃料及动力 800 元，直接人工 912 元，制造费用 1 000 元。月末在产品的材料成本为 1 000 元，本月完工 A 产品 100 件，月末在产品 20 件。

要求：计算完工产品成本与月末在产品成本。

2．某工业企业 A 产品每月末在产品数量多，但各月末在产品数量变化不大，在产品按固定成本计价。其固定成本为：直接材料 4 000 元，直接人工 2 000 元，制造费用 2 300 元。10 月的生产费用为：直接材料 9 000 元，直接人工 4 000 元，制造费用 5 000 元。该月完工产品 400 件，月末在产品 190 件。

要求：

（1）计算该月 A 完工产品的总成本和单位成本；

（2）登记 A 产品成本明细账（10 月）。

基本生产明细账

A产品 完工：400件

项目	直接材料（元）	直接人工（元）	制造费用（元）	合计（元）
9月末在产品成本				
10月份成本				
生产成本累计				
完工产品成本				
单位成本				
10月末产品成本				

3．某产品经过三道工序加工完成，月末在产品数量及单位产品原材料消耗定额如表8-11所示。

表8-11　月末在产品数量及单位产品原材料消耗定额

工序	月末在产品数量（件）	单位产品原材料消耗定额（千克）
1	100	70
2	120	80
3	140	100
合计	360	250

要求：

（1）原材料于每道工序一开始时投入，计算各工序在产品的投料率及月末在产品直接材料成本项目的约当产量；

（2）原材料于每道工序开始以后逐步投入，计算各工序在产品的投料率及月末在产品直接材料成本项目的约当产量。

4．南山工厂生产的乙产品经过第一、第二、第三道工序加工，原材料分别在各工序生产开始时投入。该产品本年9月单位产品原材料消耗定额为1 000元，其中，第一道工序700元，第二道工序200元，第三道工序100元；单位产品工时消耗定额为100小时，其中，第一道工序40小时，第二道工序40小时，第三道工序20小时。本月末乙产品盘存在产品500件，其中，第一道工序200件，第二道工序200件，第三道工序100件。

要求：根据资料分成本项目计算乙产品月末在产品约当产量，并填入约当产量计算表（见表8-12）中。

表8-12　南山工厂在产品完工程度及约当产量计算表

产品：乙产品　　　　　　　　　　20××年9月　　　　　　　　　　数量单位：件

工序	在产品数量	直接材料项目			加工成本项目		
		投料定额	在产品投料率	在产品约当产量	工时定额	在产品完工率	在产品约当产量
1							
2							
3							
合计							

5．某工厂生产的甲产品，经过两道工序制成，原材料在生产开始时一次性投入。8月生产完工产品1 100件，月末在产品400件。其单位产品的原材料耗费定额为200元，每小时加工成本定额为：燃料及动力0.50元，直接人工0.60元，制造费用0.90元。各工序工时定额和8月末在产品数

量如表 8-13 所示。

表 8-13 各工序工时定额和 8 月末在产品数量

产品名称	工序	工时定额（小时/件）	在产品数量（件）
甲产品	1	30	300
	2	10	100
	合计	40	400

8 月该企业生产甲产品应负担的各项成本如表 8-14 所示。

表 8-14 甲产品成本计算单

产品名称：甲产品　　　　　20××年 8 月　　　　　产量：1 100 件　　　　　金额单位：元

成本项目	月初在产品成本	本月生产成本	生产成本累计	月末在产品成本	完工产品成本
直接材料	40 000	247 000			
燃料及动力	2 000	25 000			
直接人工	2 400	30 000			
制造费用	3 600	45 000			
合计	48 000	347 000			

要求：根据上列资料，运用在产品按定额成本计价法计算该企业 8 月甲产品的完工产品成本和月末在产品成本。

6. 南山工厂生产的丙产品本年 9 月单位产品原材料消耗定额为 400 元，工时消耗定额为 45 小时。本月完工入库丙产品 2 500 件，月末在产品 1 000 件。第一道工序月末在产品为 375 件，单位在产品原材料消耗定额为 300 元，工时消耗定额为 5 小时；第二道工序月末在产品为 350 件，单位在产品原材料消耗定额为 350 元，工时消耗定额为 22.5 小时；第三道工序月末在产品为 275 件，单位在产品原材料消耗定额为 400 元，工时消耗定额为 40 小时。丙产品月初在产品成本为 180 300 元，其中：直接材料 129 120 元，直接人工 31 980 元，制造费用 19 200 元。本月发生生产成本 1 750 500 元，其中：直接材料 1 162 080 元，直接人工 367 770 元，制造费用 220 650 元。

要求：根据资料采用定额比例法计算丙产品 9 月完工产品成本和月末在产品成本，并将计算结果填入产品生产成本明细账（见表 8-15）。

表 8-15 南山工厂产品生产成本明细账

产品：丙产品　　　　　20××年 9 月　　　　　金额单位：元

摘要	直接材料	直接人工	制造费用	合计
月初在产品成本				
本月发生生产成本				
生产成本累计				
本月完工产品总定额				
月末在产品总定额				
定额合计				
分配率				
本月完工产品成本				
本月完工产品单位成本				
月末在产品成本				

第九章 产品成本计算方法概述

第一节 产品成本计算的影响因素

在第二章讲到成本核算的要求时已经述及，计算产品成本是为成本管理提供资料，应该满足成本管理对成本资料的要求。而产品成本又是在生产过程中形成的，成本管理需要哪些成本资料，在很大程度上受生产特点和工艺过程的影响。因此，每一个工业企业或车间，在计算产品成本时，都应根据生产特点、工艺过程和管理要求来确定具体的成本计算方法。本章主要讲述如何将成本核算的一般程序与企业生产特点和管理要求结合起来，确定产品成本计算所应采用的方法。

一、生产特点和管理要求对产品成本计算的影响

生产特点和管理要求对产品成本计算的影响

工业企业的生产按照生产组织的特点，可以划分为大量生产、成批生产和单件生产三种类型。成批生产又可按照批量大小，分为大批生产和小批生产两种类型。

（一）大量生产

采掘、纺织、化肥、食糖和面粉等的生产，要求连续不断地重复生产相同的产品，因而管理上只要求，而且也只能够按照产品品种计算成本。

（二）大批生产

由于大批生产的产品批量大，往往在几个月内不断地重复生产一种或若干种产品，因而同大量生产一样，只要求按照产品品种计算成本。此外，大批生产的产品品种一般比较稳定，为了经济合理地组织生产，对耗用量较少的零部件，往往把几批产品所需要的相同零部件集中起来，一次投产，以供应几批产品耗用；对于耗用量较多的零部件，则可以另行分批投产。这样，零部件的批别与产品生产的批别往往不一致，因而也就不可能按照产品批别计算成本，而只能按照产品品种计算成本。

（三）小批生产

例如服装生产，产品批量小，一批产品一般可以同时完工，因而有可能按照产品批别归集生产费用，计算各批产品的成本。同时，从管理的要求看，为了分析和考核各批产品的成本水平，也有必要按照产品批别计算产品成本。

（四）单件生产

例如造船和重型机械制造企业，其生产按件组织，因而有可能也有必要按照产品件别计算成本。单件生产也可以说是小批生产；按件计算产品成本，也可以说是按批计算产品成本。

二、工艺过程和管理要求对产品成本计算的影响

工业企业的生产按照工艺过程划分，可以分为单步骤生产和多步骤生产两种类型。

（一）单步骤生产

单步骤生产亦称简单生产，是指生产工艺不能间断的生产，或者由于工作地点限制不便于分散

在几个不同地点进行的生产。例如发电、采煤，其工艺过程不可能或者不需要划分为几个生产步骤，因而也就不可能或者不需要按照生产步骤计算产品成本，而只要求按照产品品种计算成本。

（二）多步骤生产

多步骤生产又称复杂生产，其工艺过程由若干个可以间断的、分散在不同地点进行的生产步骤组成。多步骤生产按其产品的加工方式，又可以分为连续式生产和装配式生产。

1. 连续式生产

连续式生产是指原材料投入生产后，要依次经过若干个生产步骤的连续加工才能成为产成品的生产（如纺织、钢铁等工业生产）。

2. 装配式生产

装配式生产是指先将原材料分别在各个加工车间平行加工成零件、部件，然后再将零件、部件装配成产成品的生产（如机械、车辆、仪表制造等工业生产）。

为了计算各个生产步骤的成本，加强对各个生产步骤的成本管理，往往不仅要求按照产品的品种或批别计算成本，而且还要求按照生产步骤计算成本。但是，如果企业或车间的规模比较小，管理上又不要求按照生产步骤考核生产耗费、计算产品成本，也可以不按照生产步骤计算成本，而只按照产品的品种或批别计算成本。

第二节　产品成本计算的基本方法

为适应各种类型生产的特点和与之相联系的管理要求，在产品成本计算工作中，应该分别确定三种不同的成本计算对象，分别采用以产品成本计算对象为标志的三种不同的产品成本计算方法。

一、品种法

品种法是以产品品种为成本计算对象，按照产品品种（不分步、不分批）归集产品生产过程中发生的生产成本、计算产品成本的方法。品种法适用于单步骤的大量生产，如发电、采掘等；也可用于不需要分步骤计算成本的多步骤的大量、大批生产，如小型造纸厂、水泥厂的生产等。

二、分批法

分批法是以产品的批别或订单为成本计算对象，按照产品的批别或订单（分批、不分步）归集产品生产过程中发生的生产成本、计算产品成本的方法。分批法适用于单件、小批的单步骤生产或管理上不要求分步骤计算成本的多步骤生产，如修理作业、专用工具模具制造、重型机械制造、船舶制造等。

三、分步法

分步法是以产品的生产步骤为成本计算对象，按照产品的生产步骤（分步、不分批）归集产品生产过程中发生的生产成本、计算产品成本的方法。分步法适用于大量、大批的多步骤生产，如纺织、冶金、机械制造等。

这三种方法，与不同生产类型的特点有着直接联系，而且涉及成本计算对象的确定，是计算产品实际成本必不可少的方法，因而是产品成本计算的基本方法。由于产品成本计算对象不外乎品种、批别和步骤三种，因而产品成本计算的基本方法总地说来只有这三种。

第十章将分别详细地叙述产品成本计算的三种基本方法。现将三种基本方法的概述归纳为表 9-1。

表 9-1　产品成本计算的基本方法

产品成本计算方法	生产特点	生产工艺过程和成本管理要求	成本计算期	成本计算对象	适用企业
品种法	大量大批单步骤生产或大量大批装配式多步骤生产	管理上不要求分步也不要求分批计算产品成本	每月末定期计算产品成本	产品品种	发电、采掘、化肥、面粉、食糖、水泥、砖瓦、供水等
分批法	单件小批单步骤生产或单件小批多步骤生产	管理上不要求分步但要求分批计算产品成本	完工月份计算成本，不定期	产品批别或订单、件别	船舶制造、重型机械制造、专用设备、试制新产品、服装、家具、修理作业等
分步法	大量大批连续式多步骤生产	管理上要求分步计算产品成本	每月末定期计算产品成本	各步骤的半成品和产成品	纺织、冶金、汽车、自行车、化工、钢铁、造纸等

第三节　产品成本计算的辅助方法

在实际工作中，除了上述三种基本方法以外，还采用一些其他的成本计算方法。

一、分类法、定额成本法、标准成本法、变动成本法

在产品的品种、规格繁多的工业企业中，如针织厂、灯泡厂等，为了简化成本计算工作，还采用一种简便的产品成本计算方法——分类法。

在有一定定额管理工作基础的工业企业中，为了配合和加强定额管理，加强成本控制，还采用一种将符合定额的成本和脱离定额的差异分别核算的产品成本计算方法——定额成本法。

此外，在一些发达国家中，为了加强成本控制和分析，实现成本的标准化管理，还采用一种只计算产品的标准成本，而将成本差异直接计入当期损益的标准成本法；为了更好地为企业的生产经营决策提供数据，还有些企业采用一种只计算产品的变动成本，而将固定成本直接计入当期损益的变动成本法。这两种方法是管理会计的组成部分。

分类法、定额成本法、标准成本法和变动成本法，从计算产品实际成本的角度来说，都不是必不可少的，因而通称产品成本计算的辅助方法。这些方法也很重要。例如定额成本法和标准成本法对控制生产耗费、加强成本分析有着重要的作用；又如变动成本法，对加强企业短期的生产经营预测和决策，也能发挥很好的作用。

二、使用产品成本计算的辅助方法时应注意的问题

上述产品成本计算的辅助方法，与生产类型的特点没有直接联系，且不涉及成本计算对象，它们的应用或者是为了简化成本计算工作，或者是为了加强成本管理，只要具备条件，各种生产类型

的企业均可采用。从计算产品实际成本的角度来说，它们并不是必不可少的（但不能说其不重要），所以称之为产品成本计算的辅助方法。产品成本计算的辅助方法必须与产品成本计算的基本方法结合起来使用，不能单独使用。

从以上叙述可以看出，不论什么生产类型的企业，不论采用什么成本计算方法，最终都必须按照产品品种计算出产品成本。因此，按照产品品种计算成本，是产品成本计算的最起码的要求，所以说，品种法是上述三种基本方法中最基本的产品成本计算方法。

 练习题

一、单项选择题

1. 区分各种成本计算基本方法的主要标志是（ ）。
　　A. 成本计算对象　　　　　　　　　　B. 成本计算日期
　　C. 间接耗费的分配方法　　　　　　　D. 在完工产品与在产品之间分配耗费的方法

2. 将品种法、分批法和分步法概括为产品成本计算的基本方法，主要是因为（ ）。
　　A. 应用得最广泛　　　　　　　　　　B. 计算方法最简单
　　C. 对成本管理最重要　　　　　　　　D. 是计算产品实际成本必不可少的方法

3. 定额法为了（ ）而采用的。
　　A. 加强成本的定额管理　　　　　　　B. 简化成本计算工作
　　C. 计算产品的定额成本　　　　　　　D. 提高计算的准确性

4. 品种法适用于（ ）的生产组织。
　　A. 大量成批生产　　　B. 大量大批生产　　　C. 小批单件生产　　　D. 大量小批生产

5. 分批法适于（ ）的生产组织。
　　A. 小批单件生产　　　B. 大量大批生产　　　C. 大量小批生产　　　D. 大量成批生产

二、多项选择题

1. 企业在确定产品成本计算方法时，必须从企业的具体情况出发，同时考虑的因素有（ ）。
　　A. 企业的生产特点　　　　　　　　　B. 企业生产规模的大小
　　C. 成本管理的要求　　　　　　　　　D. 月末有无在产品

2. 受生产特点和管理要求的影响，在产品成本计算工作中的成本计算对象包括（ ）。
　　A. 产品品种　　　　　B. 产品类别　　　　C. 产品批别　　　　D. 产品生产步骤

3. 产品成本计算的基本方法包括（ ）。
　　A. 品种法　　　　　　B. 分批法　　　　　C. 分类法　　　　　　D. 分步法

4. 产品成本计算的辅助方法包括（ ）。
　　A. 分类法　　　　　　B. 定额成本法　　　C. 标准成本法　　　　D. 系数法

5. 品种法适用于（ ）。
　　A. 大量生产　　　　　　　　　　　　B. 小批生产
　　C. 单步骤生产　　　　　　　　　　　D. 管理上不要求分步骤计算成本的多步骤生产

6. 分批法适用于（ ）。
　　A. 小批生产　　　　　　　　　　　　B. 大批生产
　　C. 单件生产　　　　　　　　　　　　D. 管理上不要求分步骤计算成本的多步骤生产

7．分步法适用于（　　）。

    A．大量生产　　　　　　B．大批生产　　　　　C．多步骤生产　　　　D．单步骤生产

8．将品种法、分批法和分步法概括为产品成本计算的基本方法是因为这些方法（　　）。

    A．与生产类型的特点有直接联系　　　　　B．涉及成本计算对象的确定

    C．使成本计算工作简化　　　　　　　　　D．是计算产品实际成本必不可少的方法

9．将分类法和定额成本法等归类为产品成本计算的辅助方法是因为这些方法（　　）。

    A．与生产类型的特点没有直接联系

    B．成本计算工作繁重

    C．不涉及成本计算对象的确定

    D．从计算产品实际成本的角度来说不是必不可少的

10．将品种法看作产品成本计算基本方法中最基本的方法，是因为（　　）。

    A．不论什么类型的企业，采用什么成本计算方法，最终都必须按照产品品种计算成本

    B．按照产品品种计算成本，是产品成本计算的最起码的要求

    C．计算最简化

    D．应用最简化

三、判断题

1．成本计算对象是区分产品成本计算各种方法的主要标志。（　　）

2．单步骤生产由于工艺过程不能间断，因而只能按照产品的品种计算成本。（　　）

3．在多步骤生产中，为了加强对各生产步骤的成本管理，都应当按照生产步骤计算产品成本。
（　　）

4．在不同生产类型中，完工产品成本计算的日期也不同，这主要取决于生产组织的特点。
（　　）

5．在单件和小批生产中，产品成本有可能在某批产品完工后计算，因而成本计算是不定期的，而与生产周期一致。（　　）

6．产品成本的计算方法，按其对成本管理作用的大小，分为基本方法和辅助方法。（　　）

7．由于按照产品品种计算成本是产品成本计算的最起码的要求，所以只有品种法才是计算产品成本的基本方法。（　　）

8．品种法、分步法和分类法是产品成本计算的三种基本方法。（　　）

9．产品成本计算的辅助方法，由于它们在成本管理方面作用不大，所以从计算产品实际成本的角度来说不是必不可少的。（　　）

10．由于每个工业企业最终都必须按照产品品种计算出产品成本，所以，品种法是产品成本计算方法中最基本的方法。（　　）

四、简答题

1．生产特点和管理要求对成本计算的影响主要表现在哪些方面？

2．产品成本计算的基本方法和辅助方法各包括哪些？基本方法和辅助方法的划分标准是什么？

3．区分各种产品成本计算基本方法的标准是什么？

4．区分各种产品成本计算辅助方法的标准是什么？

产品成本计算的基本方法 | 第十章

第一节 | 产品成本计算的品种法

产品成本计算的品种法，是按照产品品种归集生产耗费，计算产品成本的一种方法，采用这种方法，既不要求按照产品批别计算成本，也不要求按照产品生产步骤计算成本。

无论什么工业企业，无论什么生产类型的产品，也无论管理要求如何，其最终都必须按照产品品种计算出产品成本。这就是说，按照产品品种计算成本，是产品成本计算最一般、最起码的要求，品种法是最基本的产品成本计算方法。

一、品种法的适用范围和特点

（一）品种法的适用范围

品种法适用于大量大批生产的单步骤生产，例如发电、供水、采掘等生产。在大量大批生产的多步骤生产中，如果生产规模小或者车间是封闭式的（从原材料投入到产品产出的全部生产过程，都在一个车间内进行），或者生产是按流水线组织的，管理上不要求按照生产步骤计算产品成本，那么企业可以采用品种法计算产品成本。例如砖瓦厂、小型水泥厂、造纸厂等，虽然是多步骤生产，但也可以采用品种法计算产品成本；又如大量大批生产的铸件熔铸和玻璃制品的熔制等，如果管理上不要求划分熔炼与铸造或制造两个生产步骤计算产品成本，也可以采用品种法计算产品成本。此外，辅助生产的供水、供气、供电等单步骤的大量生产，也采用品种法计算成本。

（二）品种法的特点

1. 成本计算对象

在采用品种法计算产品成本的企业或车间中，如果只生产一种产品，成本计算对象就是这种产品。计算产品成本时，只需要为这种产品开设一本产品成本明细账，账内按照成本项目设立专栏或专行。在这种情况下，发生的全部生产耗费都是直接计入耗费，可以直接计入该产品成本明细账，而不存在在各成本计算对象之间分配耗费的问题。如果生产的产品不止一种，就要按照产品的品种分别开设产品成本明细账：能分清发生的生产耗费是哪种产品耗用的，应直接计入该产品成本明细账的有关成本项目；不能分清是哪种产品耗用的、属于几种产品共同消耗的耗费，则要采用适当的分配方法，在各成本计算对象之间进行分配，然后分别计入各产品成本明细账的有关成本项目。

2. 成本计算期

在大量大批、单步骤生产的企业中，由于不间断地重复生产一种或几种产品，不能在产品完工时立即计算出成本，成本计算期一般定期于每月月末进行。在多步骤生产企业中，如果采用品种法计算成本，成本计算一般也是定期于每月月末进行。

3. 生产成本在完工产品与在产品之间的分配

（1）在单步骤生产中，月末计算成本时，一般不存在尚未完工的在产品，或者在产品数量很少，因而可以不计算在产品成本。在这种情况下，产品成本明细账中按成本项目归集的生产成本，就是该产品的总成本，用其除以该产品的产量，可得到该产品的平均单位成本。

（2）在规模较小、管理上又不要求按照生产步骤计算成本的大量大批、多步骤生产中，月末一般都有在产品，而且数量较多，这就需要选择适当的分配方法将产品成本明细账中归集的生产成本在完工产品与在产品之间进行分配，以计算出完工产品成本与月末在产品成本。

二、品种法的成本计算程序和账务处理

现结合第三章瑞鑫公司的例子，介绍品种法的成本计算程序和账务处理。

 例 10-1

瑞鑫公司大量生产甲、乙两种产品，其生产工艺过程属于单步骤生产。根据生产特点和管理要求，确定采用品种法计算产品成本。瑞鑫公司产品的消耗定额比较准确、稳定，甲、乙产品各月在产品数量变化不大，采用在产品按定额成本计价法分配完工产品与在产品的成本。其有关定额资料及20××年9月末在产品定额成本如表10-1所示。

表10-1　瑞鑫公司月末在产品定额成本计算表

20××年9月

| 产品名称 | 在产品数量（件） | 直接材料成本 | | 在产品定额工时 | 燃料及动力成本（每小时定额1.18元） | 直接人工成本（每小时定额38元） | 制造费用（每小时定额8.5元） | 定额成本合计（元） |
		成本定额（元/件）	定额成本合计（元）					
①	②	③	④**	⑤	⑥*	⑦	⑧	⑨***
甲产品	10	330	3 300	160	188.80	6 080	1 360	10 928.80
乙产品	5	613	3 065	150	177	5 700	1 275	10 217.00

注：*燃料及动力成本中的外购动力成本通常按机器工时分配计算，此处是为了简化。

**④=②×③，其中，③的单位是元/件，④的单位是元。

***⑨=④+⑥+⑦+⑧，等式左右各项的单位都是元。

下面以该公司20××年9月的各项成本资料为例，说明品种法的产品成本计算程序和账务处理。

（1）编制各种耗费分配表，根据耗费分配表和有关付款凭证编制会计分录（记账凭证），并据以登记有关总账和明细账。

各种耗费分配表分别见表3-1材料耗费分配表、表3-2燃料耗费分配表、表3-3外购动力费分配表、表3-6应付职工薪酬耗费分配表、表3-7固定资产折旧费分配表、表3-11预付财产保险费分配表、表3-13预提经营租赁费分配表等。

（2）分配辅助生产成本。

见表4-4辅助生产成本分配表（直接分配法）及相关账务处理。

（3）计算在产品盘盈、盘亏或毁损价值。

瑞鑫公司本月未发生在产品盘盈、盘亏或毁损的情况。

（4）分配制造费用。

见表 5-2 制造费用分配表（生产工时比例分配法）及相关账务处理。

（5）结转销售费用、管理费用、财务费用（见第七章）。

（6）根据各项成本项目有关定额资料和月末在产品盘存资料，编制月末在产品定额成本计算表（见表 10-1），作为倒挤计算本月完工产品成本的依据。

（7）根据基本生产成本明细账（产品成本计算单）计算本月完工产品成本。

基本生产成本明细账见表 10-2 和表 10-3（表 10-2 和表 10-3 中甲、乙产品上月末在产品定额成本资料分别根据上月甲、乙产品基本生产成本明细账的月末在产品成本数据而来）。

表 10-2　基本生产成本明细账

产品名称：甲产品　　　　　20××年9月　　　　完工产量：299件　　　在产品数量：10件　　　金额单位：元

月	日	摘要		成本项目				成本合计
				直接材料	燃料及动力	直接人工	制造费用	
8	31	在产品成本（定额成本）		2 970	169.92	5 472	1 224	9 835.92
9	30	表 3-1 材料耗费分配表		110 000				110 000
9	30	表 3-2 燃料耗费分配表			11 760			11 760
9	30	表 3-3 外购动力费分配表			24 000			24 000
9	30	表 3-6 应付职工薪酬耗费分配表				356 625		356 625
9	30	表 5-2 制造费用分配表（生产工时比例分配法）					115 744	115 744
9	30	本月生产成本合计		110 000	35 760	356 625	115 744	618 129
9	30	生产成本累计		112 970	35 929.92	362 097	116 968	627 964.92
9	30	完工产成品成本	总成本	109 670	35 741.12	356 017	115 608	617 036.12
			单位成本	366.79	119.54	1 190.69	386.65	2 063.67
9	30	在产品成本（定额成本）		3 300	188.80	6 080	1 360	10 928.80

表 10-3　基本生产成本明细账

产品名称：乙产品　　　　　20××年9月　　　　完工产量：100件　　　在产品数量：5件　　　金额单位：元

月	日	摘要		成本项目				成本合计
				直接材料	燃料及动力	直接人工	制造费用	
8	31	在产品成本（定额成本）		3 065	177	5 700	1 275	10 217
9	30	表 3-1 材料耗费分配表		90 000				90 000
9	30	表 3-2 燃料耗费分配表			7 840			7 840
9	30	表 3-3 外购动力费分配表			20 064			20 064
9	30	表 3-6 应付职工薪酬耗费分配表				245 675		245 675
9	30	表 5-2 制造费用分配表（生产工时比例分配法）					69 447	69 447
9	30	本月生产成本合计		90 000	27 904	245 675	69 447	433 026
9	30	生产成本累计		93 065	28 081	251 375	70 722	443 243
9	30	完工产成品成本	总成本	90 000	27 904	245 675	69 447	433 026
			单位成本	900	279.04	2 456.75	694.47	4 330.26
9	30	在产品成本（定额成本）		3 065	177	5 700	1 275	10 217

（8）结转完工入库产成品成本。

根据表 10-2 和表 10-3，编制会计分录如下。

借：库存商品——甲产品   617 036.12

    ——乙产品   433 026

  贷：基本生产成本——甲产品   617 036.12

        ——乙产品   433 026

在月末计算产品成本时，如果没有在产品，或者在产品数量很少，则不需要计算月末在产品成本。这样，各种产品成本明细账中按照成本项目归集的全部生产成本，就是各该产品的产成品总成本；产成品总成本除以产品产量，就是各该产品的单位成本。如果有在产品，而且数量较多，还需要将产品成本明细账中归集的生产成本，采用适当的分配方法，在完工产品和月末在产品之间进行分配，以便计算完工产品成本和月末在产品成本。

在生产组织是大量大批生产、工艺过程是单步骤生产的企业或车间中，如果产品单一，没有在产品，或者在产品很少，可以不计算在产品成本，其所采用的品种法也称单一法、简单法或简化的品种法。

由于品种法是最基本的产品成本计算方法，品种法的计算程序也就是产品成本计算的一般程序，前面所述产品成本计算的程序和举例，就是按产品品种计算的品种法的计算程序和举例，因而对品种法的计算程序不再详述，也不再举例。

第二节 产品成本计算的分批法

一、分批法的适用范围和特点

（一）分批法的适用范围

分批法适用于小批（和单件）生产、管理上不要求分步骤计算成本的多步骤生产，例如精密仪器、专用设备、重型机械和船舶的制造，服装业、印刷业，某些特殊或精密铸件的熔铸，新产品的试制和机器设备的修理，以及辅助生产的工具模具制造等。

（二）分批法的特点

1. 成本计算对象

在分批法下，成本计算对象就是产品的批别（单件生产为件别）。按照产品批别组织生产时，生产计划部门要签发生产通知单下达车间，并通知会计部门。在生产通知单中应对该批生产任务进行编号，称为产品批号或生产令号。会计部门应根据生产计划部门下达的产品批号，也就是产品批别，设立产品成本明细账。产品成本明细账的设立和结账，应与生产通知单的签发和结束密切配合，以保证各批产品成本计算的正确性。

在小批单件生产的企业中，产品的品种和每批产品的批量往往根据购买单位的订单确定，因而按照产品批别计算产品成本，往往也就是按照订单计算产品成本。所以产品成本计算的分批法，亦称订单法。如果在一张订单中规定的产品不止一种，为了分析和考核各种产品成本计划的执行情况，并便于生产管理，还要按照产品的品种划分批别组织生产，计算成本。如果在一张订单中只规定一种产品，但这种产品数量较多，不便于集中一次投产，或者购买单位要求分批交货，也可以分为数批组织生产，计算成本。如果在一张订单中只规定一件产品，但这件产品属于大型复杂的产品，价值较大，生产周期较长（如大型船舶的制造），也可以按产品的组成部分分批组织生产，计算成本。如果同一时期内，在几张订单中规定有相同的产品，为了更加经济合理地组织生产，也可以将相同产品合为一批组织生产，计算成本。对于同一种产品也可能分批轮番生产，这也要求分批计算产品成本。由于各批产品往往耗用相同的原材料和半成品，在填列领料单、记录生产工时、进行在产品转移核算时，都应分清批别，防止"串批"。

2．成本计算期

为了保证各批产品成本计算的正确性，各批产品成本明细账的设立和结算，应与生产任务通知单的签发和结束密切配合、协调一致，各批或各订单产品的成本总额，在其完工以后（完工月份的月末）计算确定。因而完工产品成本计算是不定期的，其成本计算期与产品的生产周期基本一致，而与会计报告期不一致。

3．生产成本在完工产品与在产品之间的分配

如果是单件生产，产品完工以前，产品成本明细账所记的生产成本，都是在产品成本，产品完工时，产品成本明细账所记的生产成本，就是完工产品的成本，因而在月末计算成本时，不存在在完工产品与在产品之间分配成本的问题。

如果是小批生产，批内产品一般都能同时完工。在月末计算成本时，或是全部已经完工，或是全部没有完工，因而一般也不存在在完工产品与在产品之间分配成本的问题。但在批内产品跨月陆续完工的情况下，月末计算成本时，一部分产品已完工，另一部分尚未完工，这时就要在完工产品与在产品之间分配成本，以便计算完工产品成本和月末在产品成本。

由于小批生产的批量不大，批内产品跨月陆续完工的情况不多，可以采用简便的分配方法，即按计划单位成本、定额单位成本或最近一期相同产品的实际单位成本计算完工产品成本；从产品成本明细账中转出完工产品成本后，各项成本余额之和即在产品成本。为了正确地分析和考核该批产品成本计划的执行情况，在该批产品全部完工时，还应计算该批产品的实际总成本和实际单位成本；但对已经转账的完工产品成本，不做账面调整。如果批内产品跨月完工的情况较多，月末批内完工产品的数量占全部批量的比重较大，为了提高成本计算的正确性，则应根据具体条件采用适当的分配方法，在完工产品和月末在产品之间分配生产成本，计算完工产品成本和月末在产品成本。

为了减少在完工产品与月末在产品之间分配成本的工作，提高成本计算的正确性和及时性，在合理组织生产的前提下，也可以适当减少产品批量，以较少的批量分批投产，尽量使同一批的产品能够同时完工，避免跨月陆续完工的情况。但是减少产品批量，应有一定的限度。如果批量过少，不仅会使生产组织不合理、不经济，而且会使设立的产品成本明细账过多，加大核算工作量。

在实际工作中，还采用按产品所用零件的批别计算成本的零件分批法：先按零件生产的批别计算各批零件的成本，然后按照各批产品所耗各种零件的成本，加上装配成本，计算各该批产品的成本。采用这种分批法，由于一批零件一般都能同时完工，也能减少在完工产品与月末在产品之间分配成本的工作；而且还能及时、深入地进行成本分析；还便于根据各个购买单位在订购产品时对某些零部件的不同要求，组合计算不同订货的成本，拟订不同订货的价格。但是，这种方法的计算工作量较大，因而只能在自制零件种类不多或者成本计算工作已经实现电算化的情况下采用。

此外，在同一月份内投产的产品批数很多的企业中，还采用简化的分批法（后面将述及）。

二、分批法的计算程序

分批法的计算程序主要包括按照产品批别开设产品成本明细账（产品成本计算单）、归集各批产品成本、计算完工产品成本等。现以进行小批生产的某工业企业的产品成本计算为例，说明分批法的计算程序。

 例 **10-2**

某工业企业按照购买单位的订单小批生产甲、乙、丙三种产品，采用分批法计算各批产品成本。20××年9月相关资料如下。

（1）该企业8月投产甲产品8件，批号为110801，9月（本月）尚未完工。8月投产乙产品6件，批号为110802，9月全部完工验收入库。9月投产丙产品18件，批号为110901，月末完工验收入库10件，在产品8件。

（2）以上三种产品原材料都是在生产开始时一次性投入的。在完工产品与月末在产品之间，原材料成本按完工产品与月末在产品实际数量分配，其他成本按约当产量比例分配。该三批产品的成本明细账和有关资料分别见表10-4～表10-7。

（3）第110901批丙产品由4道工序加工而成，其各工序月末在产品的数量、完工率，以及据以计算的在产品约当产量，见表10-6。

表 10-4　产品成本明细账

批号：110801　　　　　产品名称：甲产品　　　　投产日期：8月15日
购买单位：蓉城公司　　　批量：8件　　　　　　完工日期：　　　　　金额单位：元

月	日	摘要	直接材料	燃料及动力	直接人工	制造费用	成本合计
略							
8	31	生产成本累计	61 200	7 320	9 320	27 310	105 150
9	30	材料耗费分配表	158 100	2 800			160 900
9	30	外购动力耗费分配表		13 410			13 410
9	30	应付职工薪酬耗费分配表			16 410		16 410
9	30	制造费用分配表				51 830	51 830
9	30	本月生产成本合计	158 100	16 210	16 410	51 830	242 550
9	30	生产成本累计	219 300	23 530	25 730	79 140	347 700

表 10-5　产品成本明细账

批号：110802　　　　　产品名称：乙产品　　　　投产日期：8月17日
购买单位：光明公司　　　批量：6件　　　　　　完工日期：9月26日　　　金额单位：元

月	日	摘要	直接材料	燃料及动力	直接人工	制造费用	成本合计
略							
8	31	生产成本累计	14 800	1 520	2 010	5 350	23 680
9	30	材料耗费分配表	27 130	780			27 910

续表

月	日	摘要	直接材料	燃料及动力	直接人工	制造费用	成本合计
9	30	外购动力耗费分配表		2 840			2 840
9	30	应付职工薪酬耗费分配表			4 110		4 110
9	30	制造费用分配表				9 780	9 780
9	30	本月生产成本合计	27 130	3 620	4 110	9 780	44 640
9	30	生产成本累计	41 930	5 140	6 120	15 130	68 320
9	30	转出 6 件完工产品成本	41 930	5 140	6 120	15 130	68 320
9	30	产成品单位成本	6 988.33	856.67	1 020	2 521.67	11 386.67

表 10-6　第 110901 批丙产品有关资料

工序	完工率	盘存数（件）	约当产量计算（件）
1	12.5%	2	12.5% × 2=0.25
2	35%	1	35% × 1=0.35
3	55%	2	55% × 2=1.1
4	82.5%	3	82.5% × 3=2.475
合计		8	4.175

表 10-7　产品成本明细账

批号：110901　　　　　　　产品名称：丙产品　　　投产日期：9 月 1 日
购买单位：宏达公司　　　　批量：18 件　　　　　完工日期：9 月 29 日　　　金额单位：元

月	日	摘要	直接材料	燃料及动力	直接人工	制造费用	成本合计
9	30	材料耗费分配表	252 900	5 420			258 320
9	30	外购动力耗费分配表		22 930			22 930
9	30	应付职工薪酬耗费分配表			42 525		42 525
9	30	制造费用分配表				56 700	56 700
9	30	本月生产成本合计	252 900	28 350	42 525	56 700	380 475
9	30	完工产品单位成本	14 050①	2 000②	3 000③	4 000④	23 050
9	30	转出 10 件产成品成本	140 500	20 000	30 000	40 000	230 500
9	30	在产品（8 件）成本	112 400	8 350	12 525	16 700	149 975

注：①252 900 ÷ 18 = 14 050（元）。

②28 350 ÷ 14.175 = 2 000（元）。

③42 525 ÷ 14.175 = 3 000（元）。

④56 700 ÷ 14.175 = 4 000（元）。

　　计算月末在产品各成本项目的金额时可以用该成本项目完工产品单位成本乘以月末在产品约当产量 4.175；为了避免四舍五入计算导致的尾差，用生产成本累计（本例无月初在产品，所以用本月生产成本合计）减去完工转出产成品成本（采用倒挤法）。

　　批号为 110801 的 8 件甲产品 9 月末全部没有完工，其产品成本明细账上生产成本累计全部是该批号的 8 件甲产品 9 月末在产品成本；批号为 110802 的 6 件乙产品 9 月全部完工验收入库，其产品成本明细账上生产成本累计全部是该批号当月完工的 6 件乙产品的总成本，将总成本除以该产品产量（6 件），就可以计算出该批次产品的单位成本；批号为 110901 的 18 件丙产品 9 月末完工入库 10 件，先将该 10 件产成品成本从产品成本明细账中转出。根据以上计算，编制以下会计分录。

借：库存商品——乙产品   68 320
     ——丙产品   230 500
 贷：基本生产成本——第 110802 批   68 320
     ——第 110901 批   230 500

在同批或同订单产品有跨月陆续完工交货销售的情况下，如果跨月陆续完工的情况不多，月末完工产品数量占批量比重较小时，也可以先按完工数量和单位计划成本、定额单位成本或近期相同产品的实际单位成本计算出完工产品成本，将其从产品成本明细账（产品成本计算单）中转出，剩余数额即在产品成本。在该批产品全部完工时，还应计算该批产品的实际总成本和实际单位成本，但对已经转出的完工产品成本不做账面调整，已经转出的完工产品成本与按该批产品的实际单位成本计算的成本之差额计入该批产品全部完工时的产品成本中。这种分配方法核算工作简单，但分配结果不够准确。因而，如果批内产品跨月陆续完工情况较多，月末完工产品数量占批量比重较大时（如批号为 110901 的丙产品），为了提高成本计算的准确性，应采用适当的方法，在完工产品与月末在产品之间分配成本，计算完工产品成本和月末在产品成本。为了使同一批产品尽量同时完工，避免发生跨月陆续完工的情况，在合理组织生产的前提下，可以适当减少产品的批量。

上例只列示了三批产品成本明细账的格式和金额，其计算程序和计算工作都比较简便，但不能因此得出产品成本计算的分批法比品种法简单的结论。实际上，前面所述品种法的全部计算程序和各项计算工作，在分批法中都可能进行。上例只列举了这些结构比较简单的产品成本明细账及其登记方法，目的是突出分批法的特点，同时节省教材篇幅。

三、简化的分批法

在小批单件生产的企业或车间中，同一月份内投产的产品批数往往很多。在这种情况下，各种间接计入耗费在各批产品之间按月进行分配的工作就极为繁重。

简化的分批法

因此，投产批数繁多而且月末未完工批数较多的企业（例如机械修配厂）还采用简化的分批法，又称为间接计入耗费累计分批法、不分批计算在产品成本的分批法。采用这种方法，对于每月发生的间接计入耗费，不是按月在各批产品之间进行分配，而是先将其累计在基本生产成本二级账上，在某批（某几批）产品完工的月份，按照完工产品累计工时的比例分配，即采用累计间接计入耗费分配率来分配完工产品的间接计入耗费（间接计入耗费的概念见第二章第二节）。

（一）简化的分批法的计算程序

采用简化的分批法，仍应按照产品批别设立产品成本明细账，但在各该批产品完工以前，账内只需按月登记直接计入耗费（例如原材料耗费）和生产工时，不必按月分配、登记各项间接计入耗费，计算各该批在产品的成本；只在有完工产品的月份，才分配间接计入耗费，计算、登记各该批完工产品的成本。各批全部产品的在产品成本只按成本项目以总数登记在专设的基本生产成本二级账中。从计算产品实际成本的角度来说，采用其他的成本计算方法，可以不设立基本生产成本二级账；但采用简化的分批法，则必须设立基本生产成本二级账。

例 10-3

某工业企业小批生产多种产品，产品批数繁多，为了简化产品成本计算工作，采用简化的分批法计算成本。该企业 8 月（本月）各批产品的情况如下。（本例只起示意作用，因为四批产品远称不上"批数繁多"）

第 110625 批：A 产品 5 件，6 月投产，本月完工。

第 110701 批：B 产品 10 件，7 月投产，本月完工 7 件。

第 110702 批：C 产品 9 件，7 月投产，尚未完工。

第 110801 批：D 产品 4 件，8 月投产，尚未完工。

该企业 8 月各批产品的基本生产成本二级账见表 10-8。

表 10-8　基本生产成本二级账

（各批全部产品总成本）

金额单位：元

月	日	摘要	直接材料	生产工时（小时）	直接人工	制造费用	成本合计
略							
7	31	在产品成本	240 060	24 608	50 180	69 640	359 880
8	31	本月发生生产成本	74 496	24 216	53 571	70 729	198 796
8	31	累计生产成本	314 556	48 824	103 751	140 369	558 676
8	31	全部产品累计间接计入耗费分配率			2.125 元/小时	2.875 元/小时	
8	31	本月完工转出成本	220 603.20	31 416	66 759	90 321	377 683.20
8	31	在产品成本	93 952.80	17 408	36 992	50 048	180 992.80

在表 10-8 中，8 月 31 日在产品的生产工时和各项成本系上月末根据上月的生产工时和生产成本资料计算登记的；本月发生的原材料成本和生产工时应根据本月原材料耗费分配表、生产工时记录，与各批产品成本明细账平行登记；本月发生的各项间接计入耗费（成本），应根据各该项耗费分配表或汇总表汇总登记。全部产品累计间接计入耗费分配率计算如下。

$$直接人工成本累计分配率 = \frac{103\,751}{48\,824} = 2.125（元/小时）$$

$$制造费用累计分配率 = \frac{140\,369}{48\,824} = 2.875（元/小时）$$

基本生产成本二级账中本月完工转出产品的直接材料成本和生产工时，应根据后列各批产品的产品成本明细账（见表 10-9 至表 10-12）中完工产品的直接材料成本和生产工时汇总登记。完工产品的各项间接计入耗费，可以根据产品成本明细账中完工产品生产工时分别乘以各项成本的累计分配率计算登记；也可以根据后列各批产品成本明细账中完工产品的各该项成本分别汇总登记。以基本生产成本二级账中累计行的各栏数字分别减去本月完工产品转出数，即得到 9 月末在产品的直接材料成本、生产工时和各项间接计入耗费（成本）。月末在产品的直接材料成本和生产工时，也可以根据各批产品成本明细账中月末在产品的直接材料耗费和生产工时分别汇总登记；各项间接计入耗费，可以根据其生产工时分别乘以各该项耗费累计分配率计算登记，也可以根据各该项耗费的累计数分别减去完工产品的相应耗费（成本）计算登记。两者计算结果理论上应该相符（实际工作中可能会因为累计分配率等四舍五入近似计算而产生尾差）。

在基本生产成本二级账中，8 月末在产品的直接材料成本和生产工时，如果根据后列各批产品成本明细账月末在产品的直接材料成本和生产工时分别汇总登记，则应汇总计算如下。

基本生产成本二级账月末在产品原材料成本=29 440.80+28 644+10 452+25 416

$$=93\ 952.80（元）$$

基本生产成本二级账月末在产品生产工时=3 088+5 784+3 432+5 104=17 408（小时）

该企业所设置的各批产品成本明细账见表 10-9～表 10-12。

表 10-9　产品成本明细账

批号：110625　　　　　　　产品名称：A 产品　　　　投产日期：6 月 20 日
订货单位：天源公司　　　　　产品批量：5 件　　　　　完工日期：8 月 15 日　　　　金额单位：元

月	日	摘要	直接材料	生产工时（小时）	直接人工	制造费用	成本合计
6	30	本月发生	78 456	7 856			
7	31	本月发生	42 588	5 056			
8	31	本月发生	30 864	7 872			
8	31	累计数及累计间接计入耗费分配率	151 908	20 784	2.125元/小时	2.875元/小时	
8	31	本月转出完工产品成本	151 908	20 784	44 166	59 754	255 828
8	31	完工产品单位成本	30 381.60	—	8 833.20	11 950.80	51 165.60

表 10-10　产品成本明细账

批号：110701　　　　　　　产品名称：B 产品　　　　投产日期：7 月 8 日
订货单位：建平公司　　　　　产品批量：10 件　　　　完工日期：8 月 31 日　　　　金额单位：元

月	日	摘要	直接材料	生产工时（小时）	直接人工	制造费用	成本合计
7	31	本月发生	90 372	5 912			
8	31	本月发生	7 764	7 808			
8	31	累计数及累计间接计入耗费分配率	98 136	13 720	2.125元/小时	2.875元/小时	
8	31	本月转出完工产品成本	68 695.20[*]	10 632	22 593[①]	30 567[②]	121 855.20
8	31	完工产品单位成本	9 813.60	—	3 227.57	4366.71	17 407.88
8	31	在产品	29 440.80	3 088[**]			

注：[*]假定该批产品的投料方式是生产开始时一次性投料，完工产品成本=98 136÷10×7=68 695.20（元）。

[**]假定该批产品月末在产品工时按定额工时计算，其定额工时共计 3 088 小时，则其完工产品的工时为 10 632（13 720-3 088）小时。以该工时分别乘以各项累计间接计入费用分配率，即可计算、登记该批产品成本明细账中的各项间接计入耗费。

[①]10 632×2.125 = 22 593（元）。

[②]10 632×2.875 = 30 567（元）。

表 10-11　产品成本明细账

批号：110702　　　　　　　产品名称：C 产品　　　　投产日期：7 月 25 日
订货单位：长城公司　　　　　产品批量：9 件　　　　　完工日期：　　　　　　　　金额单位：元

月	日	摘要	直接材料	生产工时（小时）	直接人工	制造费用	成本合计
7	31	本月发生	28 644	5 784			
8	31	本月发生	10 452	3 432			

表 10-12 产品成本明细账

批号：110801   产品名称：D 产品   投产日期：8 月 10 日

订货单位：先明公司   产品批量：4 件   完工日期：   金额单位：元

月	日	摘要	直接材料	生产工时（小时）	直接人工	制造费用	成本合计
8	31	本月发生	25 416	5 104			

编制会计分录如下。

借：库存商品——A 产品   255 828
　　　　　　——B 产品   121 855.20
　　贷：基本生产成本——第 110625 批   255 828
　　　　　　　　　　——第 110701 批   121 855.20

在各批产品成本明细账中，对于没有完工产品的月份，只登记当月原材料耗费（一般只有原材料耗费是直接计入耗费）和生产工时。在各批产品成本明细账中，属于在产品的各个月份的原材料耗费或生产工时发生额之和，应该等于基本生产成本二级账所记在产品的直接材料成本或生产工时。

在上列各批产品成本明细账中，对于有完工产品（包括全批完工或批内部分完工）的月份，除了登记发生的原材料耗费和生产工时，以及它们的累计数以外，还应根据基本生产成本二级账登记各项累计间接计入耗费分配率。

第 110625 批产品，月末全部完工，因而其累计的原材料成本和生产工时就是完工产品的直接材料成本和生产工时，以其生产工时分别乘以各项间接计入耗费累计分配率，即得到完工产品的各该间接计入耗费（成本）。

第 110701 批产品，月末部分完工，部分仍为在产品，因而还应在完工产品与月末在产品之间分配成本。该种产品所耗原材料在生产开始时一次性投入，因而原材料耗费按完工产品与月末在产品的数量比例分配。

$$原材料耗费分配率 = \frac{98\,136}{7+3} = 9\,813.60 （元/件）$$

完工产品直接材料成本 = $9\,813.60 \times 7 = 68\,695.20$（元）

月末在产品直接材料成本 = $9\,813.60 \times 3 = 29\,440.80$（元）

各批产品成本明细账登记完毕，其中完工产品的直接材料成本和生产工时应分别汇总计入基本生产成本二级账，并据以计算、登记各批全部完工产品的总成本。

（二）简化的分批法的特点

综上所述，简化的分批法与一般的分批法比较，具有以下特点。

1. 必须设置基本生产成本二级账

采用简化的分批法在按照产品批别设置产品成本明细账的同时，必须设置基本生产成本二级账。其作用如下。

（1）按月提供企业或车间全部产品的累计生产成本（包括直接计入耗费、间接计入耗费）和生产工时资料。

（2）有完工产品的月份，按照以下计算公式计算和登记全部产品累计间接计入耗费分配率。

$$\frac{\text{全部产品某项累计}}{\text{间接计入耗费分配率}} = \frac{\text{全部产品该项累计间接计入耗费}}{\text{全部产品累计生产工时}} \qquad \text{（式 10-1）}$$

（3）根据完工产品累计生产工时和某项累计间接计入耗费分配率，计算和登记完工产品应负担的各项间接计入耗费，并计算完工产品总成本。计算公式如下。

$$\frac{\text{某批完工产品应负担}}{\text{的某项间接计入耗费}} = \frac{\text{该批完工产品}}{\text{累计生产工时}} \times \frac{\text{全部产品该项累计}}{\text{间接计入耗费分配率}} \qquad \text{（式 10-2）}$$

（4）以全部产品累计生产成本减去本月完工产品总成本，计算和登记月末各批在产品的总成本。

2. 不分批计算在产品成本

采用简化的分批法时，每月发生的间接计入耗费，不是按月在各批产品之间进行分配，而是先在基本生产成本二级账中累计起来，在有产品完工的月份，才按以上公式在各批完工产品之间进行分配，计算完工产品成本；对未完工的在产品则不分配间接计入耗费，只以总数反映在基本生产成本二级账中，即不分批计算在产品成本。显而易见，简化的分批法简化了间接计入耗费的分配和登记工作，月末未完工产品的批数越多，核算工作就越简化。

3. 采用累计间接计入耗费分配率计算分配耗费

采用简化的分批法在各批产品之间分配间接计入耗费的工作以及在完工产品与月末在产品之间分配间接计入耗费的工作，即生产耗费的横向分配工作和纵向分配工作，都是利用累计间接计入耗费分配率，到产品完工时合并在一起进行的。也就是说，各项累计间接计入耗费分配率，既是在各批完工产品之间，也是在完工产品批别与月末在产品批别之间，以及某批产品的完工产品与月末在产品之间分配各该成本的依据。成本计算工作中的横向分配工作与纵向分配工作，在有完工产品时，根据同一个耗费分配率一次分配完成。

综上所述，采用简化的分批法核算产品成本，每月发生的各项间接计入耗费，不是按月在各批产品之间归集和分配，而是将这些间接计入耗费先在基本生产成本二级账中累计起来，等到有产品完工时，才在各批完工产品之间按照完工产品累计生产工时的比例，分配间接计入耗费。按批次设置的产品成本明细账只登记：①发生的直接材料成本、生产工时；②等到有产品完工时，除了计算和结转完工产品应负担的直接材料成本外，还要按照完工产品累计生产工时和某项累计间接计入耗费分配率，计算和结转完工产品应负担的各项间接计入耗费，即计算和结转完工产品成本。

（三）简化的分批法的应用条件

月末未完工产品的批数越多，采用简化的分批法核算工作就越简化。但是，这种方法只宜在各月间接计入耗费的水平相差不多的情况下采用，否则就会影响各月产品成本的正确性。例如，前几个月的间接计入耗费水平比本月低，而某批产品本月投产，当月完工。在这种情况下，按累计间接计入耗费分配率分配计算的该批完工产品的成本就会偏低。另外，如果月末未完工产品的批数不多，也不宜采用这种方法。因为在这种情况下，仍然要分配登记大多批数产品的各项间接计入耗费，核算工作量减少得不多，但计算的正确性却会受到影响。

第三节 产品成本计算的分步法

产品成本计算的分步法内容较多，先列示其内容框架，如表 10-13 所示。

表 10-13　产品成本计算的分步法内容框架

产品成本计算的分步法	逐步结转分步法	综合结转法	按照半成品实际成本结转	主要学习内容：适用范围、特点、成本计算程序、优缺点
			按照半成品计划成本结转	
			综合结转法成本还原	
		分项结转法	按照半成品实际成本结转	
			按照半成品计划成本结转	
			（计算工作量较大，较少采用，本书介绍从略）	
	平行结转分步法			

一、分步法的适用范围和特点

（一）分步法的适用范围

产品成本计算的分步法，是按照产品的品种和生产步骤归集生产费用、计算产品成本的一种方法。这种方法比较广泛地应用于大量大批的多步骤生产，例如冶金、纺织、造纸，以及大量大批生产的机械制造等。在这些生产企业中，产品生产可以分为若干个生产步骤进行。例如，钢铁企业可分为炼铁、炼钢、轧钢等步骤，纺织企业可分为纺纱、织布等步骤，造纸企业可分为制浆、制纸、包装等步骤，机械企业可分为铸造、加工、装配等步骤。为了加强对各生产步骤的成本管理，往往不仅要求按照产品品种计算成本，而且还要求按照生产步骤计算成本，以便为考核和分析各种产品及其各生产步骤的成本计划的执行情况提供资料。

（二）分步法的特点

1. 成本计算对象

在采用分步法计算产品成本时，成本计算对象是各种产品及其生产步骤，因此，产品成本明细账应按照产品品种和生产步骤设置。需要指出的是，产品成本计算的分步与实际的生产步骤不一定完全一致。一般情况下，企业是按步骤设立车间的，分步骤计算成本也就是分车间计算成本。但是，如果企业生产规模很大，车间内又分为几个生产步骤，而管理上又要求分步骤计算成本时，也可以在车间内再分步骤计算成本。反之，如果企业生产规模小，管理上也不要求分车间计算成本，也可以将几个车间合并为一个步骤计算成本。例如，造纸企业的包装步骤，如果耗费不大，为了简化成本计算工作，也可以与制纸步骤合并在一起计算成本。因此，分步计算成本不一定就是分车间计算成本。

2. 成本计算期

由于大量大批多步骤生产的产品通常生产过程较长，往往跨月陆续完工，因此，成本计算一般按月定期进行。在分步法下，成本计算期与会计报告期一致，而与产品的生产周期不一致。

3. 生产成本在完工产品与在产品之间的分配

由于大量大批多步骤生产的产品往往跨月陆续完工，月末各步骤一般都有未完工的在产品。因此，采用分步法计算产品成本时，计入各种产品、各生产步骤成本明细账中的生产成本，月末一般都要采用适当的分配方法在完工产品和在产品之间进行分配，计算各该产品、各该生产步骤的完工产品成本和在产品成本。

4. 半成品成本结转

分步法适用于大量大批多步骤生产的企业，这些企业的生产是分步骤进行的，上一步骤生产的半成品是下一步骤的加工对象。因此，为了计算各种产品的成本，还需要按照产品品种，采用一定的结转方式，结转各步骤半成品成本。

根据成本管理对各生产步骤成本资料的不同要求和为了简化成本计算工作，各生产步骤成本的计算和结转，有逐步结转和平行结转两种方法。这样，分步法也就分为逐步结转分步法和平行结转分步法两种。

二、逐步结转分步法

逐步结转分步法也称顺序结转分步法、计列半成品成本的分步法，它是根据产品连续加工的先后顺序，按照产品的生产步骤逐步计算并结转半成品成本，最后计算出产品成本的一种分步法。

在这种分步法下，各步骤耗用的上一步骤所产半成品的成本，要随着半成品实物的转移，从上一步骤的产品成本明细账转入下一步骤相同产品的成本明细账中，以便逐步计算各步骤的半成品成本和最后一个步骤的产成品成本。如果半成品完工后需要通过半成品库收发，逐步结转分步法的计算程序如图 10-1 所示。

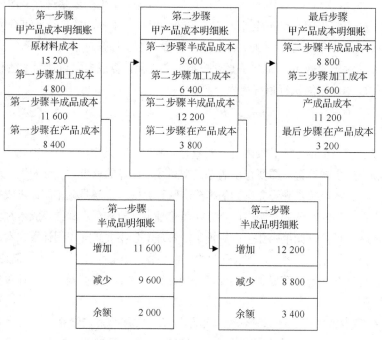

图 10-1　逐步结转分步法的计算程序

第一步骤、第二步骤完工半成品在验收入库（半成品库）时，应根据完工转出的半成品成本分别编制借记"自制半成品"科目，贷记"基本生产成本"科目的会计分录；下一步骤从自制半成品库领用半成品时，按照领用的半成品成本，编制相反的会计分录。如果半成品完工后，不通过半成品库收发，而是在验收合格后就直接移送给下一步骤使用，半成品成本就只在各步骤的产品成本明细账之间直接结转，而不编制上述会计分录。

每月月末，各项生产成本（包括所耗上一步骤半成品成本）在各步骤产品成本明细账中归集以后，如果该步骤既有完工的半成品（最后步骤为产成品），又有正在加工中的在产品，则应将各步骤产品成本明细账中归集的生产成本，采用适当的分配方法在完工半成品（最后步骤为产成品）与正在加工中的在产品之间进行分配，以便计算新的完工半成品成本（最后步骤为产成品）。这样，通过逐步结转半成品成本，在最后步骤的产品成本明细账中，即可计算出完工产品的成本。

从以上所述可以看出，逐步结转分步法实际上就是多次连续应用品种法，即在采用品种法计算上一步骤的半成品成本以后，按照下一步骤的耗用数量转入下一步骤成本；下一步骤再一次采用品种法归集所耗半成品的成本和本步骤其他成本，计算半成品成本；如此逐步结转，直至最后步骤算出产成品成本。

逐步结转分步法，按照半成品成本在下一步骤成本明细账中的反映方法，又可分为综合结转和分项结转两种方法。

（一）综合结转法

采用综合结转法，将各生产步骤所耗用上一步骤的半成品成本，综合计入各该步骤产品成本明细账的"直接材料"或专设的"半成品"成本项目中。半成品成本的综合结转可以按实际成本结转，也可以按计划成本（或定额成本）结转。因此，综合结转法又有按实际成本综合结转法与按计划成本（或定额成本）综合结转法。

1. 半成品按实际成本综合结转法

采用半成品按实际成本综合结转法时，各步骤所耗上一步骤的半成品成本，应根据所耗半成品的实际数量乘以半成品的实际单位成本计算。由于各月所产半成品的单位成本不同，因而要采用先进先出法或全月一次加权平均等方法计算所耗半成品的单位成本。为了提高各步骤成本计算的及时性，在半成品月初余额较大，本月所耗半成品全部或者大部分是以前月份所生产的情况下，本月所耗半成品成本也可按上月末的单位成本计算。

例 10-4

碧海公司生产的甲产品经过三个基本生产车间连续加工制成，第一车间生产完工的 A 半成品，不经过仓库收发，验收合格后直接转入第二车间加工成 B 半成品，B 半成品也不经过仓库收发，验收合格后直接转入第三车间继续加工成甲产品。其中，1 件甲产品耗用 1 件 B 半成品，1 件 B 半成品耗用 1 件 A 半成品。

生产甲产品所需的原材料于第一车间生产开始时一次性投入，第二、三车间不再投入原材料。此外，该公司由于生产比较均衡，各基本生产车间的月末在产品完工率均为 50%。

各车间的生产成本在完工产品和在产品之间分配时，采用约当产量比例法。

（1）本月各车间产量资料见表 10-14。

表 10-14　产量资料

20××年 8 月

单位：件

摘要	第一车间	第二车间	第三车间
月初在产品数量	30	80	60
本月投产或上步骤转入	270	240	280
本月完工产品数量	240	280	300
月末在产品数量	60	40	40
在产品完工程度	50%	50%	50%

（2）各车间月初及本月生产成本资料见表 10-15。

表 10-15　各车间月初及本月生产成本资料

20××年8月　　　　　　　　　　　　　　　　　　　　　单位：元

	摘要	直接材料	半成品	直接人工	制造费用	合计
第一车间	月初在产品成本	15 000		1 620	610	17 230
	本月生产成本	135 000		27 000	11 000	173 000
第二车间	月初在产品成本		50 400	4 800	1 600	56 800
	本月生产成本			36 000	12 000	48 000
第三车间	月初在产品成本		47 400	3 300	1 050	51 750
	本月生产成本			35 200	11 200	46 400

根据上述资料，编制各步骤成本计算单，采用综合结转法计算各步骤半成品成本及产成品成本。计算过程分别见表 10-16～表 10-18。

表 10-16　产品成本计算单

车间名称：第一车间　　　　　　　完工产量：240 件

产品名称：A 半成品　　　　　在产品数量：60 件　　　　在产品完工率：50%　　　　金额单位：元

月	日	摘要		直接材料	直接人工	制造费用	成本合计
				成本项目			
7	31	月末在产品成本		15 000	1 620	610	17 230
8	31	本月生产成本		135 000	27 000	11 000	173 000
8	31	生产成本累计		150 000	28 620	11 610	190 230
8	31	产品产量	完工产品产量	240	240	240	—
			在产品约当产量	60	30	30	—
			合计	300	270	270	—
8	31	完工 A 半成品单位成本（分配率）（元/件）		500	106	43	649
8	31	完工 A 半成品成本转出		120 000	25 440	10 320	155 760
8	31	月末在产品成本		30 000	3 180	1 290	34 470

直接材料分配率=150 000÷300＝500（元/件）

完工 A 半成品直接材料成本＝500×240＝120 000（元）

月末在产品直接材料成本＝500×60＝30 000（元）

直接人工分配率=28 620÷270＝106（元/件）

完工 A 半成品直接人工成本＝106×240＝25 440（元）

月末在产品直接人工成本＝106×30＝3 180（元）

制造费用分配率=11 610÷270＝43（元/件）

完工 A 半成品制造费用成本＝43×240＝10 320（元）

月末在产品制造费用成本＝43×30＝1 290（元）

下面不再说明类似的计算过程。应用分配率计算有关成本（或费用），不必死记硬背相关公式，而重在理解。

根据以上产品成本计算单，编制以下会计分录，并据以登记有关明细账。

借：基本生产成本——第二车间——B 半成品（A 半成品）　　　155 760

　贷：基本生产成本——第一车间——A 半成品　　　　　　　　　155 760

表 10-17 产品成本计算单

车间名称：第二车间 完工产量：280 件

产品名称：B 半成品 在产品数量：40 件 在产品完工率：50% 金额单位：元

月	日	摘要		A 半成品	直接人工	制造费用	成本合计
7	31	月末在产品成本		50 400	4 800	1 600	56 800
8	31	本月生产成本			36 000	12 000	48 000
8	31	上一步骤转入		155 760			155 760
8	31	生产成本累计		206 160	40 800	13 600	260 560
8	31	产品产量	完工产品产量	280	280	280	—
			在产品约当产量	40	20	20	—
			合计	320	300	300	—
8	31	完工 B 半成品单位成本（分配率）		644.25	136	45.33	825.58
8	31	完工半成品成本转出		180 390	38 080	12 692.40	231 162.40
8	31	月末在产品成本		25 770	2 720	907.60*	29 397.60

注：*13 600−12 692.40 = 907.60（元）（45.33 × 20 = 906.60 ≈ 907.60）。

制造费用分配率（45.33）是四舍五入近似值，按其计算的完工半成品成本和月末在产品成本都可能导致近似计算的尾差，为了保证本月完工产品成本与月末在产品成本之和恰好等于生产成本累计，实际工作中宜采用倒挤法（为谨慎起见，可以进行验证。以下同，不再说明）。

根据以上产品成本计算单，编制以下会计分录。

借：基本生产成本——第三车间——甲产品（B 半成品）   231 162.40

    贷：基本生产成本——第二车间——B 半成品   231 162.40

表 10-18 产品成本计算单

车间名称：第三车间 完工产量：300 件

产品名称：甲产品 在产品数量：40 件 在产品完工率：50% 金额单位：元

月	日	摘要		B 半成品	直接人工	制造费用	成本合计
7	31	月末在产品成本		47 400	3 300	1 050	51 750
8	31	本月生产成本			35 200	11 200	46 400
8	31	上一步骤转入		231 162.40			231 162.40
8	31	生产成本累计		278 562.40	38 500	12 250	329 312.40
8	31	产品产量	完工产品产量	300	300	300	—
			在产品约当产量	40	20	20	—
			合计	340	320	320	—
8	31	完工产品单位成本（分配率）		819.30	120.31	38.28	977.89
8	31	完工产成品成本转出		245 790	36 093	11 484	293 367
8	31	月末在产品成本		32 772.40*	2 407	766	35 945.40

注：*278 562.40−245 790 = 32 772.40（819.30 × 40 = 32 772 ≈ 32 772.40）。

根据产品成本计算单和产成品入库单，编制结转完工入库产品生产成本的会计分录，并据以登记有关总账和明细账。

借：库存商品——甲产品　　　　　　　　　　　　　　　　293 367

　　贷：基本生产成本——三车间——甲产品　　　　　　　　　293 367

2．半成品按计划成本综合结转法

采用半成品按计划成本综合结转法时，半成品日常收发的明细核算均按计划成本计价。在半成品实际成本计算出来以后，再计算半成品的成本差异率，调整所耗半成品的成本差异额。半成品收发的总分类核算则按实际成本计价。

采用这种方法时所用账表的特点如下。

（1）为了调整所耗半成品的成本差异，自制半成品明细账不仅要反映半成品收发和结存的数量和实际成本，而且要反映其计划成本。"本月累计"一栏还要反映成本差异额和成本差异率。

（2）在产品成本明细账中，对于所耗半成品，既可以按照调整成本差异后的实际成本登记；为了分析上一步骤半成品成本差异对本步骤成本的影响，也可以按照所耗半成品的计划成本和成本差异分别登记。在后一种登记方法下，产品成本明细账中的"半成品"项目，要分设"计划成本""成本差异""实际成本"三栏，其格式参见表10-20。

例 10-5

某工业企业的丙产品分两个步骤，分别由两个车间生产。第一车间生产半成品，交半成品库验收；第二车间按照所需数量向半成品库领用半成品。两个车间的月末在产品均按定额成本计价。其成本计算程序如下。

根据上月第一步骤产品成本明细账所记录的月末在产品成本和本月发生的各项生产耗费分配表分别登记第一车间丙半成品明细账中月初在产品成本和本月生产成本两行的有关数据以及生产成本累计，并采用在产品按定额成本计价法将生产成本累计在完工半成品与月末在产品之间进行分配（分配计算过程从略）。其登记结果如表10-19所示。

表 10-19　产品成本明细账

车间：第一车间　　　　　　　　　　　　产品：丙半成品　　　　　　　　　　　金额单位：元

月	日	摘要	产量（件）	直接材料	直接人工	制造费用	成本合计
10	31	月末在产品成本（定额成本）		58 000	4 000	32 100	94 100
11	30	本月生产成本		154 600	13 100	104 000	271 700
11	30	生产成本累计		212 600	17 100	136 100	365 800
11	30	完工转出半成品	1 200	143 000	12 100	95 975	251 075
11	30	半成品单位成本		119.17	10.08	79.98	209.23
11	30	月末在产品成本（定额成本）		69 600	5 000	40 125	114 725

（1）根据第一车间的半成品交库单中所列交库数量和该车间产品成本明细账中的完工转出的半成品成本，编制结转半成品成本的会计分录。

借：自制半成品——丙半成品　　　　　　　　　　　　　　251 075

　　贷：基本生产成本——第一车间——丙半成品　　　　　　251 075

（2）根据计价后的第一车间半成品交库单和第二车间领用半成品的领用单，登记自制半成品明细账（见表10-20）。

表 10-20　自制半成品明细账

半成品：丙半成品　　　　　　　数量单位：件　　　　　　　计划单位成本：190 元/件　　　　　　　金额单位：元

月份	月初余额			本月增加			本月累计					本月减少		
	数量	计划成本	实际成本	数量	计划成本	实际成本	数量	计划成本	实际成本	成本差异	差异率	数量	计划成本	实际成本
11	300	57 000	59 575	1 200	228 000	251 075	1 500	285 000	310 650	+25 650	+9%	1 100	209 000	227 810
12	400	76 000	82 840											

在表 10-20 所示的自制半成品明细账中，月初余额应根据上月有关数据计算登记；本月增加的数量和实际成本，应根据计价后的半成品交库单登记；累计的单位成本是全月一次加权平均单位成本，应根据累计的实际成本除以累计的数量计算登记；本月减少的数量，应根据第二车间领用半成品的领用单登记；本月减少的实际成本，应根据本月减少数量乘以累计单位成本计算登记。例如，本月减少实际成本＝310 650÷1 500×1 100＝207.10×1 100＝227 810（元），207.10 是按全月一次加权平均单位成本计算而来的。

在表 10-20 所示的自制半成品明细账中，本月增加和本月减少的计划成本，应根据半成品的交库单和领用单所列数量，乘以计划单位成本（190 元/件）计算登记。本月增加的实际成本，应根据第一车间甲产品成本明细账中完工转出的半成品成本登记。累计的成本差异、成本差异率和本月减少的实际成本的计算公式如下。

累计成本差异＝累计实际成本−累计计划成本＝310 650−285 000＝+25 650（元）

$$累计成本差异率 = \frac{累计成本差异}{累计计划成本} \times 100\% = \frac{+25\,650}{285\,000} \times 100\% = +9\%$$

在第二车间甲产品成本明细账中，如果"半成品"或"直接材料"成本项目按调整成本差异后的实际成本登记，其格式和有关金额计算方法如表10-19 所示；如果"半成品"或"直接材料"成本项目按"计划成本""成本差异""实际成本"分列三栏，其格式和金额如表10-21 所示。

表 10-21　产品成本明细账

车间：第二车间　　　　　　　　　　产品：丙产品　　　　　　　　　　金额单位：元

月	日	摘要	产量（件）	半成品			直接人工	制造费用	成本合计
				计划成本	成本差异	实际成本			
		月初在产品成本（定额成本）		190 000	0	190 000	9 900	49 500	249 400
		本月生产成本		209 000	+18 810	227 810	15 700	76 900	320 410
		生产成本累计		399 000	+18 810	417 810	25 600	126 400	569 810
		完工转出产品	1 400	266 000	+18 810	284 810	20 800	102 400	408 010
		产成品单位成本		190	+13.44	203.44	14.86	73.14	291.44
		月末在产品成本（定额成本）		133 000	0	133 000	4 800	24 000	161 800

在表 10-21 所示的产品成本明细账中，本月所耗按计划单位成本计算的半成品成本，应根据按计划单位成本计价的半成品领用单登记。

借：基本生产成本——第二车间——丙产品　　　　　　　　　　209 000

贷：自制半成品——丙半成品　　　　　　　　　　209 000

本月所耗半成品的成本差异，应根据所耗半成品的计划成本乘以自制半成品明细账中的成本差异率计算登记。

本月所耗半成品应分配的成本差异=本月所耗半成品的计划成本×成本差异率

$$=209\,000\times9\%=+18\,810（元）$$

月末根据计算出来的成本差异率调整差异。

借：基本生产成本——第二车间——丙产品　　　　　　　　18 810

　　贷：自制半成品——丙半成品　　　　　　　　　　　　　18 810

编制会计分录如下。

借：库存商品——丙产品　　　　　　　　　　　　　　　　408 010

　　贷：基本生产成本——第二车间——丙产品　　　　　　　408 010

由于该企业规定在产品按定额成本计价，月初在产品成本和月末在产品成本都没有成本差异。也正因此，本月所耗半成品的成本差异全部计入本月产成品成本。

按计划成本综合结转半成品成本与按实际成本综合结转半成品成本相比较，前者有以下两个方面优点。

（1）简化、加速核算工作。按计划成本结转半成品成本，可以简化和加速半成品收发的凭证计价和记账工作。在半成品种类较多，按类计算半成品成本差异率、调整所耗半成品成本差异时，可以省去按品种、规格设立产品成本明细账，逐一计算所产半成品的实际成本和成本差异，逐一调整所耗半成品成本差异的大量计算工作。如果月初半成品结存量较多，本月耗用的半成品大部分甚至全部是以前月份生产的，这时，本月所耗半成品成本差异也可以根据上月半成品的成本差异率，即月初结存半成品的成本差异率调整计算。这样，各生产步骤都可以根据本步骤所耗上一步骤半成品的计划成本乘以月初半成品成本差异率，同时计算所耗半成品的成本差异和实际费用，而不必等到月末算出上一步骤本月半成品的实际成本、成本差异和成本差异率以后，再来计算所耗半成品的成本差异和实际成本。

（2）便于进行成本考核和分析。按计划成本结转半成品成本，可以在各步骤的产品成本明细账中分别反映所耗半成品的计划成本和成本差异，因而在考核和分析各步骤产品成本时，可以剔除上一步骤半成品成本节约或超支的影响，便于开展成本考核和分析工作。如果各步骤所耗半成品的成本差异，不是调整计入各步骤成本，而是直接调整计入最后的产成品成本，不仅可以进一步简化和加速各步骤的成本计算工作，而且各步骤的产品成本不受上一步骤半成品成本节约或超支的影响，从而更加便于开展成本考核和分析工作。

3. 综合结转法的成本还原

从上面举例（尤其是【例 10-4】）可以看出：采用逐步综合结转法计算产品成本，产成品成本中的极大部分甚至绝大部分是最后一个生产步骤所耗半成品的成本[参见表 10-25（原表 10-18）]，而直接人工、制造费用成本只是最后一个生产步骤所耗直接人工、制造费用分配的金额，在产品成本中所占比重很小，在生产步骤较多的情况下，这种现象突出。显然，这不符合产品成本构成的实际情况，因为它没有包括最后一个生产步骤所耗半成品中的直接人工、制造费用成本，也不能反映产品成本中的直接材料成本。因此，在管理上要求从整个企业角度分析和考核产品成本的构成及其水平时，需要将用逐步综合结转法计算的产品成本进行成本还原。所谓成本还原，就是从最后一个生产步骤起，将本月产品成本中所耗上一步骤半成品的综合成本逐步进行成本还原，直到求得按原始成本项目（直接材料、直接人工、制造费用等）反映的产成品成本资料。

要进行成本还原，必须确定按照怎样的成本结构进行还原。通常采用的成本还原方法是：按照本月所产半成品的成本结构进行还原。其具体还原方法有成本还原率还原法和项目比重还原法两种，这两种还原方法的原理相同，但具体计算方法不一样。

现结合简例介绍这两种还原方法。

 例 10-6

沿用【例 10-4】的资料。为方便学习，将【例 10-4】有关内容摘录如下。

碧海公司生产的甲产品经过三个基本生产车间连续加工制成，第一车间生产完工的 A 半成品，不经过仓库收发，验收合格后直接转入第二车间加工成 B 半成品，B 半成品也不经过仓库收发，验收合格后直接转入第三车间继续加工成甲产品。其中，1 件甲产品耗用 1 件 B 半成品，1 件 B 半成品耗用 1 件 A 半成品。

生产甲产品所需的原材料于第一车间生产开始时一次性投入，第二、第三车间不再投入原材料。此外，该公司由于生产比较均衡，各基本生产车间的月末在产品完工率均为 50%。

各车间的生产成本在完工产品和在产品之间分配时，采用约当产量比例法。

本月各车间相关资料分别见表 10-22～表 10-25。

表 10-22（原表 10-14） 产量资料

20××年 8 月

单位：件

摘要	第一车间	第二车间	第三车间
月初在产品数量	30	80	60
本月投产或上步骤转入	270	240	280
本月完工产品数量	240	280	300
月末在产品数量	60	40	40
在产品完工程度	50%	50%	50%

表 10-23（原表 10-16） 产品成本计算单

车间名称：第一车间　　　　　　　　　完工产量：240 件

产品名称：A 半成品　　　　　　　　　在产品数量：60 件　　　　在产品完工率：50%　　　　金额单位：元

月	日		摘要	成本项目			成本合计
				直接材料	直接人工	制造费用	
7	31		月末在产品成本	15 000	1 620	610	17 230
8	31		本月生产成本	135 000	27 000	11 000	173 000
8	31		生产成本累计	150 000	28 620	11 610	190 230
8	31	产品产量	完工产品产量	240	240	240	—
			在产品约当产量	60	30	30	
			合计	300	270	270	—
8	31		完工 A 半成品单位成本（分配率）	500	106	43	649
8	31		完工 A 半成品成本转出	120 000	25 440	10 320	155 760
8	31		月末在产品成本	30 000	3 180	1 290	34 470

表 10-24（原表 10-17） 产品成本计算单

车间名称：第二车间　　　　　　　　完工产量：280 件

产品名称：B 半成品　　　在产品数量：40 件　　　在产品完工率：50%　　　金额单位：元

| 月 | 日 | 摘要 | | 成本项目 | | | 成本合计 |
				A 半成品	直接人工	制造费用	
7	31	月末在产品成本		50 400	4 800	1 600	56 800
8	31	本月生产成本			36 000	12 000	48 000
8	31	上一步骤转入		155 760			155 760
8	31	生产成本累计		206 160	40 800	13 600	260 560
8	31	产品产量	完工产品产量	280	280	280	—
			在产品约当产量	40	20	20	—
			合计	320	300	300	—
8	31	完工 B 半成品单位成本（分配率）		644.25	136	45.33	825.58
8	31	完工 B 半成品成本转出		180 390	38 080	12 692.40	231 162.40
8	31	月末在产品成本		25 770	2 720	907.60	29 397.60

表 10-25（原表 10-18） 产品成本计算单

车间名称：第三车间　　　　　　　　完工产量：300 件

产品名称：甲产品　　　在产品数量：40 件　　　在产品完工率：50%　　　金额单位：元

| 月 | 日 | 摘要 | | 成本项目 | | | 成本合计 |
				B 半成品	直接人工	制造费用	
7	31	月末在产品成本		47 400	3 300	1 050	51 750
8	31	本月生产成本			35 200	11 200	46 400
8	31	上一步骤转入		231 162.40			231 162.40
8	31	生产成本累计		278 562.40	38 500	12 250	329 312.40
8	31	产品产量	完工产品产量	300	300	300	—
			在产品约当产量	40	20	20	—
			合计	340	320	320	—
8	31	完工产品单位成本（分配率）		819.30	120.31	38.28	977.89
8	31	完工产成品成本转出		245 790	36 093	11 484	293 367
8	31	月末在产品成本		32 772.40	2 407	767	35 945.40

　　要求：根据以上资料，进行成本还原。

　　采用逐步综合结转方式计算成本时，进行成本还原是本部分学习中的重难点所在。如果学习方法不当，很容易混淆与遗忘进行成本还原的相关知识和技能。在学习中需要注重理解要点，避免死记硬背理论教学部分介绍的公式。清晰、牢固地掌握以下三要点（尤其是后两点）。①成本还原的基本步骤是：从最后一个步骤（本例的"步骤"就是车间）起，将完工产成品中的半成品成本依次向前一个步骤逐步还原。②按照本月所产半成品的成本结构进行还原。即：从倒数第二个步骤起，本步骤本月完工的半成品（总）成本及各个成本项目的金额，构成了成本还原的成本结构"标准"，必须比照这个成本结构"标准"按比例计算还原。③需要还原的半成品成本是完工产成品中的半成品成本。要注意不要混淆第二点和第三点。成本还原的具体方法有以下两种。

（1）成本比率还原法

成本比率还原法就是计算出需要还原的半成品综合成本占本月所产该种半成品总成本的比率，按此比率进行成本还原的一种方法。这种方法需要经过三个计算步骤：①计算出成本还原分配率；②进行成本还原；③计算出还原后本月完工产品各成本项目的成本和总成本、单位成本。三个计算步骤分别见表 10-26～表 10-28。

$$成本还原分配率 = \frac{需要还原的半成品综合成本}{上一步骤本月所产该种半成品的成本合计} \qquad （式 10-3）$$

表 10-26　第一次成本还原（还原 B 半成品的成本）

金额单位：元

项目	总成本	第一步骤 A 半成品	直接人工	制造费用
需要还原的对象： 本月完工产成品中的 B 半成品的成本	245 790 （见表 10-25）	x_1	x_2	x_3
成本还原的成本结构"标准"： 第二车间本月完工 B 半成品的成本	231 162.40	180 390	38 080	12 692.40
		（见表 10-24）		

成本结构"标准"构成的比例关系如下。

$$\frac{245\,790}{231\,162.40} = \frac{x_1}{180\,390} = \frac{x_2}{38\,080} = \frac{x_3}{12\,692.40}$$

由：

$$\frac{245\,790}{231\,162.40} = \frac{x_1}{180\,390}$$

得：

$$x_1 = \frac{245\,790}{231\,162.40} \times 180\,390 = 1.063\,3 \times 180\,390 = 191\,808.69$$

式中，1.063 3 称为第二步骤半成品成本还原分配率，其经济含义可以理解为：相应项目的还原金额是"标准"的"1.063 3 倍"。

同理：

$$x_2 = 1.063\,3 \times 38\,080 = 40\,490.46$$

$$x_3 = 245\,790 - 191\,808.69 - 40\,490.46 = 13\,490.85$$

（倒挤，避免四舍五入近似计算导致的尾差）

检验：

$$x_3 = 1.063\,3 \times 12\,692.40 = 13\,495.83$$

表 10-27　第二次成本还原（还原半成品 A 的成本）

金额单位：元

项目	总成本	直接材料	直接人工	制造费用
需要还原的对象： 本月完工产成品中的半成品 A 的成本	191 808.69 （x_1）	y_1	y_2	y_3
成本还原的成本结构"标准"： 第一车间本月完工 A 半成品的成本	155 760	120 000	25 440	10 320
		（见表 10-23）		

成本结构"标准"构成的比例关系如下。

$$\frac{191\,808.69}{155\,760}=\frac{y_1}{120\,000}=\frac{y_2}{25\,440}=\frac{y_3}{10\,320}$$

由：

$$\frac{191\,808.69}{155\,760}=\frac{y_1}{120\,000}$$

得：

$$y_1=\frac{191\,808.69}{155\,760}\times120\,000=1.231\,4\times120\,000=147\,768$$

式中，1.231 4 称为第一步骤半成品成本还原分配率，其经济含义可以理解为：相应项目的还原金额是"标准"的"1.231 4 倍"。

同理：

$y_2=1.231\,4\times25\,440=31\,326.82$

$y_3=191\,808.69-147\,768-31\,326.82=12\,713.87$

（倒挤，避免四舍五入近似计算导致的尾差）

检验：

$y_3=1.231\,4\times10\,320=12\,708.05$

将以上计算的有关数据登记到产品成本还原计算表（见表 10-28）中去，并检查甲产品成本还原后的总成本与还原前的总成本是否一致。

表 10-28　产品成本还原计算表（成本比率还原法）

产品名称：甲产品　　　　　　20××年 8 月 31 日　　　　　完工产量：300 件　　　　　金额单位：元

项目	还原分配率	第二步骤B 半成品	第一步骤A 半成品	直接材料	直接人工	制造费用	合计
还原前产成品成本		245 790			36 093（第三车间发生的）	11 484（第三车间发生的）	293 367
第二步骤完工半成品成本	（成本结构比照标准）	180 390			38 080	12 692.40	231 162.40
第一次成本还原	1.063 3		191 808.69		40 490.46（第二车间发生的）	13 490.85（第二车间发生的）	245 790
第一步骤完工半成品成本	（成本结构比照标准）			120 000	25 440	10 320	155 760
第二次成本还原	1.231 4			147 768（第一车间发生的）	31 326.82（第一车间发生的）	12 713.87（第一车间发生的）	191 808.69
还原后产成品成本				147 768	107 910.28	37 688.72	293 367
产成品单位成本				492.56	359.70	125.63	977.89

（2）成本项目比重还原法

成本项目比重还原法就是计算上一步骤所产半成品各成本项目占其总成本的比重，并按该比重进行成本还原的一种方法。这种方法也同样需要经过前述三个计算步骤。前两个计算步骤分别见表10-29和表10-30。

$$成本还原分配率 = \frac{上一步骤完工半成品各成本项目的金额}{上一步骤完工半成品的成本合计} \qquad （式10\text{-}4）$$

表 10-29　第一次成本还原（还原 B 半成品的成本）

金额单位：元

项目	总成本	第一步骤 A 半成品	直接人工	制造费用
第二车间本月完工 B 半成品的成本	231 162.40	180 390	38 080	12 692.40
B 半成品各成本项目占总成本的比重	100%	78.036 0%[①]	16.473 3%[②]	5.490 7%[③]
本月完工产成品中的 B 半成品的成本	245 790	z_1	z_2	z_3

注：[①] $\frac{180\,390}{231\,162.40} \times 100\% = 78.036\,0\%$ 。

[②] $\frac{38\,080}{231\,162.40} \times 100\% = 16.473\,3\%$ 。

[③] $100\% - 78.036\,0\% - 14.473\,3\% = 5.490\,7\%$ 。

在表 10-29 中，78.036 047%、16.473 267%、5.490 686%分别表示第一次成本还原相应成本项目的成本还原分配率。其经济含义可以理解为：相应成本项目的还原金额应该是需要还原的半成品成本的百分之多少。

$z_1 = 245\,790 \times 78.036\,047\% = 191\,804.80$

$z_2 = 245\,790 \times 16.473\,267\% = 40\,489.64$

$z_3 = 245\,790 \times 5.490\,686\% = 13\,495.56$

与按表 10-27 还原的结果 x_1、x_2、x_3 分别一致。

表 10-30　第二次成本还原（还原 A 半成品的成本）

金额单位：元

项目	总成本	直接材料	直接人工	制造费用
第一车间本月完工 A 半成品的成本	155 760	120 000	25 440	10 320
A 半成品各成本项目占总成本的比重	100%	77.041 602%	16.332 820%	6.625 578%
本月完工产成品中的 A 半成品的成本	191 804.80	w_1	w_2	w_3

在表 10-30 中，77.041 602%、16.330 820%、6.625 578%分别表示第二次成本还原相应成本项目的成本还原分配率。其经济含义为：相应成本项目的还原金额应该是本月完工产品成本的百分之多少。

$w_1 = 191\,804.80 \times 77.041\,602\% = 147\,769.49$

$w_2 = 191\,804.80 \times 16.332\,820\% = 31\,327.13$

$w_3＝191\ 804.80×6.625\ 578\%＝12\ 708.18$

与按表 10-26 还原的结果 y_1、y_2、y_3 分别一致。

产品成本还原计算表（成本项目比重还原法）从略。

综上所述，可以看出，综合结转法的优点是：可以在各生产步骤的产品成本明细账中反映各该步骤完工产品所耗半成品成本的水平和本步骤加工成本的水平，有利于加强对各个生产步骤的成本管理。例如可以从钢铁工业企业轧钢步骤的产品（钢材）成本明细账中看出完工产品钢材所耗半成品钢锭的成本水平和轧钢成本的水平，有利于加强对轧钢步骤的成本管理。综合结转法的缺点是：为了从整个企业的角度反映产品成本的构成，加强企业综合的成本管理，必须进行成本还原，从而要增加核算工作量。因此，这种结转方法只宜在半成品具有独立的国民经济意义，管理上要求计算各步骤完工产品所耗半成品成本，但不要求进行成本还原的情况下采用。

（二）分项结转法

采用分项结转法，将各生产步骤所耗用的上一步骤的半成品成本，按照原始成本项目分项转入各该步骤产品成本明细账的各个成本项目中。如果半成品通过半成品库收发，那么在自制半成品明细账中登记半成品成本时，也要按照成本项目分别登记。

分项结转时，既可以按照半成品的实际成本结转；也可以按照半成品的计划成本结转，然后按成本项目分项调整成本差异。由于后一种做法的计算工作量较大，所以，一般采用按实际成本分项结转的方法。下面介绍按实际成本分项结转的方法。

1. 分项结转法的成本计算程序

例 10-7

某工业企业的丙产品分两个步骤，分别由两个车间进行生产。第一车间生产丙半成品，交半成品库验收；第二车间按照所需数量向半成品库领用半成品。第二车间所耗半成品成本按全月一次加权平均单位成本计算。两个车间的月末在产品均按定额成本计价。其成本计算程序如下。

（1）根据上月第一车间丙产品成本明细账月末在产品成本和本月各种生产耗费分配表、半成品交库单和第一车间在产品定额成本资料，登记第一车间丙产品成品明细账，如表 10-31 所示。

表 10-31　产品成本明细账

车间：第一车间　　　　　　　　　　　　产品：丙半成品　　　　　　　　　　　金额单位：元

月	日	摘要	产量（件）	直接材料	直接人工	制造费用	成本合计
10	31	在产品成本（定额成本）		58 000	4 000	32 100	94 100
11	30	本月生产成本		154 600	13 100	104 000	271 700
11	30	生产成本累计		212 600	17 100	136 100	365 800
11	30	完工转出半成品	1 200	143 000	12 100	95 975	251 075
11	30	半成品单位成本		119.17	10.08	79.98	209.23
11	30	在产品成本（定额成本）		69 600	5 000	40 125	114 725

（2）根据计价后的半成品交库单和第二车间领用半成品的领用单，登记自制半成品明细账，如表 10-32 所示。

表 10-32 自制半成品明细账

半成品：丙半成品　　　　　　　　　　　　　　　　　　　　　　　　　　　　　　　　　金额单位：元

月	日	摘要	产量（件）	实际成本			
				直接材料	直接人工	制造费用	成本合计
10	31	月末余额	200	24 000	2 200	16 200	42 400
11	30	本月增加	1 200	143 000	12 100	95 975	251 075
11	30	合计	1 400	167 000	14 300	112 175	293 475
11	30	单位成本		119.29	10.21	80.13	209.63
11	30	本月减少	1 250	149 112.50	12 762.50	100 162.50	262 037.50
11	30	月末余额	150	17 887.50	1 532.50	12 018.75	31 443.75

根据第一车间的半成品交库单中所列交库数量和该车间丙产品成本明细账中的完工转出半成品成本，编制会计分录如下。

借：自制半成品——丙半成品（直接材料）　　　　　　　　143 000
　　　　　　　——丙半成品（直接人工）　　　　　　　　 12 100
　　　　　　　——丙半成品（制造费用）　　　　　　　　 95 975
　　贷：基本生产成本——第一车间——丙半成品　　　　　251 075

在表 10-31 所示自制半成品明细账中，10 月末余额即 11 月初余额；本月增加的数量和实际成本，应根据计价后的半成品交库单登记；丙半成品单位成本的各成本项目，都是按全月一次加权平均法计算的（根据表中"合计"行实际成本各栏目的金额分别除以合计的产量计算）；本月减少的数量，应根据第二车间领用半成品的领料单登记；本月减少的实际成本，应根据本月减少数量分别乘以单位成本有关栏目的金额计算登记。

根据第二车间半成品领用单，编制以下会计分录。

借：基本生产成本——第二车间——丙产品（直接材料）　　149 112.50
　　　　　　　　　　　　　　——丙产品（直接人工）　　 12 762.50
　　　　　　　　　　　　　　——丙产品（制造费用）　　100 162.50
　　贷；自制半成品——丙半成品　　　　　　　　　　　　262 037.50

（3）根据上月第二车间丙产品成本明细账月末在产品成本和本月各种生产耗费分配表、第二车间半成品领用单、第二车间在产品定额成本等资料，登记第二车间丙产品成品明细账，如表 10-33 所示。

表 10-33 产品成本明细账

车间：第二车间　　　　　　　　　　　　　　产品：丙产品　　　　　　　　　　　　　　　金额单位：元

月	日	摘要	产量（件）	直接材料	直接人工	制造费用	成本合计
10	31	在产品成本（定额成本）		65 000	16 000	40 000	121 000
11	30	本月耗用半成品成本		149 112.50	12 762.50	100 162.50	262 037.50
11	30	本月发生的加工成本		—	120 000	128 000	248 000
11	30	生产成本累计		214 112.50	148 762.50	268 162.50	631 037.50
11	30	完工转出半成品	1 280	154 112.50	136 762.50	238 162.50	529 037.50
11	30	半成品单位成本		120.40	106.85	186.06	413.31
11	30	在产品成本（定额成本）		60 000	12 000	30 000	102 000

根据第二车间的完工丙产品交库单中所列交库数量和上列该车间丙产品成本明细账中的完工转出丙产品成本，编制会计分录如下。

借：库存商品——丙产品   529 037.50

    贷：基本生产成本——第二车间——丙产品   529 037.50

2. 分项结转法的优缺点

采用分项结转法结转半成品成本，可以直接、正确地提供按原始成本项目反映的企业产品成本资料，便于从整个企业的角度考核和分析产品成本计划的执行情况，不需要进行成本还原。但是，采用这一方法时成本结转工作比较麻烦，而且在各步骤完工产品成本中看不出所耗上一步骤半成品成本是多少、本步骤加工成本是多少，不便于分析各步骤完工产品的成本。例如钢铁工业企业的炼钢步骤所产半成品钢锭的成本，如果分项转入轧钢步骤产品成本明细账中的各个成本项目，那么在其完工转出的产成品钢材成本中就看不出所耗钢锭成本有多少、本步骤的轧钢成本有多少，因而不便于对轧钢步骤进行成本管理。在上列第二车间丙产品成本明细账中，虽然分行、分成本项目登记了本月本步骤加工成本和本月所耗半成品成本，但在完工转出的产成品成本中，看不出所耗半成品成本是多少、本步骤加工成本是多少。因此，分项结转法一般适用于在管理上不要求计算各步骤完工产品所耗半成品成本和本步骤加工成本，而只要求按原始成本项目计算产品成本的企业。这类企业，各生产步骤的成本管理要求不高，实际上只是按生产步骤分工计算成本，其目的主要是编制按原始成本项目反映的企业产品成本报表。

（三）逐步结转分步法的优缺点和适用范围

综合以上所述，逐步结转（不论是综合结转，还是分项结转）分步法的优点是：①能够提供各个生产步骤的半成品成本资料；②由于半成品的成本随着实物转移而结转，能为半成品和在产品的实物管理和资金管理提供数据；③能够全面地反映各生产步骤所耗上一步骤半成品成本和本步骤加工成本，有利于对各个生产步骤进行成本管理。

逐步结转分步法的缺点是：①各生产步骤的半成品成本要逐步结转，在加速成本计算工作方面有一定的局限性；②在综合结转半成品成本的情况下，往往要进行成本还原，在分项结转半成品成本的情况下，各步成本的结转工作比较复杂，因而核算工作量比较大。

逐步结转分步法一般适宜在半成品的种类不多、逐步结转半成品成本的工作量不是很大的情况下，或者半成品的种类较多，但管理上要求提供各个生产步骤半成品成本数据的情况下采用。

三、平行结转分步法

（一）平行结转分步法的含义及其适用范围

在采用分步法的大量大批多步骤生产的企业中，有的企业各生产步骤所产半成品的种类很多，但并不需要计算半成品成本。为了简化和加速成本计算工作，可以不计算各步骤所产半成品成本，也不计算各步骤所耗上一步骤的半成品成本，而只计算本步骤发生的各项其他成本以及这些成本中应计入产成品成本的"份额"。将相同产品的各步骤成本明细账中的这些份额平行结转、汇总，即可计算出该种产品的产成品成本。这种结转各步成本的方法，称为平行结转分步法，也称不计列半成品成本分步法。

平行结转分步法

平行结转分步法主要适用于不对外销售半成品的大量大批装配式多步骤生产和管理上不要求

计算半成品成本的生产，如机械制造、汽车制造等企业的生产。这类企业的生产，先由各生产步骤对各种原材料平行加工，形成产成品必需的半成品（零件、部件），然后由最后生产步骤将零件、部件装配成各种产成品。半成品种类很多且对外出售业务很少的企业，为简化成本计算，也可以采用这种方法。

（二）平行结转分步法的特点

1. 半成品成本不随半成品实物的转移而结转

平行结转分步法以最终产成品品种作为成本计算对象，并按生产步骤和产成品品种设置产品成本计算单。各生产步骤不计算半成品成本，因而也就不存在各步骤之间结转半成品成本的事项。不论半成品实物是在各生产步骤之间直接转移，还是通过半成品库收发，半成品成本不随半成品实物的转移而结转。

在平行结转分步法下，各生产步骤不计算半成品成本，虽然本步骤耗用了前面步骤生产完工转移过来的半成品，但是，只计算本步骤发生的生产成本。

2. 各步骤成本累计在广义完工产品和广义在产品间分配

为了计算各生产步骤发生的成本中应计入产成品成本的份额，必须将每一生产步骤发生的成本划分为耗用于产成品部分的成本和尚未最后制成产成品的在产品部分的成本。这里的在产品包括：①尚在本步骤加工中的在产品，即狭义在产品；②本步骤已完工转入半成品库的半成品（采用平行结转分步法，不需要设置"自制半成品"科目进行总分类核算）；③已从半成品库转移到以后各步骤进一步加工、尚未最后制成产成品的在产品。这是就整个企业而言的广义在产品。因此，平行结转分步法下的在产品成本，是指这三个部分广义在产品的成本。其中，后两部分的实物虽然已经从本步骤转出，但其成本仍然留在本步骤产品成本计算单（产品成本明细账）中，尚未转出。在平行结转分步法下，各步骤的生产成本都要在产成品与广义在产品之间进行分配，计算这些成本在产成品成本中所占的份额和在广义在产品成本中所占的份额。

3. 各步骤完工产品成本平行结转到完工产品成本计算单

月末，需要将各步骤成本中应计入产成品的份额进行平行结转、汇总，计算该种产成品的总成本和单位成本。

平行结转分步法的成本计算程序如图 10-2 所示。

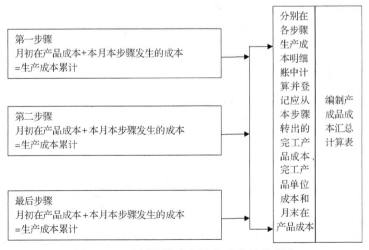

图 10-2　平行结转分步法的成本计算程序

对于初学者来说，学习用平行结转方式计算成本难度相对较大一些，学习过后也容易遗忘、混淆。但是，只要在学习过程中理解并掌握计算要点，就能化难为易、思路清晰，准确掌握相关知识。这些要点主要包括以下内容。①用平行结转方式计算成本时，各步骤只记录本步骤发生的成本，虽然耗用了前面各步骤生产的半成品，但是，这些半成品中别的步骤发生的成本，本步骤不记录。②用平行结转方式计算成本时，某步骤完工半成品实物虽然已经转移到了后面的各步骤，但是对整个企业而言，只要产品尚未完工，在该步骤发生的成本仍然保留在该步骤产品成本明细账（又称产品成本计算单）上，物资运动和价值运动相脱离。也就是说，除了最后一个步骤外，某步骤的半成品成本的分布空间，除了本步骤外，还分布在后续的所有步骤中，后续的所有步骤中的半成品也是本步骤的半成品，只不过这些半成品在本步骤的完工程度都是 100%。③对整个企业而言，完工的产成品验收入库后，这些完工产成品成本中属于各步骤的成本份额都分别从各步骤的"基本生产成本"科目的贷方一并汇总转入"库存商品"科目的借方。

（三）平行结转分步法应用举例

如何正确确定各步骤生产成本中应计入产成品成本的份额（图 10-1 中各步骤生产成本明细账中应从本步骤转出的完工产品成本数额），将每一生产步骤的生产成本在完工产成品和月末在产品之间进行分配，是采用平行结转分步法正确计算产成品成本的关键所在。各企业应根据具体情况，选用某种分配方法进行分配（前文已经介绍过约当产量比例法，下面不再举例）。在实际工作中，除了采用约当产量比例法外，通常还采用在产品按定额成本计价法或定额比例法。因为采用这两种方法，作为分配成本标准的定额资料比较容易取得。如产成品的定额消耗量或定额成本，可以根据产成品数量乘以消耗定额或成本定额计算；由于广义在产品的实物分散在各生产步骤和半成品库，具体的盘存、计算工作虽然比较复杂，但在产品的定额消耗量或定额成本可以采用倒挤（倒轧）方法计算，因而也较简便。如果消耗定额或成本定额准确，这两种方法的分配结果也比较合理。

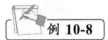 **例 10-8**

某厂生产甲产品，顺序经过两个生产步骤（车间）。原材料在生产开始时一次性投入。采用平行结转分步法计算产品成本，生产成本在完工产品和在产品之间分配时采用定额比例法。其成本计算程序如下。

（1）汇总与甲产品成本计算有关的定额资料，见表 10-34。

表 10-34　甲产品定额资料

金额单位：元

车间	11 月初在产品		本月（11 月）投入		本月产成品				
	定额原材料成本	定额工时（小时）	定额直接材料成本	定额工时（小时）	单位定额		产量（件）	定额直接材料成本	定额工时（小时）
					直接材料成本	定额工时			
第一车间	200 000	12 500	1 000 000	125 000	800	100		1 040 000	130 000
第二车间		9 000		75 000		60	1 300		78 000
合计									

（2）登记账簿。

根据上列甲产品定额资料，以及各种耗费分配表和产成品交库单，登记第一、第二车间甲产品成本明细账，分别如表 10-35 和表 10-36 所示。

表 10-35　产品成本明细账

车间：第一车间　　　　　　　　产品：甲产品　　　　　　　产成品产量：1 300 件　　　　　金额单位：元

月	日	摘要	直接材料成本		定额工时（小时）	直接人工	制造费用	实际成本合计
			定额	实际				
10	30	月末在产品成本	200 000	196 000	12 500	225 000	112 500	533 500
11	30	本月生产成本	1 000 000	980 000	125 000	2 250 000	1 125 000	4 355 000
11	30	生产成本累计	1 200 000	1 176 000	137 500	2 475 000	1 237 500	4 888 500
11	30	耗费分配率		0.98①		18②	9③	—
11	30	产成品成本中本车间份额	1 040 000④	1 019 200⑤	130 000⑥	2 340 000⑦	1 170 000⑧	4 529 200
11	30	月末在产品成本	160 000	156 800	7 500	135 000	67 500	359 300

注：①1 176 000 ÷ 1 200 000 = 0.98（其直观经济含义是：实际直接材料成本是定额直接材料成本的 0.98 倍）。

②2 475 000 ÷ 137 500 = 18（元/小时）。

③1 237 500 ÷ 137 500 = 9（元/小时）。

④见表 10-34。

⑤1 040 000 × 0.98 = 1 019 200（元）。

⑥单位定额工时 × 产成品产量 = 100 × 1 300 = 130 000（小时）（见表 10-34，"第一车间"行最右边的一列数据）。

⑦130 000 × 18 = 2 340 000（元）。

⑧130 000 × 9 = 1 170 000（元）。

在表 10-35 中，"月初在产品"行各栏目的数据就是上月末在产品各栏目的数据；"本月生产成本"行的定额直接材料成本和定额工时两个栏目的数据见表 10-34"本月（11 月）投入"的定额直接材料成本和定额工时；"本月生产成本"行的其他栏目的数据根据各种生产耗费分配表登记。该企业月末没有进行在产品盘点，月末在产品各科目的数据，可以根据"生产成本累计"行和"产成品成本中本车间份额"行相应栏目采用倒挤（倒轧）的方法计算求出。其中，直接材料、直接人工和制造费用项目的金额，也可以分别用各成本项目的耗费分配率乘以相应的定额数据计算求得。

月末在产品直接材料实际成本 = 1 176 000 − 1 019 200 = 156 800（元）

= 0.98 × 160 000 = 156 800（元）

月末在产品直接人工实际成本 = 2 475 000 − 2 340 000 = 135 000（元）

= 18 × 7 500 = 135 000（元）

月末在产品制造费用实际成本 = 1 237 500 − 1 170 000 = 67 500（元）

= 9 × 7 500 = 67 500（元）

表 10-36　产品成本明细账

车间：第二车间　　　　　　　　产品：甲产品　　　　　　　产成品产量：1 300 件　　　　　金额单位：元

月	日	摘要	直接材料成本		定额工时（小时）	直接人工	制造费用	实际成本合计
			定额	实际				
10	31	月末在产品成本			9 000	180 000	90 000	270 000
11	30	本月生产成本			75 000	1 500 000	750 000	2 250 000
11	30	生产成本累计			84 000	1 680 000	840 000	2 520 000
11	30	耗费分配率				20	10	—
11	30	产成品成本中本车间份额			78 000	1 560 000	780 000	2 340 000
11	30	月末在产品成本			6 000	120 000	60 000	180 000

（3）编制完工甲产品成本汇总表。

根据第一、第二车间产品成本明细账中计算登记的各该车间的产成品成本份额，平行汇总完工甲产品成本，编制完工甲产品成本汇总表，如表 10-37 所示。

表 10-37　完工产品成本汇总表

产品名称：甲产品　　　　　　　20××年 11 月 30 日　　　　　　完工产量：1 300 件　　　　　金额单位：元

摘要	直接材料	直接人工	制造费用	成本合计
第一车间转入	1 019 200	2 340 000	1 170 000	4 529 200
第二车间转入		1 560 000	780 000	2 340 000
总成本	1 019 200	3 900 000	1 950 000	6 869 200
单位成本	784	3 000	1 500	5 284

根据完工产品成本汇总表，编制会计分录如下：

借：库存商品——甲产品　　　　　　　　　　　　　　　　　　6 869 200

贷：基本生产成本——第一车间——甲产品　　　　　　　　　　　　4 529 200

　　　　　　　——第二车间——甲产品　　　　　　　　　　　　2 340 000

（四）平行结转分步法的优缺点

平行结转分步法的优点在于：①采用这种方法时各步骤可以同时计算产品成本，然后将应计入完工产品成本的份额平行结转、汇总计入产成品成本时，不必逐步结转半成品成本，从而可以简化和加速成本计算工作；②采用这一方法时，一般按成本项目平行结转、汇总各步骤成本中应计入产成品成本的份额，因而能够直接提供按原始成本项目反映的产成品成本资料，不必进行成本还原，省去了大量烦琐的计算工作。

平行结转分步法由于各步骤不计算和结转半成品成本，存在着以下缺点：①不能提供各个步骤的半成品成本资料及各步骤所耗上一步骤半成品成本资料，因而不能全面反映各步骤生产耗费水平，不利于对各步骤进行成本管理；②在产品的成本在产成品完工以前，不随实物转出而转出，即不按其所在的地点登记，而按其发生的地点登记，半成品的实物转移与成本结转脱节，因而不能为各个生产步骤在产品的实物管理和资金管理提供资料。由于平行结转分步法存在上述缺点，所以平行结转分步法一般只宜在半成品种类较多，逐步结转半成品成本的工作量较大，管理上又不要求提供各步骤半成品成本资料的情况下采用。在采用平行转接分步法时，应该加强各步骤在产品收发结存的数量核算，以便为在产品的实物管理和资金管理提供资料。此外，还应加强各步骤废品损失的核算和在产品的清查工作，以便及时发现在产品的报废和短缺、毁损情况，及时反映在产品加工报废和盘亏、毁损造成的损失，借以弥补这种分步法由于在产品成本与在产品实物脱节所产生的缺点。

 练习题

一、单项选择题

1．成本还原是指从（　　　）生产步骤起，将本月产品成本中所耗用上一步骤的自制半成品的综合成本，按照上一步骤完工半成品的成本结构分解还原为原来的成本项目。

　　A．最前一个　　　　　　B．中间一个　　　　　　C．最后一个　　　　　　D．随意任选一个

2．某大型发电企业不能在技术上划分生产步骤，该企业适合采用的成本计算方法是（　　）。

    A．分批法　　　　　　　B．品种法　　　　　　　C．分步法　　　　　　　D．定额法

3．下列成本计算方法中，适合汽车修理企业采用的是（　　）。

    A．品种法　　　　　　　　　　　　　　　　B．分批法

    C．逐步结转分步法　　　　　　　　　　　　D．平行结转分步法

4．甲公司为单步骤简单生产企业，只生产A产品，月初、月末在产品比较稳定，计算产品成本时可以考虑在产品。6月，A产品共发生材料成本300万元、直接人工100万元、制造费用50万元，共生产A完工产品500件，则该A产品的单位成本为（　　）万元/件。

    A．0.8　　　　　　　　B．0.9　　　　　　　　C．450　　　　　　　　D．500

5．在逐步结转分步法下，完工产品与在产品之间的成本分配，是指在（　　）之间的成本分配。

    A．广义完工产品与广义月末在产品

    B．狭义完工产品与狭义月末在产品

    C．产成品与月末在产品

    D．前面各步骤完工半成品与加工中的在产品，最后步骤的产成品与加工中的在产品

6．在分步法中，进行成本还原的对象是（　　）。

    A．本步骤生产耗费　　　　　　　　　　　　B．上步骤转来的生产耗费

    C．完工产品成本中的半成品成本　　　　　　D．完工产品成本

7．单件小批生产的企业最适合采用（　　）为产品成本计算方法。

    A．品种法　　　　　　　B．分批法　　　　　　　C．分步法　　　　　　　D．分类法

8．下列关于成本计算方法分批法的说法中，不正确的是（　　）。

    A．成本计算对象是产品的批别

    B．成本计算期与产品生产周期基本一致

    C．成本计算期与财务报告期基本一致

    D．在计算月末在产品成本时，一般不存在在完工产品与在产品之间分配成本的问题

9．下列有关简化的分批法适用条件的说法中，正确的是（　　）。

    A．如果同一月份内投产的产品批数较多，可以采用简化的分批法来核算

    B．该方法适宜在各月间接费用水平悬殊的情况下使用

    C．该方法在月末未完工产品的批数不多的情况下也可以使用

    D．该方法也适用于单步骤大量生产的企业

10．某冶金企业，产品生产是大量大批多步骤生产，为了考核产品各生产步骤的成本计划的执行情况，适宜采用的成本计算方法是（　　）。

    A．分步法　　　　　　　B．品种法　　　　　　　C．分批法　　　　　　　D．定额法

二、多项选择题

1．下列各项中，属于确定产品成本计算方法时主要考虑的因素有（　　）。

    A．成本计算对象　　　　　　　　　　　　　B．成本计算期

    C．生产成本在完工产品和在产品之间的分配　D．企业规模

2．工业企业的生产类型有（　　）。

    A．大量大批单步骤生产　　　　　　　　　　B．大量大批连续式多步骤生产

C．大量大批平行式加工多步骤生产　　　　　D．单件小批平行式加工多步骤生产

3．品种法计算产品成本的特点有（　　　　）。

A．以产品品种作为成本计算对象

B．生产成本不需要在完工产品和在产品之间分配

C．成本计算期与产品的生产周期基本一致

D．如果仅生产一种产品，全部成本都是直接成本

4．下列关于成本计算方法品种法的说法中，正确的有（　　　　）。

A．品种法分为单一品种生产下的品种法和多品种生产下的品种法

B．企业生产的产品是单一品种，直接根据有关原始凭证及耗费汇总表登记生产成本明细账，编制产品成本计算单，即可计算该产品的总成本和单位成本

C．企业同时生产两种或两种以上的产品，应按照品种法成本核算的一般程序设置生产成本明细账，将直接耗费直接计入该产品生产成本明细账中，将间接耗费按照恰当的分配方法编制各种耗费分配表，从而分配各种要素耗费

D．企业同时生产两种或两种以上的产品，直接根据有关原始凭证及耗费汇总表登记生产成本明细账，编制产品成本计算单，即可计算该产品的总成本和单位成本

5．分批法下计算产品成本，以下月末在产品与完工产品之间的成本分配的说法中，正确的有（　　　　）。

A．如果是单件生产，不存在在完工产品与在产品之间分配成本的问题

B．如果是小批生产，一般不存在在完工产品与在产品之间分配成本的问题

C．如果批内产品跨月陆续完工，需要在完工产品和在产品之间分配成本

D．成本计算期与产品生产周期是一致的，不存在完工产品和在产品之间分配成本的问题

6．在小批单件生产的企业中，在同一月份内投产的产品批数多达上百批，此时可以采用简化的分批法，简化的分批法的特点有（　　　　）。

A．每月发生的各项间接计入耗费，不是按月在各批产品之间分配的

B．产品完工时，产品成本按照完工产品累计生产工时的比例在各批完工产品之间进行分配

C．该方法适用于各月间接耗费水平悬殊的情况

D．必须设立基本生产成本二级明细账，按成本项目登记全部产品的月初在产品成本、本月生产成本、累计生产成本、月初在产品生产工时、本月生产工时和累计生产工时

7．分批法计算成本的主要特点有（　　　　）。

A．成本计算对象是产品的批别

B．产品成本的计算是与生产任务通知单的签发和结束紧密配合的，因此产品成本计算是不定期的

C．成本计算期与产品生产周期基本一致，与会计报告期不一致

D．在计算月末在产品成本时，一般不存在在完工产品与在产品之间分配成本的问题

8．以下各项中属于平行结转分步法的优点的有（　　　　）。

A．能够提供各个步骤半成品成本资料

B．各步骤可以同时计算产品成本，平行汇总计入产成品成本，不必逐步结转半成品成本

C．不必进行成本还原，能够简化和加速成本计算工作

D．生产成本不需要在完工产品与月末在产品之间进行分配

9. 下列有关逐步结转分步法的说法中，不正确的有（　　　）。

A. 无法全面反映各生产步骤的生产耗费水平

B. 需要进行成本还原，增加了核算的工作量

C. 可以为各生产步骤的在产品实物管理及资金管理提供资料

D. 能够提供各个生产步骤的半成品成本资料

10. 广义在产品包括（　　　）。

A. 尚在本步骤加工中的在产品　　　　B. 企业最后一个步骤的完工产品

C. 各步骤已完工但尚未最终完成的产品　D. 尚未完成最后步骤的产品

三、判断题

1. 生产类型不同、管理要求不同，对产品成本计算的影响也不同，这一不同主要体现在产品成本计算对象的确定上。（　　　）

2. 采用逐步结转分步法计算成本时，各步骤的费用由两部分组成：一部分是本步骤发生的费用，另一部分是上一步骤转入的半成品成本。（　　　）

3. 大量大批生产的产品适合采用分批法核算产品成本。（　　　）

4. 品种法适用于多步骤大量生产的企业，如发电、供水、采掘等企业。（　　　）

5. 品种法下一般定期核算产品成本。（　　　）

6. 在采用品种法核算产品成本时，月末一般不存在在产品，所以一般不需要将生产成本在完工产品与在产品之间进行分配；如果企业月末有在产品，要将生产成本在完工产品和在产品之间进行分配。（　　　）

7. 甲公司是大型纺织企业，一直采用分批法计算产品成本。（　　　）

8. 采用简化分批法，在各批产品完工前，账内只按月登记直接计入耗费（如直接材料）和生产工时，只有在有完工产品的月份，才对完工产品，按照其累计工时比例分配间接计入耗费，计算、登记各该批完工产品成本。（　　　）

9. 简化的分批法适用于各月间接耗费水平悬殊的企业。（　　　）

10. 采用分步法计算产品成本时，其成本计算期是不固定的，与产品生产周期一致。（　　　）

四、业务综合题

1. 某企业采用简化的分批法计算成本。该企业 6 月各批产品的资料如下：三批产品累计耗用工时及累计耗费资料见表 10-38 至表 10-41。甲产品 4 月投产 10 件，本月全部完工。乙产品 5 月投产 8 件，本月完工 5 件，尚未完工 3 件产品的期末原材料定额成本 1 000 元，定额工时 600 小时。丙产品本月投产 20 件，全部未完工。

要求：登记基本生产成本二级账（见表 10-38）和各批产品成本明细账（见表 10-39～表 10-41），计算各批完工产品成本。

表 10-38　基本生产成本二级账

（全部产品总成本）

金额单位：元

月	日	摘要	直接材料	生产工时（小时）	直接人工	制造费用	合计
		生产成本及工时累计数	36 000	5 000	15 000	10 000	61 000
6	30	全部产品累计间接计入费耗费分配率					
6	30	本月完工产品成本转出					
6	30	月末在产品					

表 10-39　产品成本明细账

批号：#408　　　　　　　　　　　　　　　　开工日期：20××年 4 月

产品名称：甲产品　产量：10 件　　　　　　　完工日期：20××年 6 月（全部完工）　　　　　金额单位：元

月	日	摘要	直接材料	生产工时（小时）	直接人工	制造费用	合计
		4 月和 5 月记录	—	—	—	—	—
6	30	直接耗费及工时累计数	21 000	800			
6	30	间接计入耗费分配率					
6	30	本月完工转出成本及工时					
6	30	完工产品单位成本					

表 10-40　产品成本明细账

批号：#409　　　　　　　　　　　　　　　　开工日期：20××年 5 月

产品名称：乙产品　产量：8 件　　　　　　　完工日期：20××年 6 月（完工 5 件）　　　　　金额单位：元

月	日	摘要	直接材料	生产工时（小时）	直接人工	制造费用	合计
		5 月记录	—	—	—	—	—
6	30	直接耗费及工时累计数	12 000	3 800			
6	30	间接计入耗费分配率					
6	30	本月完工转出成本及工时					
6	30	完工产品单位成本					
6	30	月末在产品					

表 10-41　产品成本明细账

批号：#501　　　　　　　　　　　　　　　　开工日期：20××年 6 月

产品名称：丙产品　产量：20 件　　　　　　　完工日期：　　　　　　　　　　　　　　　　金额单位：元

月	日	摘要	直接材料	生产工时（小时）	直接人工	制造费用	合计
6	30	本月发生	3 000	400			

2．某企业丙产品分两个步骤，分别由两个车间进行生产，第一步骤完工的半成品全部为第二步骤领用，不通过半成品库收发，本月生产产品成本明细账见表 10-42 和表 10-43。

表 10-42　产品成本明细账

第一车间：丙半成品　　　　　　　　　　　　　　　　　　　　　　　　　　　　　　　　　　单位：元

项目	直接材料	直接人工	制造费用	合计
月初在产品成本	8 000	2 400	5 600	
本月生产成本	20 000	3 600	12 400	
生产成本累计				
完工产品成本				
月末在产品成本	12 000	2 000	8 000	

表 10-43　产品成本明细账

第二车间：丙产成品　　　　　　　　　　　　　　　　　　　　　　　　　　　　　　单位：元

项目	半成品	直接人工	制造费用	合计
月初在产品成本	6 000	3 000	1 000	
本月生产成本		16 000	6 000	
生产成本累计				
完工产品成本				
月末在产品成本	9 000	3 200	1 200	

要求：采用综合结转分步法计算丙产品第一、第二步骤完工产品成本，填制成本还原计算表（见表 10-44）。

表 10-44　成本还原计算表

单位：元

项目	还原分配率	半成品	直接材料	直接人工	制造费用	成本合计
还原前产成品成本						
本月所产半成品成本						
成本还原						
还原后产成品成本						

3．某工厂生产甲产品需要经过三个基本生产车间连续加工，原材料在生产开始时一次性投入；各车间的在产品完工程度均按 50%计算。半成品不通过半成品库收发，全部由上一步骤经检验合格后直接转入下一步骤。20××年××月有关资料见表 10-45～表 10-50。

表 10-45　产品产量

产品名称：甲产品　　　　　　　　　　　　　20××年××月　　　　　　　　　　　　　　单位：件

摘要	第一车间	第二车间	第三车间
月初结存	60	100	150
本月投入	440	400	450
本月完工	400	450	500
月末结存	100	50	100

表 10-46　月初在产品成本

产品名称：甲产品　　　　　　　　　　　　　20××年××月　　　　　　　　　　　　　　单位：元

车间	直接材料	直接人工	制造费用	合计
第一车间	12 000	3 000	2 400	17 400
第二车间	20 000	6 000	5 000	31 000
第三车间	30 000	6 750	5 250	42 000
合计	62 000	15 750	12 650	90 400

表 10-47　本月本步骤发生的生产成本

产品名称：甲产品　　　　　　　　　　　　　20××年××月　　　　　　　　　　　　　　单位：元

车间	直接材料	直接人工	制造费用	合计
第一车间	88 000	42 000	33 600	163 600
第二车间		51 000	42 500	93 500
第三车间		42 750	33 250	76 000
合计	88 000	135 750	109 350	333 100

注：生产成本累计=月初在产品成本+本月本步骤发生的生产成本+上步骤转入的半成品成本。

表 10-48　基本生产成本明细账

产品名称：第一车间　　　　　　　　　　　　　完工产量：

产品名称：甲产品　　　　　　　　　　　　　　在产品数量：　　　　　　　　　完工率：

月	日	摘要	成本项目			成本合计
			直接材料	直接人工	制造费用	
×		月末在产品成本				
×		本月生产成本				
		生产成本累计				
		约当产量				
		单位成本				
		完工 A 半成品成本转出				
		月末在产品成本				

表 10-49　基本生产成本明细账

产品名称：第二车间　　　　　　　　　　　　　完工产量：

产品名称：甲产品　　　　　　　　　　　　　　在产品数量：　　　　　　　　　完工率：

月	日	摘要	成本项目			成本合计
			直接材料	直接人工	制造费用	
×		月末在产品成本				
×		本月生产成本				
		上一步骤转入				
		生产成本累计				
		约当产量				
		单位成本				
		完工半成品成本转出				
		月末在产品成本				

表 10-50　基本生产成本明细账

产品名称：第三车间　　　　　　　　　　　　　完工产量：

产品名称：甲产品　　　　　　　　　　　　　　在产品数量：　　　　　　　　　完工率：

月	日	摘要	成本项目			成本合计
			直接材料	直接人工	制造费用	
×		月末在产品成本				
×		本月生产成本				
		上一步骤转入				
		生产成本累计				
		约当产量				
		单位成本				
		完工半成品成本转出				
		月末在产品成本				

　　要求：根据以上资料，采用分项结转分步法计算甲产品成本，并分别编制相关会计分录。

　　4．某工业企业生产甲产品经过两个步骤连续加工制成，所用原材料在生产开始时一次性投入，采用约当产量比例法计算各步骤计入产成品的成本，有关产量、成本资料见表 10-51～表 10-54。

表 10-51 产量资料

单位：件

项目	月初在产品	本月投入	本月完工	月末在产品	完工程度
第一步骤	80	130	150	60	40%
第二步骤	70	150	180	40	60%

表 10-52 产品成本明细账

步骤：第一步骤　　　　　　　　完工产品：　　件　　　　　在产品：　　件　　　　　金额单位：元

项目	直接材料	直接人工	制造费用	合计
月初在产品成本	10 500	1 355	1 602	
本月生产成本	31 500	4 013	5 230	
生产成本累计				
约当产量				
单位成本				
产成品成本中本步骤"份额"				
月末在产品成本				

表 10-53 产品成本明细账

步骤：第二步骤　　　　　　　　完工产品：　　件　　　　　在产品：　　件　　　　　金额单位：元

项目	直接材料	直接人工	制造费用	合计
月初在产品成本		1 250	2 430	
本月生产成本		3 850	4 506	
生产成本累计				
约当产量				
单位成本				
产成品成本中本步骤"份额"				
月末在产品成本				

表 10-54 产品成本汇总表

产品：甲产品　　　　　　　　　　完工产品：　　件　　　　　　　　金额单位：元

项目	直接材料	直接人工	制造费用	合计
第一步骤成本"份额"				
第二步骤成本"份额"				
总成本				
单位成本				

要求：采用平行结转分步法计算甲产品成本，完成产品成本明细账和产品成本汇总表的编制。

第十一章 | 产品成本计算的辅助方法

在成本会计实际工作中，除了采用产品成本计算的基本方法以外，为了简化成本计算工作，或者为了配合和加强对生产耗费及产品成本的定额管理，还常常采用分类法、定额法等方法。从计算产品成本的角度而言，这些方法不是必不可少的，因而通称为产品成本计算的辅助方法。

第一节 | 产品成本计算的分类法

一、分类法概述

产品成本计算
的分类法

（一）分类法的适用条件

在一些工业企业中，生产的产品品种（或规格，下同）繁多，如果按照产品的品种归集生产耗费、计算生产成本，计算工作就极为繁重。产品成本计算的分类法，就是在产品品种繁多，但可以按照一定标准分类的情况下，为了简化计算工作而采用的一种成本计算方法。

（二）分类法的特点

在采用这种成本计算方法时，先要根据产品的结构、所用原材料和工艺过程的不同，将产品划分为若干类，按照产品的类别设置产品成本明细账，归集产品的生产耗费，计算各类产品成本；然后选择合理的分配标准，在每类产品内的各种产品之间分配生产成本，计算每类产品内各种产品的成本。分类法的特点如下。

（1）按照产品类别归集生产耗费，计算成本。

（2）采用一定的分配方法分配确定同一类产品内不同品种产品的成本。

（三）类内分配的标准

1. 以成本动因确定分配标准

同类产品内各种产品之间分配成本的标准有定额消耗量、定额成本、售价，以及产品的体积、长度和重量等。

选择分配标准时，主要考虑标准与产品生产耗费的关系，应选择与产品各项耗费有密切联系的分配标准，即以成本动因确定分配标准。在类内各种产品之间直接分配成本时，各成本项目可以采用同一分配标准；也可以根据各成本项目的性质，分别采用不同的分配标准，以使分配结果更加合理。例如，直接材料成本可按直接材料定额消耗量或直接材料定额成本比例进行分配，直接人工、制造费用等加工成本可按定额工时比例进行分配。

2. 以系数法确定分配标准

为了简化分配工作，也可以将分配标准折算成相对固定的系数，按照固定的系数分配同类产品内各种产品的成本。

确定系数时，一般是在同类产品中选择一种产量较大、生产比较稳定或规格折中的产品作为标准产品，把这种产品的分配标准额的系数定为"1"；用其他各种产品的分配标准额与标准产品的分配标准额相比较，计算出其他产品的分配标准额与标准产品的分配标准额的比率，即系数。在分类法中，按照系数分配同类产品内各种产品成本的方法，也叫系数法。系数一经确定，在一定时期内应保持相对稳定，不应任意变更。

3. 以标准产品产量确定分配标准

在实际工作中，也可采用按照标准产品产量比例分配类内各种产品成本的方法，即将各种产品的产量按照系数折算，折算成标准产品产量，然后按照标准产品产量的比例分配类内各种产品成本，这也是一种系数分配法。

二、分类法的成本计算程序

上述分类法的特点也说明了分类法的成本计算程序。

（1）合理确定产品类别，按产品类别开设产品成本明细账。

根据产品生产所耗用的原材料和工艺技术过程的不同等标志，将产品划分成若干类别。例如，鞋厂可以按耗用的不同原材料，将产品分为皮鞋、布鞋、塑料鞋等类别；轧钢厂可以将产品分为圆钢、角钢、钢管、钢板等类别。

（2）以产品类别归集产品的生产耗费，计算各类产品的成本。

（3）选择合理的分配标准，分别将各类产品的成本在类内的各种产品之间进行分配，计算每类产品中的各种产品的成本。

现以某工业企业的产品成本计算为例，说明分类法的成本计算程序。

 **例 11-1**

某厂生产的 A、B、C、D、E 五种产品，其结构、所用原材料和工艺过程相似，合并为甲类（选择 A 产品为标准产品），采用分类法计算成本。类内各种产品之间分配成本的标准为：直接材料成本按照各种产品的直接材料耗费系数分配，直接材料耗费系数按照直接材料成本定额确定；其他成本按定额工时比例分配。

有关数据以及成本计算过程如下。

（1）根据各产品所耗各种直接材料的消耗定额、计划单价以及成本定额，编制直接材料耗费系数计算表（见表 11-1）。

表 11-1　甲类各种产品直接材料耗费系数计算表

20××年××月

产品名称	单位（件）产品直接材料				直接材料耗费系数
	直接材料名称或编号	消耗定额（千克）	计划单价（元/千克）	成本定额（元）	
A产品（标准产品）	1011	100	21	2 100	1
	2022	80	30	2 400	
	3033	200	40	8 000	
	合计	—		12 500	

产品名称	单位（件）产品直接材料				直接材料耗费系数
	直接材料名称或编号	消耗定额（千克）	计划单价（元/千克）	成本定额（元）	
B产品	1011	80	21	1 680	$\frac{7\,980}{12\,500}=0.638\,4$ （每件B产品的直接材料成本等于0.638 4件A产品的直接材料成本）
	2022	50	30	1 500	
	3033	120	40	4 800	
	合计	—		7 980	
C产品	1011	60	21	1 260	$\frac{6\,360}{12\,500}=0.508\,8$
	2022	50	30	1 500	
	3033	90	40	3 600	
	合计	—		6 360	
D产品	1011	120	21	2 520	$\frac{10\,320}{12\,500}=0.825\,6$
	2022	60	30	1 800	
	3033	150	40	6 000	
	合计	—		10 320	
E产品	1011	160	21	3 360	$\frac{12\,960}{12\,500}=1.036\,8$
	2022	80	30	2 400	
	3033	180	40	7 200	
	合计	—		12 960	

（2）在按产品类别开设的产品成本明细账上月末在产品成本（定额成本）资料的基础上，根据本月各项生产耗费分配表登记产品成本明细账（见表11-2），计算甲类产品成本。

表11-2　产品成本明细账

产品名称：甲类　　　　　　　　　　　20××年××月　　　　　　　　　　　单位：元

月	日	摘要	直接材料	直接人工	制造费用	成本合计
10	31	在产品成本（定额成本）	407 660	28 980	16 100	452 740
11	30	本月生产成本	3 246 180	458 730	254 850	3 959 760
11	30	生产成本累计	3 653 840	487 710	270 950	4 412 500
11	30	完工转出产成品成本	3 208 400	456 120	253 400	3 917 920
11	30	在产品成本（定额成本）	445 440	31 590	17 550	494 580

在表11-2中，完工转出产成品成本各成本项目的金额可用生产成本累计各成本项目的金额减去在产品成本（定额成本）各成本项目的金额倒轧出来。

（3）分别计算A、B、C、D、E五种产品的产成品成本。根据各种产品的产量、原材料耗费系数和工时消耗定额，分别计算甲类A、B、C、D、E五种产品的产成品成本（见表11-3）。

表11-3　类内各种产成品成本计算表

产品类别：甲类　　　　　　　　　　　20××年××月　　　　　　　　　　　金额单位：元

项目	产量（件）	直接材料耗费		工时定额（小时/件）	定额工时（小时）**	直接材料	直接人工	制造费用	成本合计
		系数	总系数*						
分配率						12 500	18	10	—
A产成品	100	1	100	100	10 000	1 250 000	180 000	100 000	1 530 000
B产成品	60	0.638 4	38.304	60	3 600	478 800	64 800	36 000	579 600
C产成品	70	0.508 8	35.616	50	3 500	445 200	63 000	35 000	543 200
D产成品	50	0.825 6	41.28	80	4 000	516 000	72 000	40 000	628 000

续表

项目	产量（件）	直接材料耗费		工时定额（小时/件）	定额工时（小时）**	直接材料	直接人工	制造费用	成本合计
		系数	总系数*						
E产成品	40	1.036 8	41.472	106	4 240	518 400	76 320	42 400	637 120
合计	—		256.672	—	25 340	3 208 400	456 120	253 400	3 917 920

注：*某产成品直接材料耗费总系数=该产成品产量×直接材料耗费系数。某产成品直接材料耗费总系数的直观经济含义是：类内一定完工数量的某产成品的直接材料成本等于多少数量的标准产成品的直接材料成本。

**某产成品定额工时=该产成品产量×该产成品工时定额，该产成品工时定额即单位该产成品按定额规定的工时。

在表 11-3 中，"合计"行的"直接材料""直接人工""制造费用""成本合计"栏分别按表 11-2 的"完工转出产成品成本"行相对应栏目的金额填列。用表 11-3"合计"行的"直接材料"栏的金额除以本行直接材料耗费总系数的合计数，得到直接材料分配率，所以直接材料分配率的直观经济含义就是：单位标准产品的直接材料成本。用该分配率分别乘各产成品的直接材料耗费总系数，就可以得到各产成品的直接材料成本。用表 11-3"合计"行的"直接人工"（或"制造费用"）栏的金额除以本行的"定额工时"栏的合计数，就可以得到直接人工（或制造费用）分配率，该分配率的直观经济含义就是：类内各产品单位定额工时应分配的直接人工（或制造费用）成本。用该分配率分别乘各产成品的定额工时，就可以得到各产成品的直接人工（或制造费用）成本。

下面按照标准产品产量比例分配类内各种产品的加工成本，如表 11-4 所示，以验证用系数分配法分配加工成本的正确性。

表 11-4　类内各种产成品加工成本计算表

产品类别：甲类　　　　　　　　　　　　　20××年××月　　　　　　　　　　　　金额单位：元

产品名称	产量件	工时定额（小时/件）	系数	总系数（标准产品数）	直接人工（分配率：1 800*）	制造费用（分配率：1 000*）
A产成品	100	100	1	100	180 000	100 000
B产成品	60	60	0.6	36	64 800	36 000
C产成品	70	50	0.5	35	63 000	35 000
D产成品	50	80	0.8	40	72 000	40 000
E产成品	40	106	1.06	42.4	76 320	42 400
合计	—	—	—	253.4	456 120	253 400

注：*直接人工分配率=$\frac{456120}{253.4}$=1 800（表示单位标准产品的直接人工成本），制造费用分配率=$\frac{253 400}{253.4}$=1 000（表示单位标准产品的制造费用成本）。

在表 11-4 中，总系数 253.4 表示类内全部完工产品的直接人工（或制造费用）成本等于 253.4 件完工标准产成品（A产成品）的直接人工（或制造费用）成本。

在表 11-4 中，A、B、C、D、E 五种产品的完工产品成本中的直接人工和制造费用成本的计算结果与表 11-3 的完全一致。

知识点小结

分类法下产品成本计算的基本程序可归纳为：①合理确定产品类别，按产品类别开设产品成本明细账；②在开设的产品成本明细账内，按照规定的成本项目汇集生产耗费，计算类内完工产品和在产品的总成本；③采用适当的方法计算类内各种产成品按成本项目列示的成本和总成本。

三、分类法的适用范围和优缺点

（一）分类法的适用范围

1. 产品品种繁多

凡是产品的品种繁多，而且可以按照前述要求将产品划分为若干类别的企业或车间，均可采用分类法计算产品成本。分类法与产品生产的类型没有直接联系，因而可以在各种类型的生产中应用。例如，食品工业企业的各种糖果、饼干、面包的生产，针织工业企业各种不同种类和规格的针织品的生产，制鞋企业各种不同种类（如塑料鞋类、皮鞋类、布鞋类）和不同规格的鞋的生产，照明工业企业不同类别和功率灯泡的生产，无线电元件工业企业各种不同类别和规格的无线电元件的生产，以及钢铁工业企业各种牌号和规格的生铁、钢锭和钢材的生产等。企业的生产类型虽然不同，但都可以采用分类法计算产品成本。

2. 联产品

有一些工业企业，特别是化工企业，在生产过程中对同一原料进行加工，可以生产出几种主要产品，例如原油经过提炼，可以炼出各种汽油、煤油和柴油等产品，这些产品称为联产品。联产品所用的原料和工艺过程相同，因而适合并且能够归为一类，可采用分类法计算产品成本。对于一般的可以分类的产品，企业可以采用，也可以不采用分类法计算产品成本。采用这种方法只是为了简化各种产品成本的计算工作，例如制鞋企业生产的各种皮鞋，品种规格繁多，采用分类法只需要开设皮鞋类一种产品成本明细账即可。但对于联产品来说，由于其生产耗费都是间接计入耗费，各种产品的各项耗费都必须通过间接分配的方法分配确定，因而必须采用分类法计算各种产品的成本。

3. 副产品

有一些工业企业，除了生产主要产品以外，还可能生产一些零星产品，例如为协作企业生产少量的零部件，或者自制少量材料和工具等。这些零星产品，虽然内部结构、所耗原材料和工艺过程不一定完全相近，但是它们的品种、规格多，而且数量少，成本比重小。为了简化成本计算工作，这些零星产品也可以归为几类，采用分类法计算成本。

4. 等级产品

有一些工业企业，特别是轻工业企业，有时可能生产出品种相同但质量不同的产品。如果这些产品的结构、所用的原材料和工艺过程完全相同，产品质量上的差别是工人操作而造成的，这些产品称为等级产品。不同等级产品的单位成本，应该是相同的，因而不能将分类法的原理应用到这些产品的成本计算中去。次级产品由于售价较低发生的损失，正好能说明企业在提高产品质量上还存在着需要改进的空间。如果不同质量的产品，是由于内部结构、所用原材料的质量或工艺技术上的要求不同而产生的，那么这些产品应是同一品种但不同规格的产品，也可以归为一类，采用分类法计算成本。

（二）分类法的优缺点

1. 分类法的优点

采用分类法计算产品成本，每类产品内各种产品的生产耗费，不论是间接计入耗费还是直接计入耗费，都采用分配方法分配计算，因而领料凭证、工时记录和各种费用分配表都可以按照产品类别填列，产品成本明细账也可以按照产品类别设立，从而简化了成本计算工作；而且这种情况下登记的产品成本明细账，还能够在产品品种、规格繁多的情况下，分类提供有关产品成本水平的资料。

2. 分类法的缺点

分类法下，由于同类产品内各种产品的成本都是按照一定比例分配计算的，计算结果就有一定的假定性。因此，适当确定产品的分类和分配标准（或系数），是采用分类法时做到既简化成本计算工作，又使成本计算相对正确的关键。在进行产品分类时，类距既不宜定得过小，使成本计算工作复杂；也不能定得过大，否则会使品种、规格相差较大的产品成本相同，影响成本计算的准确性。在分配标准的选定上，要选择与成本水平高低有密切联系的分配标准分配费用。当产品结构、所用原材料或工艺过程发生较大变动时，应该修订分配系数或考虑另选分配标准，以提高成本计算的准确性。

第二节 联产品、副产品、等级产品的成本计算

联产品、副产品、等级品的成本计算，也属于采用分类法计算产品成本的范畴，因其内容较多，所以单列一节介绍。

一、联产品成本的计算

（一）联产品的含义

联产品是指使用同种原料，经过同一加工过程，同时生产出的具有同等地位的不同用途的主要产品。例如，炼油厂用原油经过同一生产过程加工提炼出汽油、煤油、柴油等产品；奶制品厂可同时生产出牛奶、奶油等产品。联产品所经过的同一加工过程，称为联产过程；在联产过程中所发生的成本，称为联合成本。

（二）联产品的成本计算

联产品的成本计算一般有两种情况，如图 11-1 所示。

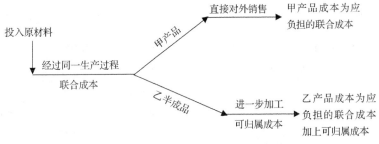

图 11-1　联产品的成本计算情况

如果有些联产品经过联产过程后即可出售，某种联产品应分摊的联合成本就是该种联产品的全部成本；如果有些联产品在经过联产过程分离出来后还需要进一步加工后才能出售，这些联产品的成本是分离前的成本（应分摊的联合成本）加上分离后的加工成本（可归属成本）。

在联产品的成本计算中，采用分类法计算和分配联合成本，以各种联产品为一类，归集联合成本，并采用适当的方法将联合成本在各种联产品之间进行分配，计算各种联产品应分摊的联合成本；对于分离后还需要进一步加工的联产品，还需要采用适当的方法分配计算其由于继续加工而应负担的成本，从而计算其全部成本。在分配联合成本时，可以按各种联产品的产量比例、售价比例或定额成本比例等进行分配，也可以将这些分配标准预先折算为系数，再按系数进行分配。

例 11-2

某化工厂用某种原料，经过同一工艺过程同时生产出甲、乙、丙三种联产品，三种联产品均可直接对外销售。20××年11月完工产品产量分别为2 500千克、1 000千克、1 500千克；均无期初、期末在产品；本月生产这些联产品的联合成本分别为：原材料300 000元，直接人工180 000元，制造费用60 000元。三种联产品每千克售价分别为300元、240元、260元。

（1）根据以上资料，采用产量比例分配法计算甲、乙、丙三种联产品的成本，如表11-5所示。

表 11-5　联产品成本计算表（产量比例分配法）

20××年11月　　　　　　　　　　　　　　金额单位：元

产品	产量（千克）	直接材料		直接人工		制造费用		合计
		分配率	分配额	分配率	分配额	分配率	分配额	
甲	2 500		150 000		90 000		30 000	270 000
乙	1 000		60 000		36 000		12 000	108 000
丙	1 500		90 000		54 000		18 000	162 000
合计	5 000	60	300 000	36	180 000	12	60 000	540 000
（本行为表外附注）	第一步，计算直接材料分配率。$\dfrac{300\,000}{5\,000}=60$ 第二步，计算各产品分配额。各产品产量×60			第一步，计算直接人工分配率。$\dfrac{180\,000}{5\,000}=36$ 第二步，计算各产品分配额。各产品产量×36		第一步，计算制造费用分配率。$\dfrac{60\,000}{5\,000}=12$ 第二步,计算各产品分配额。各产品产量×12		各产品产量比例为50%、20%、30%，与成本比例一致

（2）根据以上资料，采用售价比例分配法计算甲、乙、丙三种联产品的成本，如表11-6所示。

表 11-6　联产品成本计算表（售价比例分配法）

20××年11月　　　　　　　　　　　　　　金额单位：元

产品	总售价（单价×产量）	直接材料		直接人工		制造费用		合计
		分配率	分配额	分配率	分配额	分配率	分配额	
甲	750 000		163 043.25		97 826.25		32 608.50	293 478
乙	240 000		52 173.84		31 304.40		10 434.72	93 912.96
丙	390 000		84 782.91*		50 869.35*		16 956.78*	152 609.04
合计	1 380 000	0.217 391	300 000	0.130 435	180 000	0.043 478	60 000	540 000
表外附注	第一步，计算直接材料分配率。$\dfrac{300\,000}{1380\,000}=0.217\,391$ 第二步，计算各产品分配额。各产品总售价×0.217 391			第一步，计算直接人工分配率。$\dfrac{180\,000}{1380\,000}=0.130\,435$ 第二步，计算各产品分配额。各产品总售价×0.130 435		第一步，计算制造费用分配率。$\dfrac{60\,000}{1380\,000}=0.043\,478$ 第二步，计算各产品分配额。各产品总售价×0.043 478		各产品总售价比例与成本比例一致

注：*为了消除四舍五入近似计算的尾差，84 782.91、50 869.35、16 956.78为倒挤数。

例 11-3

某厂用某种原料，经过同一工艺过程同时生产出甲、乙、丙三种联产品，三种联产品均可直接对外销售。本月完工产品产量分别为600件、200件、400件，均无期初、期末在产品；企业采用系数法分配联合成本，以甲产品为标准产品，以售价作为折算标准。联产品丙作为本企业的自制半成品，除了可以直接对外销售外，还可以继续加工成为A产品。丙自制半成品的收发通过自制半成品库进行，采用综合结转法计算其成本，丙自制半成品发出存货成本按全月一次加权平均法计价。本月生产的这些联产品的联合成本各成本项目分别为：直接材料200 000元，直接人工120 000元，制造费用80 000元。三种联产品每千克售价分别为400元、200元、100元。A产品11月初、11月末在产品定额成本见表11-10。本月将丙自制半成品继续加工成为A产品，领用丙自制半成品300件，另发生的可归属成本为直接人工成本12 200元，制造费用3 600元。

要求：根据以上资料，做相关账务处理。

（1）将甲、乙、丙三种联产品的实际产量按照折算系数折算为标准产品产量。其折算过程和结果如表11-7所示。

表11-7 折算系数和标准产品产量计算表

产品类别：某类联产品   20××年11月

产品名称	产量（件）	单位售价（元）	折算系数	标准产品产量（件）
甲产品	600	400	1	600
乙产品	200	200	0.5	100
丙产品	400	100	0.25	100
合计				800
表外附注			200÷400=0.50 100÷400=0.25	200×0.5=100 400×0 25=100

（2）将联合成本在甲、乙、丙三种联产品之间进行分配，如表11-8所示，并编制有关会计分录。

表11-8 联合成本分配计算表

20××年11月   金额单位：元

产品名称	标准产品产量（件）	直接材料		直接人工		制造费用		合计
		分配率	分配额	分配率	分配额	分配率	分配额	
甲产品	600		150 000		90 000		60 000	300 000
乙产品	100		25 000		15 000		10 000	50 000
丙产品	100		25 000		15 000		10 000	50 000
合计	800	250①	200 000	150②	120 000	100③	80 000	400 000

注：①200 000÷800=250（元/件）。

②120 000÷800=150（元/件）。

③80 000÷800=100（元/件）。

各产品各成本项目分配额等于该产品该成本项目分配率与该产品标准产品产量之乘积。

根据产品验收入库单和表11-8，编制会计分录如下。

借：库存商品——甲产品　　　　　　　　　　　　　　　　　　300 000

　　　　　　——乙产品　　　　　　　　　　　　　　　　　　 50 000

　　自制半成品——丙成品　　　　　　　　　　　　　　　　　 50 000

　　贷：基本生产成本——某类联产品　　　　　　　　　　　　400 000

（3）根据丙自制半成品入库单和将丙自制半成品继续加工为A产品的领用单，登记丙自制半成品明细账（假设丙自制半成品上月末结存50件，实际成本6 700元），如表11-9所示。

表 11-9　自制半成品明细账

半成品名称：丙半成品　　　　　　　　　　　数量单位：件　　　　　　　　　　　　　　　金额单位：元

月份	月初余额		本月增加		本月累计		本月减少	
	数量	实际成本	数量	实际成本	数量	实际成本	数量	实际成本
11	50	6 700	400	50 000	450	56 700	300	37 800
12	150	18 900						

丙自制半成品 11 月全月一次加权平均单位成本 $= \dfrac{56\,700}{450} = 126$（元/件）

本月减少=126×300=37 800（元）

根据生产 A 产品耗用的丙自制半成品领用单，编制会计分录如下。

借：基本生产成本——A 产品（直接材料）　　　　　　　37 800

　　贷：自制半成品——丙半成品　　　　　　　　　　　　　　37 800

根据以上有关假设结果登记 A 产品成本明细账，如表 11-10 所示。

表 11-10　产品成本明细账

产品名称：A 产品　　　　　　　　　　　　　　　　　　　　　　　　　　　　　　金额单位：元

月	日	摘要	产量（件）	直接材料	直接人工	制造费用	成本合计
10	31	在产品成本（定额成本）		10 000	6 000	2 000	18 000
11	30	本月生产成本		37 800	12 200	3 600	53 600
11	30	生产成本累计		47 800	18 200	5 600	71 600
11	30	完工转出产品成本	420	38 800	13 200	3 900	55 900
11	30	单位成本		92.38	31.43	9.29	133.10
11	30	在产品成本（定额成本）		9 000	5 000	1 700	15 700

根据 A 产品验收入库单，编制会计分录如下。

借：库存商品——A 产品　　　　　　　　　　　　　　　55 900

　　贷：基本生产成本——A 产品　　　　　　　　　　　　　　55 900

二、副产品成本的计算

（一）副产品成本概述

有一些工业企业在主要产品的生产过程中，还会附带生产出一些非主要产品，这些非主要产品称为副产品。例如炼铁生产中产生的高炉煤气，提炼原油过程中产生的渣油、石油焦，制皂生产中产生的甘油等。如果副产品的比重较大，为了正确计算主、副产品的成本，应该将主、副产品视同联产品，采用分类法计算成本。如果副产品的比重不大，为了简化成本计算工作，可以采用与分类法相类似的方法计算成本，即将副产品与主产品合为一类设立产品成本明细账，归集费用，计算成本；然后将副产品按照一定的方法计价，从总成本中扣除，以扣除后的成本作为主产品的成本。

对副产品合理计价，是正确计算主、副产品的成本的关键。副产品计价既不能过高，以免把主产品的超支转嫁到副产品上；也不能过低，以免把销售副产品的亏损转嫁到主产品上。如果副产品的售价不能抵偿其销售费用，则副产品不应计价，也就是说不从主产品成本中扣除副产品价值。

（二）副产品的成本计算

副产品的计价（副产品的成本计算）通常有以下几种情况。

1. 与主产品分离后不再加工且与主产品相比价值甚微的副产品的计价

这种情况下的副产品可不负担分离前的联合成本，其销售收入可直接作为其他业务收入处理。

2. 与主产品分离后不再加工但价值较高的副产品的计价

这种情况下的副产品一般以其销售价格作为计价的依据，通常按售价减去销售费用、销售税金和按正常利润率计算的销售利润后的余额计价，从联合成本中扣除。这种情况下的副产品的成本可以全部从材料成本项目中扣除，也可以按比例从各成本项目中扣除。

3. 分离后仍需进一步加工才能出售的副产品的计价

（1）如果价值较小，可考虑只负担可归属成本。

（2）如果价值较高，则需同时负担可归属成本和分离前的联合成本，以保证主要产品成本计算的合理性。

 例 11-4

某厂在生产甲产品（主产品）的过程中，附带生产出副产品乙和副产品丙。20××年5月，甲、乙、丙产品产量分别为1 000千克、400千克、200千克；乙、丙产品的销售单价（不含税）分别为每千克80元、50元；乙、丙产品的正常销售利润率为10%。本月为生产该类产品所发生的耗费参见表11-11内容前三行。

根据以上资料，计算甲、乙、丙三种产品的总成本和单位成本。

甲、乙、丙三种产品的总成本和单位成本的计算如表11-11所示。

表11-11　主产品甲、副产品乙和丙成本计算表

单位：元

项目		直接材料	直接人工	制造费用	成本合计
总成本	月初在产品成本	50 000	30 000	20 000	100 000
	本月生产成本	200 000	120 000	80 000	400 000
	生产成本累计	250 000	150 000	100 000	500 000
	成本项目比重	50%	30%	20%	100%
乙产品	总成本	14 400[②]	8 640[③]	5 760[④]	28 800[①]
	单位成本	36	21.6	14.4	72
丙产品	总成本	4 500[⑥]	2 700[⑦]	1 800[⑧]	9 000[⑤]
	单位成本	22.5	13.5	9	45
甲产品	总成本	231 100	138 660	92 440	462 200
	单位成本	231.10	138.66	92.44	462.20

注：乙或丙产品总成本"成本合计"金额=该产品销售单价（不含税）×该产品产量×（1-10%）；乙或丙产品总成本各成本项目金额=该产品总成本"成本合计"金额×相应的成本项目比重；甲产品总成本各栏目金额=生产成本累计各栏目金额-乙产品总成本对应栏目金额-丙产品总成本对应栏目金额。

①80×400×（1-10%）=28 800（元）。

②28 800×50%=14 400（元）。

③28 800×30%=8 640（元）。

④28 800×20%=5 760（元）。

⑤50×200×（1-10%）=9 000（元）。

⑥9 000×50%=4 500（元）。

⑦9 000×30%=2 700（元）。

⑧9 000×20%=1 800（元）。

 例 11-5

某工业企业在甲产品（主产品）的生产过程中，会附带生产出可以加工成为 A 产品的原料（副产品）。甲产品的生产和 A 产品的加工，都在同一个车间内进行，都不分生产步骤计算成本。A 产品的原料按计划单价每千克 5 元计价，从甲产品的原材料成本中扣减。甲产品、A 产品的在产品均按所耗直接材料的定额成本计价。该企业20××年 11 月产成品的产量分别为：甲产品 10 000 千克，A 产品 890 千克；在甲产品的生产过程中产出 A 产品的原料 900 千克，全部被当月 A 产品耗用（耗用原料 900 千克，生产出产品 890 千克，是由于生产过程中发生了正常损耗 10 千克）。

根据各种耗费分配表、月初和月末在产品的定额直接材料成本，以及产成品交库单等有关资料，分别登记甲产品、A 产品的产品成本明细账，分别如表 11-12 和表 11-13 所示。

表 11-12 产品成本明细账

产品名称：甲产品 金额单位：元

月	日	摘要	产量（千克）	直接材料	直接人工	制造费用	成本合计
10	31	在产品成本（定额成本）		50 000			50 000
11	30	本月生产成本		200 000	84 150	44 550	328 700
11	30	减：副产品（A 产品原料）		4 500			4 500
11	30	生产费用累计		245 500	84 150	44 550	374 200
11	30	本月产成品成本	10 000	199 500	84 150	44 550	328 200
11	30	产成品单位成本		19.95	8.42	4.46	32.82
11	30	在产品成本（定额成本）		46 000			46 000

在甲产品成本明细账中，本月生产成本为主产品和副产品分离前共同发生的耗费。其中原材料耗费为直接计入耗费，根据领退料凭证并按照材料类别和用途汇总编制的材料耗费分配表（本例略）登记；直接人工和制造费用，根据应付职工薪酬耗费和制造费用分配表（见表 11-14）登记。应扣减副产品原料价值 4 500（5×900）元，根据副产品成本的结转凭证登记。生产成本累计数减去月末在产品定额成本，即主产品甲产品的产成品成本。由于在产品定额成本只算原材料成本，在产品原料成本差异和其他各项耗费均由产成品成本负担。

表 11-13 产品成本明细账

产品名称：A产品 金额单位：元

月	日	摘要	产量（千克）	直接材料	直接人工	制造费用	成本合计
10	31	在产品成本（定额成本）		500			500
11	30	本月生产成本		4 500	850	450	5 800
11	30	生产成本累计		5 000	850	450	6 300
11	30	本月产成品成本	890	4 610	850	450	5 910
11	30	产成品单位成本		5.18	0.96	0.51	6.64
11	30	在产品成本（定额成本）		390			390

在 A 产品成本明细账中，本月生产成本为本月副产品与主产品分离以后为加工 A 产品所发生的耗费。其中，直接材料成本应根据副产品成本的结转凭证登记；直接人工和制造费用，应根据

应付职工薪酬耗费和制造费用分配表（见表 11-14）登记。生产成本累计数减去按定额原料成本计算的在产品成本，即副产品分离后加工制成的 A 产品成本。

表 11-14　应付职工薪酬耗费和制造费用分配表

20××年 11 月 30 日　　　　　　　　　　　　　　　　　　金额单位：元

项目	生产工时（小时）	直接人工	制造费用
本月发生额	5 000	85 000	45 000
加工成本分配率		17	9
甲产品（主产品）	4 950	84 150	44 550
A 产品（副产品）	50	850	450
合计	5 000	85 000	45 000

在表 11-14 中，生产工时发生额应根据生产工时记录填列；直接人工和制造费用的发生额，为主、副产品分离前发生的加工成本和对副产品进一步加工发生的加工成本，企业规定在甲产品、A 两种产品之间按照生产工时比例进行分配。前列两种产品成本明细账中本月各该成本，就是根据应付职工薪酬耗费和制造费用分配表登记的。

有一些工业企业在生产过程中会产生一些废气、废液和废料（"三废"），对"三废"的综合利用，是随着生产的发展和科学技术的进步而不断发展的。"三废"一经利用也就成了副产品，也应该按照副产品的成本计算方法计算成本。

4. 副产品按计划单位成本计价

工业企业如果加工处理副产品所需时间不长，加工耗费不大，为了简化成本计算工作，也可按计划单位成本计价而不计算副产品的实际成本。这样，从主、副产品的生产成本总额中扣除按计划单位成本计算的副产品成本以后的余额，即主产品的成本。在这种情况下，主、副产品（不论分离前还是分离后）的领退料凭证、工时记录和产品成本明细账，都可以作为主产品的凭证和明细账而合并填列和设立。

例 11-6

沿用【例 11-5】资料，假定副产品的加工处理时间不长，加工耗费不大，副产品按计划单位成本计价。其计划单位成本为：直接材料 5 元，直接人工 1 元，制造费用 0.5 元，合计 6.5 元。现列示副产品计价过程如下。

甲产品的成本明细账如表 11-15 所示。

表 11-15　产品成本明细账

产品名称：主产品（甲产品）　　　　　　　　　　　　　　　　　　金额单位：元

月	日	摘要	产量（千克）	直接材料	直接人工	制造费用	成本合计
10	31	在产品成本（定额成本）		50 000			50 000
11	30	本月生产成本		200 000	85 000	45 000	330 000
11	30	主、副产品生产成本累计		250 000	85 000	45 000	380 000
11	30	减：A 副产品计划成本	890	4 450	890	445	5 785
11	30	主产品生产成本累计（①）		245 550	84 110	44 555	374 215

月	日	摘要	产量（千克）	直接材料	直接人工	制造费用	成本合计
11	30	本月产成品成本（②＝①-③）	10 000	199 550	84 110	44 555	328 215
11	30	产成品单位成本		19.96	8.41	4.46	32.83
11	30	在产品成本（定额成本）（③）		46 000			46 000

副产品按计划单位成本计价，其产品成本明细账的特点如下。

（1）表 11-15 所示的产品成本明细账实际上是甲产品、A 产品两种产品合并设立的产品成本明细账。其中，本月直接人工和制造费用成本，是甲产品、A 产品两种产品各该成本之和；本月直接材料成本就是甲产品本月发生的直接材料成本，不应再加上 A 产品的直接材料成本，因为 A 产品的直接材料成本就是从甲产品的直接材料成本中转入的。

（2）表 11-15 所示的主产品（甲产品）的生产成本累计数，等于甲产品、A 产品生产成本的累计数减去按计划单位成本计算的副产品（A 产品）成本（A 产品产量 890 件与各项计划单位成本的乘积）。

（3）用主产品（甲产品）的生产成本累计数，减去按定额成本计算的甲产品月末在产品成本，即本月甲产品的产成品成本。

（4）主产品和副产品的月初、月末在产品通常均只计算直接材料的定额成本。

从本例可以看出，只要副产品的计划单位成本比较准确，按上述计算方法计算出的甲产品单位成本，与前述副产品分离后计算出的甲产品实际单位成本进行比较，两者差额很小，采用上述简化的计算方法对主产品成本准确性的影响不大。

有一些工业企业，除了生产主要产品以外，有时还为其他企业提供少量加工、修理等作业。如果这些作业成本的比重很小，为了简化成本计算工作，也可以比照副产品的成本计算方法，与主要产品合为一类归集耗费，然后将这些作业按照固定价格或计划单位成本计价，从总的生产成本中扣除，以其余额作为主要产品成本。

同理，工业企业的基本生产车间（例如机械厂的机械加工车间），除了生产主要产品以外，如果还为本企业的其他车间和部门提供少量的加工和修理作业，这些作业可以按照计划单位成本计价结算，不必计算和调整成本差异。也就是说，这些作业和主要产品也可以合并设立产品成本明细账，归集生产耗费，然后从中转出按计划单位成本计算的作业成本。这些作业的实际成本与计划成本的差异由基本生产的主要产品成本负担。这样做，不仅可以简化成本计算工作，而且还便于受益车间的成本考核和分析。

三、等级产品成本的计算

等级产品是指使用同种原材料，经过相同加工过程生产出来的品种相同但质量不同的产品。等级产品和废品是两个不同的概念，等级产品是合格品，而废品是不合格品。等级产品产生的原因通常有以下两种：一是工人操作不当、技术水平达不到要求、生产管理不善；二是所用材料质量不同，工艺技术要求不同。对于第一种原因形成的等级产品，不同等级产品的成本应相同，次级产品由于售价较低而减少利润或形成亏损，说明企业生产经营管理上存在缺陷，企业应找出存在的问题，改善管理，从而提高产品质量。对于第二种原因形成的等级产品，如果各等级品售价相差较大，可按单位售价的比例定出系数，按系数比例分配各等级产品应分摊的联合成本。下面所说的等级产品的成本计算，就是针对后一种情况的等级产品而言的。

 例 11-7

某工业企业由于所用原材料原因，生产出一等品、二等品、三等品三种不同等级的产品，联合成本为 200 000 元；以售价作为分配标准，以一等品作为标准产品。有关资料及成本计算如表 11-16 所示。

表 11-16　等级产品成本计算表

金额单位：元

等级产品	产量（套）	单价	系数	标准产品产量（总系数）	分配率	总成本	单位成本
	①	②	③	④=①×③	⑤=∑⑥÷∑④	⑥=⑤×④	⑦=⑥÷①
一等品	5 000	500	1	5 000		134 408.50	26.88
二等品	3 000	300	0.6	1 800		48 387.06	16.13
三等品	2 000	160	0.32	640		17 204.44	8.60
合计	10 000	—	—	7 440	26.8817	200 000	—

根据三个等级产品的入库单，编制会计分录如下。

借：库存商品——某产品——一等品　　　　　　　　　134 408.50
　　　　　　　　　　——二等品　　　　　　　　　48 387.06
　　　　　　　　　　——三等品　　　　　　　　　17 204.44
　　贷：基本生产成本——某产品　　　　　　　　　200 000

第三节　产品成本计算的定额法

一、定额法概述

在前面介绍的成本计算方法——品种法、分批法、分步法和分类法下，生产成本的日常核算，都是按照生产成本的实际发生额进行的；产品的实际成本也都是根据实际生产耗费计算的。这样，生产耗费和产品成本脱离定额的差异及其发生的原因，只有在月末时对比、分析实际资料与定额资料，才能得到反映，而不能在耗费发生的当时就得到反映。这种情况下，不利于企业加强定额管理，不利于企业及时对产品成本进行控制，不能有效地发挥成本核算对节约生产耗费、降低产品成本的作用。

（一）定额法的概念

产品成本计算的定额法，又称定额成本法，就是为了及时地反映和监督生产耗费和产品成本脱离定额的差异，将产品成本的计划、控制、核算和分析结合起来，以实施成本控制、加强成本管理而采用的一种成本计算方法。

（二）定额法的特点

定额法针对前述各种方法的缺点，做了改进，其特点如下。

（1）将事前制定的产品消耗定额、耗费定额和定额成本作为降低成本的目标。

（2）在生产耗费发生的当时，就将符合定额的耗费和发生的差异分别核算，以加强对成本差异的日常核算、分析和控制。

（3）月末，在定额成本的基础上加减各种成本差异，计算产品的实际成本，为成本的定期考核和分析提供数据。

因此，定额法不仅是一种产品成本计算的方法，还是一种对产品成本进行直接控制、管理的方法。

二、定额法的计算程序

（一）定额成本的计算

1. 定额成本的概念

采用定额法，必须先制定单位产品的原材料、动力、工时等消耗定额，并根据各项消耗定额和原材料的计划单价、计划直接人工耗费率（计划每小时直接人工成本）或计件工资单价、制造费用率（计划每小时制造费用）等资料，计算产品的各项耗费定额和产品的单位定额成本。产品定额成本的制定过程，也是对产品成本进行事前控制的过程。产品的消耗定额、耗费定额和定额成本确定以后，它们既是对生产耗费进行事中控制的依据，也是月末计算产品实际成本的基础，还是进行产品成本事后分析和考核的标准。

2. 定额成本与计划成本的异同

产品的定额成本与计划成本既有不同之处，也有相同之处。

两者的相同之处是：它们都是以产品生产耗费的消耗定额和计划价格为依据确定的目标成本。其计算公式如下。

$$产品原材料消耗定额 \times 原材料计划单价 = 原材料耗费定额 \qquad （式11-1）$$

$$产品生产工时定额 \times 直接人工计划单价 = 直接人工耗费定额 \qquad （式11-2）$$

$$产品生产工时定额 \times 计划制造费用率（制造费用计划单价）= 制造费用定额 \qquad （式11-3）$$

直接人工和制造费用，通常按生产工时比例分配计入产品成本，因而其计划单价通常是计划的每小时各项耗费额。上述各项耗费定额的合计数，就是单位产品的定额成本或计划成本。

定额成本和计划成本的制定过程，都是对产品成本进行事前反映和监督，实行事前控制的过程。

两者不同之处是：计算计划成本的消耗定额是计划期（一般为一年）内平均消耗定额，也称计划定额，在计划期内通常不变；而计算定额成本的消耗定额则是现行定额，是企业在当时的生产技术条件下，在各项消耗上应达到的标准，它应随着生产技术的进步和劳动生产率的提高不断修订。计算计划成本的原材料等的计划单价，在计划期内通常也是不变的；而计算定额成本的直接人工和制造费用的计划单价，则可能变动。因此，计划成本在计划期内通常是不变的，定额成本在计划期内则是可能变动的。由此可见，制定定额成本，能够使企业的成本控制和考核更加有效，更加符合实际，从而保证成本计划的完成。

3. 产品定额成本的计算

不同的工业企业由于产品的生产工艺过程不同，产品定额成本的计算程序不尽相同。现以机械工业企业的产品为例，说明定额成本的计算程序。

机械产品由其零件和部件组成，产品的定额成本一般由企业的计划、技术、会计等部门共同制定。如果产品的零、部件不多，一般先计算零件定额成本，再汇总计算部件和产成品的定额成本。零、部件定额成本还可以作为在产品和报废零、部件计价的根据。如果产品的零、部件较多，为了简化成本计算工作，也可以不计算零件定额成本，而根据列有零件的原材料消耗定额、工序计划和工时消耗定额的零件定额卡，以及原材料计划单价、计划直接人工耗费率和计划制造费用耗费率等，计算部件定额成本，然后汇总计算产成品定额成本；或者根据零、部件的定额卡和原材料计划单价、计划直接人工耗费率和计划制造费用耗费率等，直接计算产成品定额成本。在不计算零、部件定额成本的情况下，在产品和报废零、部件的计价，就要根据零、部件定额卡和原材料计划单价、计划直接人工耗费率和计划制造费用耗费率等临时计算。

为了便于进行成本分析和考核，定额成本包括的成本项目和采用的成本计算方法，应该与编制计划成本、计算实际成本时所采用的成本项目和成本计算方法一致。

假定某种产品的零、部件较多，直接根据零件定额卡计算部件定额成本，然后汇总计算产成品定额成本。零件定额卡和部件定额成本计算表的格式分别如表 11-17 和表 11-18 所示，产品定额成本计算表如表 11-19 所示。

表 11-17　零件定额卡

零件编号或名称：8101　　　　　　　　20××年××月

材料编号或名称	计量单位	材料消耗定额
46225	千克	6.70
工序	工时定额（小时）	累计工时定额（小时）
1	1.50	1.50
2	1	2.50
3	2.50	5
4	2	7
5	3	10

8102 号零件：46306 材料消耗定额为 1.84 千克；累计工时定额为 15 小时（零件定额卡从略）；将零件装配成 8100 部件的累计工时定额为 3 小时。

表 11-18　部件定额成本计算表

部件编号或名称：8100　　　　　　　　20××年××月　　　　　　　　金额单位：元

所用零件	所用零件数量	部件材料耗费定额							部件工时定额
		46225			46306			金额合计	
		消耗定额	计划单价	金额	消耗定额	计划单价	金额		
8101	2	13.40	4.80	64.32				64.32	20
8102	5				9.20	7.30	67.16	67.16	15
装配									3
合计				64.32			67.16	131.48	38

定额成本项目					定额成本合计
直接材料	直接人工		制造费用		
	每小时定额	金额	每小时定额	金额	
131.48	22.10	839.80	8.50	323	1 294.28

在表 11-18 部件定额成本计算表中，部件的材料消耗定额和工时定额，按零件定额卡中所列每一零件的材料消耗定额和工时定额，分别乘以部件所用零件的数量计算。例如，6.70×2=13.40（千克），13.40×4.80=64.32（元），10×2=20（小时）等。部件的直接人工和制造费用定额按部件的工时定额，分别乘以每小时直接人工定额和每小时制造费用定额计算。例如，38×22.10=839.80（元）等。

表 11-19　产品定额成本计算表

产品编号：8000　　　　　　　　产品名称：E产品　　　　　20××年××月　　　　金额单位：元

项目	所用部件数量	直接材料耗费定额		工时定额	
		部件	产品	部件	产品
8100	3	131.48	394.44	38	114
8200*	2	286.22	572.44	27	54
装配					11
合计			966.88		179

产品定额成本项目						产品定额成本合计
直接材料	直接人工		制造费用			
	每小时定额	金额	每小时定额	金额		
966.88	22.10	3 955.90	8.50	1 521.50		6 442.28

注：*8200部件定额成本计算表从略，其有关数据的计算方法与8100部件相同。

在表 11-19 产品定额成本计算表中，产品的直接材料耗费定额和工时定额，按每一部件的材料耗费定额和工时定额，分别乘以产品所用部件的数量计算。例如，131.48×3=394.44（千克），38×3=114（小时）等。产品的每小时直接人工和制造费用定额，按产品的工时定额，分别乘以每小时直接人工定额和每小时制造费用定额计算。例如，22.10×179=3 955.90（元）等。

（二）脱离定额差异的核算

脱离定额差异是指在生产过程中各项生产耗费的实际支出脱离现行定额或预算的差异。为了加强对生产耗费的日常控制，必须进行脱离定额差异的日常核算，及时分析差异发生的原因，确定相关人员的责任，并且及时地采取措施进行处理：属于实际消耗中存在的浪费和损失等问题，应制止发生或防止以后再次发生；属于定额脱离实际，应按规定调整、修订定额。这样做，就能将生产耗费控制在既先进又切实可行的定额范围之内，节约生产耗费，降低产品成本。因此，及时、正确地核算和分析生产耗费脱离定额差异，控制生产耗费支出，是定额法的重要内容。为此，企业在发生生产耗费时，应该为符合定额的耗费和脱离定额的差异，分别编制定额凭证和差异凭证，并在有关的耗费分配表和生产成本明细账（生产成本计算单）中分别予以登记。为了防止生产耗费的超支，避免浪费和损失，填制差异凭证以后，还必须按照规定办理审批手续。在有条件的企业中，也可以将脱离定额差异的日常核算同车间或班组的经济核算结合起来，依靠广大职工群众管好生产耗费。

1. 直接材料脱离定额差异的核算

在各成本项目中，直接材料耗费（包括自制半成品耗费），一般占有较大的比重，而且属于直接计入耗费，因而有必要也有可能在耗费发生的当时就按产品核算定额耗费和脱离定额差异，并以不同的凭证予以反映，以加强控制。直接材料脱离定额差异的核算方法一般有限额法、切割核算法和盘存法三种。

（1）限额法

限额法亦叫差异凭证法。为了控制材料领用，在采用定额法时，必须实行限额领料（或定额发料）制度，符合定额的原材料应根据限额领料单（或定额发料单）等定额凭证领发。如果由于增加产品产量需要增加用料，必须办理追加限额手续，然后根据定额凭证领发。由于其他情况需要超额领料或者领用代用材料，应填制专设的超额材料领料单、代用材料领料单等差异凭证，经过一定的审批手续后领发。为了减少凭证的种类，这些差异凭证也可用普通领料单代替，但应以不同的颜色或加盖专用的戳记加以区别。在差异凭证中，应该填明差异的数量、金额以及发生差异的原因。差异凭证的签发，必须经过一定的审批手续，其中采用代用材料、利用废料和材料质量低劣等原因而引起的脱离定额差异，通常由技术部门审批。对于采用代用材料和利用废料的，还应在有关的限额领料单中注明，并且从原定的限额内扣除。

在每批生产任务完成以后，应该根据车间余料编制退料单，办理退料手续。退料单也应视为差异凭证，退料单中所列的原材料数额和限额领料单中的原材料余额，都是原材料脱离定额的节约差异。

采用限额法对控制领料，促进节约用料有着重要作用。但是上述差异凭证反映的差异往往只是领料差异，不一定是用料差异，不能完全控制用料。

 **例 11-8**

某企业材料限额领料单规定的本月产品数量为 6 000 件，每件产品的原材料消耗定额为 5 千克，则领料限额为 30 000（6 000×5）千克。假定本月实际领料为 29 000 千克，领料差异为少领 1 000 千克。可能出现以下多种情况。

（1）本月投产产品数量与限额领料单规定的产品数量一致，是 6 000 件，而且车间中没有期初和期末余料，或者期初和期末余料数量相等，则少领的 1 000 千克的领料差异就是用料脱离定额的节约差异。

（2）车间该材料期初余额为 300 千克，期末余额为 500 千克。

直接材料定额消耗量=6 000×5=30 000（千克）

直接材料实际消耗量=29 000+300-500=28 800（千克）

直接材料脱离定额差异=28 800-30 000=-1 200（千克）

-1 200 千克表示节约差异 1 200 千克。

（3）本月投产产品数量为 5 800 件，本月实际领料为 29 000 千克，车间该材料期初余额为 500 千克，期末余额为 300 千克。

直接材料定额消耗量=5 800×5=29 000（千克）

直接材料实际消耗量=29 000+500-300=29 200（千克）

直接材料脱离定额差异=29 200-29 000=+200（千克）

+200 千克表示超支差异 200 千克。

还可能有其他一些情况，其分析方法同上。

由以上简例可见，只有在产品投产数量等于规定的产品数量，而且车间期初、期末都没有余料或者期初、期末余料数量相等的情况下，领料差异才是用料脱离定额差异。因此，要控制用料不超支，不仅要控制领料不超过限额，而且还要控制产品的投产数量不少于计划规定的产品数量；此外，还要注意车间期初、期末有无余料，以及期初、期末余料的数量有无变动。

（2）切割核算法

为了核算用料差异，更好地控制用料，对于经过切割（下料）后才能进一步加工的材料，例如板材、棒材等，往往需要填制材料切割核算单，通过材料切割核算单核算用料差异，控制用料。这种核算单应按切割材料的批别开立，单中填明发交切割材料的种类、数量、消耗定额和应切割成的毛坯数量；切割完毕，再填写实际切割成的毛坯数量和材料的实际消耗量。根据实际切割成的毛坯数量和消耗定额，即可求得材料定额消耗量，以此与材料实际消耗量相比较，即可确定用料脱离定额的差异。材料定额消耗量和脱离定额的差异，也应填入材料切割核算单中，并注明发生差异的原因，由主管人员签字。材料切割核算单的格式如表 11-20 所示。材料实际消耗大于材料定额消耗的差额为超支差异，超支差异用正号（+）表示；反之，为节约差异，节约差异用负号（−）表示。

表 11-20　材料切割核算单

材料编号或名称：19849　　　　　　材料计量单位：千克　　　　　　材料计划单价：10.50 元
产品名称：甲　　　　　　　　　　　零件编号或名称：8812　　　　　　图纸号：111
切割工人姓名：马××　　　　　　　机床编号：108
发交切割日期：20××年 11 月 5 日
完工日期：20××年 11 月 9 日

发料数量		退回余料数量		材料实际消耗量		废料实际回收量
400		9		391（400−9）		18
单件消耗定额		单件回收废料定额	应切割成的毛坯数量	实际切割成的毛坯数量	材料定额消耗量	废料定额回收量
10		0.2	39①	38	380（38×10）	7.6（38×0.2）
材料脱离定额差异		废料脱离定额差异			差异原因	责任者
数量	金额	数量	单价	金额	切割时不认真，增加了边角料，减少了毛坯	马××
+11②	+115.50②	−10.4③	0.50	−5.2		

注：①应切割成的毛坯数量=材料实际消耗量÷单件消耗定额=391÷10=39.1（件），只能取整数，故应切割成的毛坯数量为 39 件。

②材料脱离定额差异数量=材料实际消耗量-材料定额消耗量=391-380=11（千克）；材料脱离定额差异金额=材料脱离定额差异数量×材料计划单价=11×10.50=115.50（元）。

③废料脱离定额差异数量=废料实际回收量-废料定额回收量=18-7.6=10.4（千克），需要注意的是：回收废料超过定额的差异可以冲减材料耗费，使得超支差异减少或节约差异增加，故以负数表示（反之，少于定额的差异应以正数表示）。

在上列材料切割核算单中，退回余料是指切割后退回材料仓库的可以按照原来用途使用的材料，其数量应在计算材料实际消耗量时从发料数量中减去。回收的废料是指切割过程中产生的不能按照原来用途使用的边角料，是实际消耗材料的一部分，但退回仓库的废料价值应从材料耗费中扣减。材料定额消耗量和废料定额回收量，应按实际切割成的毛坯数量分别乘以材料消耗定额和单件回收废料定额计算。材料实际消耗量减去材料定额消耗量，即得到材料脱离定额的差异（用料差异）数量；将其乘以材料计划单价，即得到差异金额。

（3）盘存法

对于不能采用切割核算法计算的原材料，为了更好地控制用料，除了采用限额法外，还应按期（按工作班、工作日或按周、旬等）通过盘存的方法核算用料差异，即根据完工产品数量和在产品盘存（实地盘存或账面结存）数量算出投产产品数量，乘以原材料消耗定额，计算出原材料定额消耗量；根据限额领料单和超额领料单等领料凭证以及车间余料的盘存数量，计算出原材料实际消耗量；然后将原材料的实际消耗量与定额消耗量相比较，计算出原材料脱离定额差异。

应该注意的是，如果投产产品数量与完工产品数量不同，原材料的定额消耗量不应根据本期完工产品数量乘以原材料消耗定额计算，而应根据本期投产产品数量乘以原材料消耗定额计算。公式如下。

$$期初在产品数量＋本期投产产品数量＝本期完工产品数量＋期末在产品数量$$

$$\frac{本期投产}{产品数量}＝\frac{本期完工}{产品数量}＋\frac{期末在}{产品数量}－\frac{期初在}{产品数量} \qquad （式11\text{-}4）$$

$$本期完工产品数量＝本期投产产品数量＋期初在产品数量－期末在产品数量$$

从上列公式可以看出，本期完工产品所用的原材料包括期初在产品中的上期用料，但未包括期末在产品中的本期用料，因而不能根据本期完工产品数量计算本期原材料的定额消耗量。而本期投产产品所用的原材料包括期末在产品中的本期用料，但不包括期初在产品中的上期用料，因而应该作为本期原材料定额消耗量的计算依据。

$$直接材料定额消耗量＝本期投产产品数量×直接材料消耗定额 \qquad （式11\text{-}5）$$

需要注意的是，按照上列公式计算本期投产产品数量，必须具备下述条件：原材料在生产开始时一次性投入，期初和期末在产品都不再耗用原材料。如果原材料随着生产进度陆续投入，在产品还要耗用原材料，那么上列公式中的期初和期末在产品数量应改为按原材料消耗定额计算的期初和期末在产品的约当产量。

限额领料单规定的产品数量一般是1个月的产量，为了及时核算用料脱离定额差异，有效地控制用料，用料差异的核算期越短越好，应尽量按工作班或工作日进行核算。这样，差异核算期内的投产产品数量一般小于按月规定的产品数量。因此，除了经过切割才能使用的材料以外，大部分原材料应采用盘存法核算和控制用料差异。

 例 11-9

某企业生产甲产品耗用的A材料在生产开始时一次性投入。甲产品期初在产品为200件，本期完工产品为3 000件，期末在产品为180件。甲产品的原材料消耗定额为8千克/件，原材料计划单价为12元/千克。限额领料单中记录的本期已实际领料23 800千克，车间期初余料为80千克，期末余料为50千克。采用盘存法计算直接材料脱离定额差异。

本期投产产品数量=3 000+180-200=2 980（件）

直接材料定额消耗量=2 980×8=23 840（千克）

直接材料实际消耗量=23 800+80-50=23 830（千克）

直接材料脱离定额差异（数量）=23 830-23 840 = -10（千克）

直接材料脱离定额差异（金额）=-10×12= -120（元）

-120元表示节约差异120元。

不论采用哪一种方法核算原材料定额消耗量和脱离定额差异，都应分批或定期地将这些核算资料按照成本计算对象汇总，编制原材料定额成本和脱离定额差异汇总表。表中应填明该批或该种产品所耗各种原材料的定额消耗量、定额成本和脱离定额差异，并分析说明发生差异的主要原因。该汇总表，既可用来汇总反映和分析消耗定额的执行情况，又可用来代替原材料耗费分配表登记产品成本明细账，还可以报送有关方面或向职工公布，以便根据差异发生的原因采取措施，进一步挖掘减少原材料消耗的潜力。

例 11-10

某工业企业生产的丙产品 11 月直接材料定额成本和脱离定额差异汇总表如表 11-21 所示。

表 11-21　直接材料定额成本和脱离定额差异汇总表

数量单位：千克

产品名称：丙　　　　　　　　　　　　　　20××年 11 月　　　　　　　　　金额单位：元

原材料类别	材料编号	计划单价（元/千克）	定额成本		计划价格成本		脱离定额差异		差异原因
			数量	金额	数量	金额	数量	金额	
原料	1103	20	5 000	100 000	5 100	102 000	+100	+2 000	略
主要材料	2205	10	3 000	30 000	2 880	28 800	−120	−1 200	略
辅助材料	3106	5	1 000	5 000	1 060	5 300	+60	+300	略
合计				135 000		136 100		+1 100	

在表 11-21 中，原材料的计划价格成本是按原材料的实际消耗量和计划单价计算的原材料成本，因而表中原材料脱离定额差异的金额，是按原材料计划单价反映的原材料脱离定额的数量差异。表中脱离定额差异的计算公式如下。

原材料脱离定额差异＝原材料计划价格成本−原材料定额成本

以原料成本为例计算如下。

原料脱离定额差异（数量）＝5 100−5 000＝+100（千克）

原料脱离定额差异（金额）＝102 000−100 000＝+2 000（元）

领用自制半成品相当于领用原材料，因而自制半成品的定额消耗量、定额成本和脱离定额差异的计算方法，与原材料相同。

需要注意的是：表 11-21 所列原材料的定额成本、计划价格成本和脱离定额差异，都是按原材料的计划单价计算的，直接材料定额成本和脱离定额差异均没有涉及影响原材料（或半成品）的实际价格与计划价格差异形成的因素。

2. 直接人工脱离定额差异的核算

在计件工资形式下，直接人工属于直接计入耗费，其脱离定额差异的计算与原材料脱离定额差异的计算类似，凡符合定额的直接人工耗费，应该反映在产量记录中；脱离定额差异通常反映在专设的"工资补付单（职工薪酬补付单）"等差异凭证中。在直接人工耗费差异凭证中也应填明差异产生的原因，并需经过一定的审批手续审批。在计时工资形式下，直接人工属于间接计入耗费，由于实际人工成本总额需要到月末才能确定，直接人工脱离定额差异不能在平时按照产品直接计算，而只有在月末实际直接人工耗费总额确定以后才能计算。

在直接人工耗费属于直接计入耗费的情况下，某种产品的直接人工脱离定额差异按照下列公式计算。

$$\begin{matrix}某种产品直接人工\\脱离定额的差异\end{matrix} = \begin{matrix}该产品实际\\直接人工耗费\end{matrix} - \left(\begin{matrix}该产品\\实际产量\end{matrix} \times \begin{matrix}该产品直接\\人工耗费定额\end{matrix}\right) \qquad （式 11-6）$$

在直接人工耗费属于间接计入耗费的情况下，则某种产品的直接人工脱离定额差异按照下列公式计算。

$$计划单位小时直接人工耗费 = \frac{某车间计划产量的定额直接人工耗费总额}{该车间计划产量的定额生产工时总数} \quad （式\ 11\text{-}7）$$

$$实际单位小时直接人工耗费 = \frac{该车间实际直接人工耗费总额}{该车间实际生产工时总数} \quad （式\ 11\text{-}8）$$

$$\begin{array}{l}某产品的定额\\直接人工耗费\end{array} = \begin{array}{l}某产品实际产量\\的定额生产工时\end{array} \times \begin{array}{l}计划单位小时\\直接人工耗费\end{array} \quad （式\ 11\text{-}9）$$

$$\begin{array}{l}某产品的实际\\直接人工耗费\end{array} = \begin{array}{l}该产品实际产量\\的实际生产工时\end{array} \times \begin{array}{l}实际单位小时\\直接人工耗费\end{array} \quad （式\ 11\text{-}10）$$

$$\begin{array}{l}某产品直接人工\\脱离定额差异\end{array} = \begin{array}{l}该产品的实际\\直接人工耗费\end{array} - \begin{array}{l}该产品的定额\\直接人工耗费\end{array} \quad （式\ 11\text{-}11）$$

上列计算公式表明：在计时工资形式下，要降低单位产品的直接人工耗费，必须降低单位小时的直接人工耗费和单位产品的生产工时。为此，要进行以下三个方面的日常控制。①控制直接人工耗费总额不超过计划。②控制非生产工时不超过计划，即在工时总数固定的情况下充分利用工时，使生产工时总数不低于计划（例如，在生产时间尽量减少非生产活动等）。这样，如果其他条件不变，可以控制单位小时的直接人工耗费不超过计划。③控制单位产品的生产工时不超过工时定额。这样，如果单位小时直接人工耗费不变，就可以控制单位产品的直接人工耗费不超过定额。因此，在定额法下，产品计时工资耗费的日常控制，应通过计算生产工时脱离定额差异的方法，监督生产工时的利用情况和工时消耗定额的执行情况，以便促使企业降低单位产品的直接人工耗费。为此，要在日常核算中，按照产品核算定额工时、实际工时和工时脱离定额差异，及时分析发生差异的原因。

此外，无论采用哪种工资形式，都应根据核算资料，按照成本计算对象汇总编制直接人工定额成本和脱离定额差异汇总表。表中汇总反映各种产品的定额工时和职工薪酬、实际发生的工时和职工薪酬、工时和职工薪酬脱离定额的差异，及时分析产生差异的原因，用以考核和分析各种产品生产工时和职工薪酬定额的执行情况。

 例 11-11

某厂一车间生产甲、乙产品，其20××年8月直接人工定额成本和脱离定额差异汇总表如表11-22所示。

表 11-22　直接人工定额成本和脱离定额差异汇总表

车间：一车间　　　　　　　　　　　　　　　20××年8月　　　　　　　　　　　金额单位：元

产品名称	产量(件)	单位定额工时（小时/件）	定额			实际			脱离定额差异	差异原因
			工时定额（小时）	计划小时薪酬	定额薪酬	实际工时（小时）	实际小时薪酬	实际薪酬		
甲	800	10	8 000		128 000	7 200		118 800	−9 200	略
乙	600	5	3 000		48 000	2 800		46 200	−1 800	略
合计			11 000	16	176 000	10 000	16.5	165 000	−11 000	

在表 11-22 中，根据应付生产工人薪酬定额合计 176 000 元，除以工时定额合计 11 000 小时，得到计划（定额）每小时应付生产工人薪酬为 16 元。

甲产品定额薪酬=8 000×16＝128 000（元）

乙产品定额薪酬=3 000×16＝48 000（元）

实际每小时应付生产工人薪酬为 16.5 元，甲、乙产品实际薪酬的计算方法与定额薪酬的计算方法类似。

3. 制造费用脱离定额差异的计算

制造费用通常与计时工资一样，属于间接计入耗费，企业在日常核算中不能按照产品直接确定脱离定额差异，只能根据每月的耗费计划，按照耗费发生的车间、部门和制造费用的构成项目核算脱离定额差异，据以控制和监督制造费用。对于其中的材料耗费（机物料消耗），也可以根据前述限额领料单、超额领料单等定额凭证和差异凭证进行控制。对于领用生产工具、办公用品和发生的零星支出，则根据领用手册、费用定额卡等凭证进行控制。在这些凭证中，先要填明领用的计划数，然后登记实际发生数和脱离定额（或计划）差异；对于超定额领用，也要经过一定的审批手续审批。因此，制造费用差异的日常核算，通常是指脱离制造费用计划的差异核算。各种产品所应负担的定额制造费用和脱离定额差异，只有在月末时才能比照上述计时工资的计算公式确定。其有关计算公式如下。

$$计划每小时制造费用=\frac{某车间计划制造费用总额}{该车间计划产量的定额生产工时总数} \quad （式11-12）$$

$$实际每小时制造费用=\frac{某车间实际制造费用总额}{该车间各种产品实际生产工时总数} \quad （式11-13）$$

某产品实际制造费用＝该产品实际生产工时×实际每小时制造费用 （式11-14）

某产品定额制造费用＝该产品实际产量的定额生产工时×计划每小时制造费用 （式11-15）

某产品制造费用脱离定额差异＝该产品实际制造费用－该产品定额制造费用 （式11-16）

 例 11-12

沿用【例 11-11】的资料，某厂 20××年 8 月定额制造费用和脱离定额差异汇总表如表 11-23 所示。

表 11-23 定额制造费用和脱离定额差异汇总表

车间：一车间   20××年 8 月   金额单位：元

产品名称	产量（件）	单位定额工时（小时/件）	定额制造费用			实际制造费用			脱离定额差异	差异原因
			工时定额（小时）	计划小时制造费用	定额制造费用	实际工时（小时）	实际小时制造费用	实际制造费用		
甲	800	10	8 000			7 200				略
乙	600	5	3 000			2 800				略
合计			11 000	10	110 000	10 000	9.5	95 000		

在表 11-23 中，计划小时制造费用=110 000÷11 000＝10（元/小时）；实际小时制造费用＝95 000÷10 000＝9.5（元/小时）。

由此可见，要控制产品的制造费用等间接计入耗费不超过定额，不仅需要按照上述办法控制这些间接计入耗费的总额不超过计划，还需要与控制生产工人计时工资一样，控制生产工时总额不低于计划，控制单位产品的生产工时不超过定额。

由于产品定额成本中一般不包括废品损失，因而发生的废品损失，通常作为脱离定额差异处理。

在定额法下，产品的生产耗费是按照定额成本和脱离定额差异分别计算的，因此，产品实际成本的计算公式如下。

$$\begin{matrix} 产品 \\ 实际成本 \end{matrix} = \begin{matrix} 按现行定额计算 \\ 的产品定额成本 \end{matrix} \pm \begin{matrix} 脱离现行 \\ 定额差异 \end{matrix} \pm \begin{matrix} 直接材料或 \\ 半成品成本差异 \end{matrix} \qquad （式 11-17）$$

（三）直接材料成本差异的分配

采用定额法时，为了便于分析和考核产品成本，原材料的日常核算都是按计划成本计价的。正因如此，原材料的定额成本和脱离定额差异都是按原材料的计划成本计算的。前者是原材料的定额消耗量与其计划单位成本的乘积，后者是原材料消耗数量差异与其计划单位成本的乘积（量差）。两者之和，就是原材料的实际消耗数量与其计划单位成本的乘积，即原材料的计划价格耗费。前已述及：直接材料定额成本和脱离定额差异均没有涉及影响原材料（或半成品）的实际价格与计划价格差异形成的因素。因此，在月末计算产品的实际直接材料成本时，还需考虑所耗原材料应分摊的成本差异，即所耗原材料的价格差异（价差）。其计算公式如下。

$$\begin{matrix} 某产品应分配的 \\ 直接材料成本差异 \end{matrix} = \left(\begin{matrix} 该产品的直接 \\ 材料定额成本 \end{matrix} \pm \begin{matrix} 直接材料脱 \\ 离定额差异 \end{matrix} \right) \times \begin{matrix} 原材料成 \\ 本差异率 \end{matrix} \qquad （式 11-18）$$

在表 11-21 中，假定材料核算人员提供的原料、主要材料、辅助材料的成本差异率分别为-1%、+0.5%、+1%。

丙产品应分配的原材料成本差异＝102 000×（－1%）+28 800×0.5%+ 5 300×1%＝－823（元）。

在实际工作中，原材料成本差异的分配计算，应该通过编制材料成本差异分配表进行。在定额法下，各种产品应分配的材料成本差异，一般均由完工产品负担，月末在产品不再负担。

如果产品的生产是多步骤生产，而且要求逐步结转半成品成本，半成品的日常核算也应按照计划成本或定额成本计价。在月末计算产品实际成本时，也应比照原材料成本差异的分配方法，分配计算产品所耗半成品的成本差异。

在定额法下，产品的生产耗费是按照定额成本和脱离定额差异分别计算的，因此，产品实际成本的计算公式如下。

$$\begin{matrix} 产品 \\ 实际成本 \end{matrix} = \begin{matrix} 按现行定额计算 \\ 的产品定额成本 \end{matrix} \pm \begin{matrix} 脱离现行 \\ 定额差异 \end{matrix} \pm \begin{matrix} 直接材料或 \\ 半成品成本差异 \end{matrix} \qquad （式 11-19）$$

采用定额法计算产品成本时，为了便于考核和分析各生产步骤的产品成本，简化成本计算工作，各生产步骤所耗原材料和半成品的成本差异，应尽量由厂部会计部门集中分配、调整，不计入各生产步骤的产品成本。

（四）定额变动差异的核算

定额变动差异，是指由于生产技术条件的变化、劳动生产率的提高、市场环境变化等，企业修订消耗定额或生产耗费的计划价格而产生的新旧定额之间的差额。在消耗定额或计划价格修订以后，定额成本也应随之及时修订。定额成本一般在月初、季初或年初定期修订，但在定额变动的月份，月初在产品的定额成本并未修订，它仍然是按照旧定额计算的。为了将按旧定额计算的月初在产品定额成本和按新定额计算的本月投入产品定额成本，在新定额的同一基础上相加，以便计算产品的实际成本，还应计算月初在产品的定额变动差异，用以调整月初在产品的定额成本。定额变动差异与脱离定额差异是两个不同的概念。定额变动差异是定额本身变动的结果，不是生产过程中生产耗费的支出或节约导致的，为了调整月初在产品的定额成本，必须先计算定额变动差异；而脱离定额差异则反映了生产耗费支出脱离定额的程度。

计算月初在产品的定额变动差异，可以根据定额发生变动的在产品盘存数量或在产品账面结存数量和修订前后的消耗定额，计算月初在产品消耗定额修订前和修订后的定额消耗量，从而确定定额消耗量的差异和差异金额。这种计算要按照零、部件和工序进行，工作量较大。为了简化计算工作，也可以按照单位产品采用下述系数折算的方法计算。

$$定额变动系数 = \frac{按新定额计算的单位产品成本}{按旧定额计算的单位产品成本}$$ （式 11-20）

月初在产品定额变动差异 = 按旧定额计算的月初在产品成本 × (1 - 定额变动系数) （式 11-21）

 例 11-13

某企业从 7 月 1 日起实施新的材料消耗定额，单位甲产品旧定额成本为 500 元，单位甲产品新定额成本为 480 元，该产品上月末在产品直接材料定额成本为 40 000 元。

$$定额变动系数 = \frac{480}{500} = 0.96$$

甲产品的月初在产品定额变动差异 = 40 000 × (1 - 0.96) = 1 600 （元）

计算结果说明：由于定额变动，甲产品的月初在产品定额成本应调减 1 600 元，但是，甲产品的月初在产品实际成本仍然是 40 000 元，这就意味着甲产品的月初在产品定额变动差异应该相应调增 1 600 元（注意到上月耗用材料的实际成本与计划成本的差异已经全部由完工产品负担，所以这里不需要考虑材料成本差异）。同理，如果新定额高于旧定额，则一方面应调增月初在产品定额成本，另一方面应等额调减月初在产品定额变动差异。

上述定额变动系数由于不是按产品的零、部件计算的，而是按单位产品综合计算的，因而能够简化计算工作。因此，在零、部件生产不成套或成套性较差的情况下采用上述系数折算法，就会影响计算结果的正确性。例如某产品只是一部分零、部件的消耗定额做了修改，零、部件生产不成套，月初在产品所包括的零、部件都不是消耗定额发生变动的零、部件。这时，采用上述方法计算，就会使本来不应有定额变动差异的月初在产品定额成本，不正确地做了调整。因此，这种方法在零、部件成套生产或零、部件生产的成套性较好的情况下采用比较适宜。

上列计算应通过编制月初在产品定额变动差异计算表进行（见表 11-24），并据以登记甲产品成本明细账。

表 11-24　月初在产品定额变动差异计算表

产品名称：甲产品　　　　　　　　　　　　　　20××年 7 月　　　　　　　　　　　　　金额单位：元

成本项目	单位产品		定额变动系数	月初在产品定额成本	月初在产品定额变动差异
	原消耗定额	新消耗定额			
直接材料	500	480	0.96	40 000	1 600
略					
合计	500	480		40 000	1 600

在修订定额成本的月份，产品的实际成本应按下列公式计算。

$$\begin{matrix}产品\\实际成本\end{matrix} = \begin{matrix}按现行定额计算\\的产品定额成本\end{matrix} \pm \begin{matrix}脱离现行\\定额差异\end{matrix} \pm \begin{matrix}直接材料或\\半成品成本差异\end{matrix} \pm \begin{matrix}月初在产品\\定额变动差异\end{matrix} \qquad （式11-22）$$

上列计算公式中的产品，包括完工产品和月末在产品。因此，如果既有完工产品又有月末在产品，也应在完工产品与月末在产品之间分配生产成本。但是，在定额法下，日常核算成本时是分别核算定额成本与各种成本差异的，因而在完工产品与月末在产品之间分配生产成本时，应按定额成本和各种成本差异分别进行：先计算完工产品和月末在产品的定额成本，然后分配计算完工产品和月末在产品应分配的各种成本差异。此外，由于有现成的定额成本资料，应采用定额比例法在完工产品与月末在产品之间分配各种成本差异，或按定额成本计价法分配。前者将成本差异在完工产品与月末在产品之间按定额成本比例分配，后者将成本差异归由完工产品负担。分配时应按每种成本差异分别进行。差异金额不大，或者差异金额虽大但各月在产品数量变动不大的，可以归由完工产品负担成本差异；差异金额较大而且各月在产品数量变动也较大的，应在完工产品与月末在产品之间按定额成本比例分配成本差异。但对于月初在产品定额变动差异，如果产品生产的周期小于一个月，定额变动的月初在产品在月内全部完工，那么即使差异金额较大而且各月在产品数量变动也较大，也可以将成本差异归由完工产品负担。根据完工产品的定额成本，加减应负担的各种成本差异，即可计算出完工产品的实际成本；根据月末在产品的定额成本，加减应负担的各种成本差异，即可计算出月末在产品的实际成本。

三、定额法应用举例

 例 11-14

某企业甲产品由一个封闭式车间进行生产（该车间还生产其他产品），直接材料在生产开始时一次性投入，不分步计算产品成本。该企业规定：该种产品的定额变动差异和材料成本差异均由完工产品负担，脱离定额差异按定额成本比例在完工产品与月末在产品之间进行分配。

20××年7月甲产品的有关资料如下。①月初在产品50件，本月投产200件，本月完工225件，月末在产品25件，月初、月末在产品完工程度均为50%。②定额资料：7月每件甲产品直接材料消耗定额由上月的12.5千克下降为12千克，直接材料每千克计划价格仍为20元，每件甲产品工时定额仍为8小时，计划小时生产人员薪酬率仍为16元，计划小时制造费用率仍为8元。③本月各项耗费分配表显示：本月生产甲产品实际耗用某原材料2 395千克，计划成本47 900元；本月甲产品生产人员职工薪酬耗费27 250元；甲产品分配制造费用13 580元。④本月原材料成本差异率为+0.1%。

定额法下的产品成本核算过程如下。

首先，计算和登记甲产品成本明细账（见表11-25及其有关说明）。

表 11-25 产品成本明细账

产品名称：甲产品　　　　　　　　20××年7月　　　　　　　　产量800件　　　　金额单位：元

项目	行次	直接材料	直接人工	制造费用	成本合计
（一）月初在产品成本					
定额成本	1	（1）12 500	（2）3 200	（3）1 600	17 300
脱离定额差异	2	−600*	30	35.20	−534.80

续表

项目	行次	直接材料	直接人工	制造费用	成本合计
（二）月初在产品定额变动					
定额成本调整	3	（4）−500			−500
定额变动差异	4	（5）+500			+500
（三）本月生产成本					
定额成本	5	（6）48 000	（7）27 200	（8）13 600	88 800
脱离定额差异	6	（9）−100	（10）50	（11）−20	−70
直接材料成本差异	7	（12）47.90			47.90
（四）生产成本累计					
定额成本	8	（13）60 000	（14）30 400	（15）15 200	105 600
脱离定额差异	9	（16）−700	（17）80	（18）15.20	−604.80
直接材料成本差异	10	47.90			47.90
定额变动差异	11	+500			+500
（五）脱离定额差异分配率 （第9行÷第8行×100%）	12	−1.166 67%	0.263 16%	0.1%	—
（六）本月完工产品成本					
定额成本	13	（19）54 000	（20）28 800	（21）14 400	97 200
脱离定额差异 （第13行×第12行）	14	−630	75.79	14.40	−539.81
直接材料成本差异	15	47.90			47.90
定额变动差异	16	500			500
实际成本 （自第13行至第16行合计）	17	53 917.90	28 875.79	14 414.40	97 208.09
（七）月末在产品成本					
定额成本	18	（22）6 000	（23）1 600	（24）800	8 400
脱离定额差异 （第18行×第12行）	19	−70	4.21	0.80	−64.99

注：*正因为该金额比较大，说明由于生产技术条件的变化，现行的直接材料消耗定额需要调减（注意到直接材料计划单价没有变化），所以，本例于7月初对甲产品直接材料消耗定额做了调整。

（一）月初在产品成本

月初在产品成本各项目根据上月末在产品成本资料登记，具体数据见表11-25（由于材料成本差异和定额变动差异均由完工产品负担，因而月初在产品成本中不包括这两项差异）。

表中（1）（2）（3）对应数据来源于甲产品成本明细账上月末在产品成本的相关数据。虽然没有给出这些数据，但是不能随意假设，必须与以下计算结果一致。

（1）=50×12.5×20=12 500（应注意到甲产品直接材料在生产开始时一次性投入）。

（2）=50×50%×8×16=3 200（应注意到甲产品月末在产品加工成本完工程度为50%）。

（3）=50×50%×8×8=1 600。

表中第2行的有关数据，没有给出上月末的数据，是可以假设的（假设要合理、恰当）。

（二）月初在产品定额变动

（4）=50×12×20-12 500= -500，或=50×（12-12.5）×20 = -500。

（5）= 12 500×（1- $\frac{12 \times 20}{12.5 \times 20}$ ）=+500。

（5）也可以根据（4）直接填列（金额相等，正、负号相反）。

（三）本月生产成本

有关项目分别根据本节前面所述方法编制的直接材料定额成本和脱离定额差异汇总表、直接人工定额成本和脱离定额差异汇总表、定额制造费用和脱离定额差异汇总表以及材料成本差异分配表等进行登记。以上各汇总表的编制此处从略，下面列出有关数据的计算方法。

（6）=200×12×20=48 000。

（7）=（200+25×50%）×8×16=27 200。

（8）=（200+25×50%）×8×8=13 600。

在前面介绍某产品的定额直接人工成本和定额制造费用的计算公式时，都涉及"该产品实际产量的定额生产工时"这个指标。在本例中，本月甲产品实际产量的定额生产工时从数量上（不一定是具体的实物上）可以理解为由以下两部分组成：①本月新投产的 200 件产品全部完工，其定额生产工时为 200×8=1 600（小时）；②25 件完工程度还欠 50%的月初在产品本月完工，其定额生产工时为 25×50%×8=100（小时）。

（9）=2 395×20-48 000=-100。

（10）=27 250-27 200=50。

（11）=13 580-13 600= -20。

（12）=47 900×0.1%=47.90。

（四）生产成本累计

（13）=（1）+（4）+（6）=12 500-500 + 48 000=60 000。

（14）=（2）+（7）=3 200 + 27 200=30 400。

（15）=（3）+（8）=1 600 + 13 600=15 200。

（16）= -600 +（9）= -600-100= -700。

（17）=30 +（10）=30+50=80。

（18）=35.2 +（11）=35.2-20=15.2。

（五）脱离定额差异分配率

由于脱离定额差异需要在本月完工产品和月末在产品之间按定额成本比例进行分配，所以要计算脱离定额差异分配率，据以计算登记本月完工产品和月末在产品应分配（负担）的脱离定额差异（额）。脱离定额差异分配率的计算方法见表 11-25 中第 12 行小括号内的附注。

（六）本月完工产品成本

本月完工产品各成本项目定额成本的计算方法参见以下的算式；脱离定额差异（分配额）、直接材料成本差异、定额变动差异、实际成本各项目的计算方法分别参见表 11-25 中第 14 行至第 17 行。

（19）=12×20×225=240×225=54 000。

（20）=8×16×225=128×225=28 800。

（21）=8×8×225=64×225=14 400。

（七）月末在产品成本

月末在产品成本各有关数据的计算原理参见以下的算式及表 11-25 中第 19 行小括号内的附注。如同产品成本计算的其他方法一样，为了消除由于四舍五入近似计算的尾差，可以根据生产成本累计与本月完工产品成本，通过倒挤法计算月末在产品成本各项数据。

（22）=240×25=6 000。

（23）=128×25×50%=1 600。

（24）=64×25×50%=800。

然后，根据表 11-24 编制有关会计分录如下。

（1）结转甲产品生产耗用材料的借方成本。

借：基本生产成本——甲产品（定额成本）	48 000
——甲产品（脱离定额差异）	−100
贷：原材料	47 900

（2）分配本月生产人员的应付职工薪酬耗费。

借：基本生产成本——甲产品（定额成本）	27 200
——甲产品（脱离定额差异）	50
贷：应付职工薪酬	27 250

（3）结转制造费用。

借：基本生产成本——甲产品（定额成本）	13 600
——甲产品（脱离定额差异）	−20
贷：制造费用	13 580

（4）结转材料成本差异。

借：基本生产成本——甲产品（材料成本差异）	47.90
贷：材料成本差异	47.90

（5）结转完工产品成本。

借：库存商品——甲产品	97 208.09
贷：基本生产成本——甲产品（定额成本）	97 200
——甲产品（脱离定额差异）	−539.81
——甲产品（材料成本差异）	47.90
——甲产品（定额变动差异）	500

另外，有人主张还应该编制以下关于月初在产品定额成本调整的会计分录。

借：基本生产成本——甲产品（定额变动差异）	500
贷：基本生产成本——甲产品（定额成本）	500

事实上，这一笔会计分录是不需要编制的。这是因为：①不编制这一笔会计分录，对登记总账没有影响；②定额法下产品成本明细账中，月初在产品定额成本调整是以"月初在产品定额变动差异计算表"为原始凭证，登记有关数据的。

四、定额法的优缺点、适用范围和应用条件

定额法是将产品成本的定额工作、核算工作和分析工作有机地结合起来，将事前计划、事中控

制、事后反映和监督融为一体的一种产品成本计算方法和成本管理制度。

（一）定额法的优缺点

定额法的优点是：①日常核算生产耗费及其脱离定额和计划的差异的，能够在各该耗费发生的当时反映和监督脱离定额（或计划）的差异，从而有利于加强成本控制，可以及时、有效地促进节约生产耗费，降低产品成本；②由于产品实际成本是按照定额成本和各种差异分别反映的，便于对各项生产耗费和产品成本进行定期分析，有利于进一步挖掘降低成本的潜力；③核算脱离定额差异和定额变动差异，有利于提高成本的定额管理和计划管理工作的水平；④由于有现成的定额成本资料，能够比较合理和简便地解决在完工产品和月末在产品之间分配耗费（分配各种差异）的问题。

定额法的缺点主要是：由于要制定定额成本，单独计算脱离定额的差异，在定额变动时还要修订定额成本，计算定额变动差异，因而计算的工作量比较大。

（二）定额法的适用范围和应用条件

定额法与生产的类型没有直接联系，无论哪一种生产类型的企业，都可以采用定额法核算生产耗费、计算产品成本。但是，为了充分发挥定额法的作用，并且简化计算工作，采用定额法必须具备以下两项条件：①企业的定额管理制度比较健全，定额管理工作的基础比较好；②产品的生产已经定型，各项消耗定额都比较准确、稳定。由于大批大量生产企业比较容易具备这些条件，定额法最早被应用在大批大量生产的机械制造企业中，此后逐渐被应用到具备上述条件的其他工业企业中。

第四节 各种成本计算方法的实际应用

产品成本计算的品种法、分批法、分步法和分类法、定额法等，都是比较典型的成本计算方法。在实际工作中，企业常常需要根据生产特点和成本管理要求等情况，将几种成本计算方法同时应用或结合应用。

一、同时应用几种成本计算方法

实际工作中，在下列情况下，一个企业或车间往往同时采用几种成本计算方法。

（1）一个企业的各个生产车间的生产类型不同，可以采用不同的成本计算方法。

例如，企业的基本生产车间和辅助生产车间的生产类型不同，基本生产车间大批量、多步骤生产某种产品，而辅助生产车间大批量、单步骤生产水、电、气等，前者适合采用分步法计算产品成本，后者可以采用品种法计算产品成本。即使同为基本生产车间，如果生产类型不同，也可以采用不同的成本计算方法。例如，第一、第二车间都是两个封闭式的基本生产车间，前者大批量、单步骤生产甲产品，后者小批量、单件生产乙、丙等产品。在这种情况下，第一车间采用品种法计算甲产品成本，第二车间采用分批法计算乙、丙等产品的成本。

（2）一个企业的各个生产车间的生产类型相同，但管理上的要求不同，可以采用不同的成本计算方法。

例如，第一、第二车间分别大批量、多步骤生产甲、乙产品，甲产品的某步骤的半成品经常对外销售，管理上要求分步骤计算甲产品的成本；而乙产品的半成品不对外销售，且企业对乙产品不要求分步骤计算成本。在这种情况下，第一车间应采用分步法计算甲产品成本，而第二车间则可以采用品种法计算乙产品成本。

（3）一个生产车间生产多种产品，由于各种产品的生产类型或管理上的要求不同，可以采用不同的成本计算方法。

例如，对大量大批生产的产品可以采用品种法、分步法、分类法和定额法等多种方法计算产品成本，对单件小批生产的产品则应采用分批法计算成本。再如，一个基本生产车间生产甲、乙两种产品，甲产品已经定型，可以大批量生产，而乙产品尚处于小批量试制阶段。在这种情况下，对甲产品可以采用品种法计算产品成本，对乙产品则应采用分批法计算产品成本。

二、结合应用几种成本计算方法

在下列情况下，计算一种产品的成本时，往往结合采用几种成本计算方法。

（1）一种产品的不同生产步骤，由于生产特点和管理要求不同，可以采用不同的成本计算方法。

例如，在单件小批生产的机械制造企业中，其产品的生产过程由铸造、机械加工、装配等相互关联的生产步骤完成。就其最终产品来看，应采用分批法计算产品成本，但从其产品生产的各个步骤来看：铸造车间可以采用品种法计算铸件的成本；加工、装配车间可以采用分批法计算各批产品的成本；而铸造和加工、装配车间之间，则可以采用逐步结转分步法结转铸件的成本；如果在加工、装配车间之间要求分步骤计算成本，但加工车间所产半成品种类较多，又不对外销售，不需要计算半成品成本，则在加工和装配车间之间可以采用平行结转分步法结转成本。这样，该厂产品成本的计算，就是在分批法的基础上，结合应用了品种法和分步法，在分步法中还结合应用了逐步结转分步法和平行结转分步法。

又如，为计算制鞋厂生产的各种鞋子的成本，可以采用分步法、品种法、分类法结合的方法计算成本：先采用分步法、品种法计算各类鞋子（如皮鞋、布鞋等）的成本，再采用分类法计算每类产品内各种规格的鞋子成本。

（2）在一种产品的不同零部件之间，由于管理上的要求不同，也可以采用不同的成本计算方法。

例如，某种产品由若干种零部件组装而成，其中，不对外销售的零部件可以不要求单独计算成本，经常对外销售的零部件，管理上则要求计算其成本，应按照这些零部件的生产类型和管理要求，采用适当的成本计算方法单独计算成本。

（3）一种产品的不同成本项目，可以采用不同的成本计算方法。

例如，在大批量、多步骤生产某种产品，且该产品原材料成本所占比重较大的情况下，企业可以采用逐步结转分步法，分步骤计算该产品的原材料成本；由于其他成本项目所占比重较小，则可以采用品种法等适当的成本计算方法，不分步计算该产品其他成本项目的成本。

总而言之，在实际工作中，由于各个企业成本核算的具体情况不同，所以采用的成本计算方法是不同的，各个企业应结合本企业的生产特点和成本管理要求，并考虑到企业的规模和管理水平等实际情况，从实际出发，采用适当的成本计算方法。

练习题

一、单项选择题

1. 成本计算的分类法的特点是（　　）。

   A. 按产品类别计算产品成本

   B. 按产品品种计算产品成本

   C. 按产品类别计算各类产品成本，采用一定的方法分配确定同类产品内各种产品的间接计入耗费

   D. 按产品类别计算各类产品成本，采用一定的方法分配确定同类产品内各种产品的成本

2. 产品成本计算的分类法适用于（　　）。

   A. 品种、规格繁多的产品

   B. 可按一定标准分类的产品

   C. 大量大批生产的产品

   D. 品种、规格繁多并可按一定标准分类的产品

3. 分类法下，在计算同类产品内不同产品的成本时，下列关于类内产品发生的各项耗费，说法正确的是（　　）。

   A. 只有直接计入耗费才需直接计入各种产品成本

   B. 只有间接计入耗费才需分配计入各种产品成本

   C. 无论是直接计入耗费，还是间接计入耗费，都需采用一定的方法分配计入各种产品成本

   D. 直接生产耗费直接计入各种产品，间接生产耗费分配计入各种产品成本

4. 对于分类法下某类别产品的总成本在类内各种产品之间的分配方法，是根据（　　）确定的。

   A. 产品的生产特点　　　B. 企业管理要求　　　C. 成本计算对象　　　D. 成本计算方法

5. （　　）是系数分配法下的分配标准。

   A. 总系数或标准产品产量　　　　　　　B. 产品市场售价

   C. 产品定额成本　　　　　　　　　　　D. 产品的面积

二、多项选择题

1. 采用分类法计算产品成本时应注意（　　）。

   A. 类内产品品种不能过多　　　　　　　B. 类内产品品种不能太少

   C. 分配标准可由企业自由选择　　　　　D. 分配标准应有所选择

   E. 类距要适当

2. 分类法的成本计算程序有（　　）（答案按程序流程排列）。

   A. 在同类产品中选择产量大、生产稳定或规格折中的产品作为标准产品

   B. 把标准产品的分配标准系数确定为1

   C. 以其他产品的单位分配标准数据与标准产品相比，求出其他产品的系数

   D. 用各种产品的实际产量乘上系数，计算出总系数

   E. 再按各种产品总系数比例分配计算类内各种产品成本

3. 分类法下对于类内产品成本的计算，一般可以采用（   ）。

    A. 系数法　　　　　B. 按定额成本计价法　C. 定额比例法

    D. 分批法　　　　　E. 约当产量比例法

4. 在分类法下，将每类产品总成本在类内各种产品之间进行分配时所选择的分配标准通常有（   ）。

    A. 定额消耗量　　　B. 计划成本　　　　C. 产品售价

    D. 定额成本　　　　E. 产品的重量或体积

5. 分类法主要适用于产品品种较多的企业或车间，可以采用分类法计算产品成本的企业有（   ）。

    A. 食品厂　　　　　B. 针织厂　　　　　C. 制鞋厂

    D. 无线电元件厂　　E. 化工厂

三、判断题

1. 分类法和品种法都是工业企业产品成本计算的基本方法。（   ）

2. 分类法下同类产品内各种产品之间分配成本的标准有定额消耗量、定额成本、售价，以及产品的体积、长度和重量等。（   ）

3. 大型设备生产企业可以采用分类法。（   ）

4. 联产品是指使用不同原料，经过同一加工过程，同时生产出的具有同等地位的不同用途的主要产品。（   ）

5. 副产品是指使用相同原料，经过同一加工过程，同时生产出的具有同等地位的不同用途的主要产品。（   ）

四、业务综合题

1. 琼海公司20××年10月生产甲、乙、丙三种联产品，本月实际产量为：甲产品40 000千克，乙产品20 000千克，丙产品15 000千克。各种产品的市场售价为：甲产品15元，乙产品24元，丙产品12元。联产品分离前的联合成本为1 008 000元（为了简化成本计算，不分成本项目计算）。

要求：

（1）根据资料，采用系数分配法（选择甲产品为标准产品，以售价折算系数）计算甲、乙、丙产品的成本，填制联产品成本计算单（见表11-26），编制产品入库的会计分录。

表11-26　联产品成本计算单（系数分配法）

20××年10月
    金额单位：元

品名	实际产量	系数	标准产品产量	分配率	各产品总成本	各产品单位成本
甲产品						
乙产品						
丙产品						
合计						

（2）根据资料，采用实物量分配法计算甲、乙、丙产品的成本，填制联产品成本计算单（见表11-27），编制产品入库的会计分录。

表 11-27　联产品成本计算单（实物量分配法）

20××年 10 月

金额单位：元

品名	实际产量	分配率	各产品总成本	各产品单位成本
甲产品				
乙产品				
丙产品				
合计				

（3）根据资料，采用销售价值分配法计算甲、乙、丙产品的成本，填制联产品成本计算单（见表 11-28），编制产品入库的会计分录。

表 11-28　联产品成本计算单（销售价值分配法）

20××年 10 月

金额单位：元

品名	实际产量	单价	销售价值	分配率	各产品总成本	各产品单位成本
甲产品						
乙产品						
丙产品						
合计						

2．琼海公司在生产主要产品（丁产品）的同时，附带生产出 A 副产品，A 副产品分离后需进一步加工后才能出售。20××年 11 月共发生联合成本 155 000 元，其中：直接材料 77 500 元，直接人工 31 000 元，制造费用 46 500 元。A 副产品进一步加工，发生直接人工 2 000 元，制造费用 2 500 元。本月生产丁产品 1 000 千克，A 副产品 200 千克，A 副产品的市场售价为 150 元/千克，单位税金和利润为 50 元。

要求：根据资料，按 A 副产品既要负担专属成本，又要负担分离前联合成本的方法计算丁产品成本和 A 副产品成本，填制主产品成本计算单（见表 11-29）和副产品成本计算单（见表 11-30），并编制产品入库的会计分录。

表 11-29　主产品成本计算单

品名：丁产品

20××年 11 月

金额单位：元

品名	直接材料	直接人工	制造费用	合计
生产成本合计				
结转副产品负担的联合成本				
本月完工丁产品的生产成本				
单位成本				

表 11-30　副产品成本计算单

品名：A 副产品

20××年 11 月

金额单位：元

品名	直接材料	直接人工	制造费用	合计
分摊的联合成本				
可归属的成本				
A 副产品总成本				
单位成本				

第十二章 | 工业企业成本报表和成本分析

第一节 | 成本报表概述

一、成本报表的概念

成本报表是企业按照成本管理的需要，根据产品成本和期间费用的核算资料以及其他有关资料定期编制，用来反映企业一定时期产品成本和期间费用水平及其构成情况的报告文件。编制和分析成本报表，是成本会计工作的一项重要内容。

二、成本报表的特点

成本报表是服务于企业内部管理的报表，与会计报表相比，成本报表具有以下特点。

（一）不公开性

成本报表所反映的成本信息属于企业的商业机密，不对外公开发布。

（二）灵活性

成本报表属于企业内部报表，不受企业外部的制约，成本报表的形式、内容、编制时间、报送对象等，由企业（及管理企业的上级机构或母公司）根据企业内部管理的需要决定。母公司或国有企业的主管机构等利益方为了解和评价企业的成本管理绩效，也可以要求企业将其成本报表作为会计报表的附表上报。

（三）时效性

会计报表属于对外报表，一般都是定期编制和报送的。而作为对内报表的成本报表，为了及时满足企业管理中对成本信息资料的需要，既可定期编报，提供完整的日常成本信息，也可以采用日报、周报、旬报的形式，定期或不定期地编报不同内容的成本报表，以及时提供临时性或者偶然性的成本、费用管理的信息资料，最大限度地发挥成本信息在企业管理中的重要作用。

三、成本报表的作用

（一）据以分析和考核成本计划的执行情况

企业和主管企业的上级机构（或母公司）利用成本报表，可以分析和考核企业成本、费用计划的执行情况，促使企业降低成本、节约费用，从而提高企业的经济效益。

（二）挖掘降低产品成本、节约费用支出的潜力

分析成本报表，可以揭示企业在生产、技术和经营、管理方面取得的成绩和存在的问题，进一

步提高企业生产、技术和经营、管理的水平，挖掘降低产品成本、节约费用支出的潜力。

（三）为成本预测、生产经营决策提供重要依据

成本报表提供的实际成本、费用资料，还可以帮助企业确定产品价格，预测成本、费用和利润及编制相关计划，制定有关的生产经营决策。

四、成本报表的种类

成本报表不是对外报送或公布的会计报表，因此，成本报表的种类、项目、格式和编制方法，由企业自行确定。主管企业的上级机构（或母公司）为了指导企业的成本管理工作，也可以要求企业将其成本报表作为会计报表的附表上报。在这种情况下，企业成本报表的种类、项目、格式和编制方法，可以由主管企业的上级机构（或母公司）与企业共同规定。

成本报表一般包括商品产品生产成本表、主要产品单位成本表、制造费用明细表、期间费用明细表（销售费用明细表、管理费用明细表和财务费用明细表）。此外，有一些企业根据成本管理的需要和责任成本会计的要求，还要编制各种责任成本报表；为了提高产品质量管理效果，企业需要编制质量成本报表；为了提高环境保护成本管理效果，企业需要编制环境成本管理报表等。企业为了加强成本的日常管理，除了定期编制报表以外，还可以设计和编制日常的成本报表，例如主要产品成本旬报、日报等。

本书着重介绍商品产品生产成本表、主要产品单位成本表和制造费用明细表的编制和分析。有关期间费用报表，各企业规定不一，有关编制和分析方法直观易懂，就只简要地介绍。

第二节 成本报表的编制和一般分析方法

一、成本报表的编制

有的成本报表反映本期的实际成本、期间费用，有的成本报表还可能反映本期累计的实际成本、期间费用。为了考核和分析成本计划的执行情况，这些报表一般还反映有关的计划数和某些补充资料。

成本报表中的本期实际成本、费用，应根据有关的产品成本或期间费用明细账的本期实际发生额填列。表中的累计实际成本、期间费用，应根据本期报表中的本期实际成本、期间费用，加上上期报表中的累计实际成本、期间费用计算填列；如果有关的明细账中登记了期末累计实际成本、期间费用，可以直接根据有关的明细账填列相应数据。

成本报表中的计划数，应根据有关的计划填列；表中的其他资料，应按报表编制的有关规定填列。

二、成本报表的一般分析方法

对成本报表进行分析的方法很多，下面着重介绍通常采用的一些分析方法，包括对比分析法、比率分析法、连环替代法、差额分析法和趋势分析法。

（一）对比分析法

对比分析法也称比较分析法。它是通过实际数与基数的对比来揭示实际数与基数之间的差异，借以了解经济活动的成绩和问题的一种分析方法。工业企业分析各种成本报表时都要采用这种方法。

对比的基数由于分析目的的不同而有所不同，一般有计划数、定额数、前期实际数、以往年度同期实际数以及本企业的历史先进水平和国内外同行业的先进水平等。

将实际数与计划数或定额数对比，可以揭示计划或定额的执行情况。但在分析时还应检查计划或定额本身是否既先进又切实可行。实际数与计划数或定额数之间的差异，除了实际工作的原因以外，还可能是计划或定额太保守或不切实际造成的。将本期实际数与前期实际数或以往年度同期实际数对比，可以考察经济业务的发展变化情况。将本期实际数与本企业的历史先进水平对比，将本企业实际数与国内外同行业的先进水平对比，可以发现本企业与先进水平之间的差距，从而学习先进，赶上和超过先进。

对比分析法只适用于同质指标的数量对比。例如实际产品成本与计划产品成本对比，实际原材料成本与定额原材料成本对比，本期实际制造费用与前期实际制造费用对比，等等。在采用这种分析方法时，应该注意相比指标的可比性。进行对比的各项指标，在经济内容、计算方法、计算期和影响指标形成的客观条件等方面，应有可比的共同基础。如果相比的指标之间有不可比因素，应先按可比的口径进行调整，然后再进行对比。例如，某企业生产甲产品，计划产量、实际产量分别为100 件、120 件，假如均只使用同一种材料，材料成本分别为 10 000 元、11 500 元，在材料单位价格不变的情况下，就不能简单地说因为实际成本高于计划成本，管理上存在问题。此外，如果市场材料价格变动,还应该考虑市场材料价格变动的因素进行分析评价(下面将介绍具体分析评价方法)。

（二）比率分析法

比率分析法是通过计算各项指标之间的相对数，即比率，借以考察经济业务的相对效益的一种分析方法。

比率分析法主要有相关指标比率分析法、构成比率分析法和动态比率分析法三种。

1. 相关指标比率分析法

相关指标比率分析法是通过计算两个性质不同但又相关的指标的比率来进行实际数与计划数（或前期实际数）对比分析的方法。在实际工作中，由于企业规模不同等原因，单纯地对比产值（产值=当期生产的产品数量×产品不含税销售单价）、销售收入或利润等绝对数多少，不能说明各个企业经济效益好坏，如果计算成本与产值、销售收入或利润相比的相对数，就可以反映各企业经济效益的好与差。

产值成本率、销售收入成本率和成本利润率的计算公式如下。

$$产值成本率 = \frac{成本}{产值} \times 100\% \qquad (式 12\text{-}1)$$

$$销售收入成本率 = \frac{成本}{销售收入} \times 100\% \qquad (式 12\text{-}2)$$

$$成本利润率 = \frac{利润}{成本} \times 100\% \qquad (式 12\text{-}3)$$

产值成本率和销售收入成本率高的企业经济效益差，这两种比率低的企业经济效益好。成本利润率则相反，比率高则说明企业经济效益好，比率低则说明企业经济效益差。

2. 构成比率分析法

构成比率分析法是通过计算某项指标的各个组成部分占总体的比重，即部分与全部的比率，进行数量分析的方法。例如将构成产品成本的各个成本项目的金额分别与产品成本总额相比，计算产品成本的构成比率；然后将不同时期的成本构成比率相比较，通过观察产品成本构成的变动，掌握经济活动情况，了解企业改进生产技术和经营管理对产品成本的影响，评价产品成本的构成是否合理。

产品成本构成比率一般包括直接材料成本比率、直接人工成本比率、制造费用比率等。

$$直接材料成本比率 = \frac{直接材料成本}{产品成本} \times 100\% \qquad （式 12-4）$$

$$直接人工成本比率 = \frac{直接人工成本}{产品成本} \times 100\% \qquad （式 12-5）$$

$$制造费用比率 = \frac{制造费用}{产品成本} \times 100\% \qquad （式 12-6）$$

又如将构成管理费用的各项费用分别与管理费用总额相比，计算管理费用的构成比率。这种比率分析法也称比重分析法。这种分析可以反映管理费用的构成是否合理。

不论采用什么比率分析法，进行分析时，还应将比率的实际数与其基数进行对比，揭示其与基数之间的差异。例如进行相关指标比率的成本利润率分析时，还应将实际的成本利润率与计划的或前期实际的成本利润率进行对比，揭示其与计划数、前期实际数之间的差异。

3. 动态比率分析法

动态比率分析法又称为趋势分析法，是将不同时期同类指标的数值对比求出比率，进行动态比较，据以分析该项指标的增减速度和变动趋势，从中发现企业在生产经营方面的成绩或问题的方法。由于对比的标准不同，指标可以分为定基指数和环比指数两种。其计算公式分别如下。

$$定基指数 = \frac{分析期指标数额}{固定期指标数额} \times 100\% \qquad （式 12-7）$$

$$环比指数 = \frac{分析期指标数额}{前一期指标数额} \times 100\% \qquad （式 12-8）$$

 例 12-1

某企业甲产品 20×× 年 4 月、5 月、6 月单位成本分别为 220 元、231 元、254 元。

（1）如果以 20×× 年 3 月为基期，以 3 月的单位成本 200 元为基数，则 20×× 年 4 月、5 月、6 月各月甲产品单位成本与之相比的定基指数分别如下。

4 月：$\frac{220}{200} \times 100\% = 110\%$

5 月：$\frac{231}{200} \times 100\% = 115.5\%$

6 月：$\frac{254}{200} \times 100\% = 127\%$

通过以上定基指数的变动可以看出，第二季度的每个月甲产品的单位成本都呈明显上升的趋势，而且上升的幅度越来越大，应及时分析上升的原因，如果是属于管理上的原因，应及时采取措施。

（2）如果分别以上月为基期，计算出各月环比指数如下。

4 月比 3 月：$\frac{220}{200} \times 100\% = 110\%$

5月比4月：$\dfrac{231}{220} \times 100\% = 105\%$

6月比5月：$\dfrac{254}{231} \times 100\% = 110\%$

（分析从略）

（三）连环替代法

连环替代法又称连锁替代法、因素分析法，是将某一综合指标分解为若干个相互联系的因素（相互联系的因素之间必须是相乘或相除的关系），然后顺次用各个因素的实际数替换基数，从而计算各个因素影响程度的一种分析方法。

连环替代法

采用对比分析法和比率分析法，虽然可以揭示实际数与基数之间的差异，但不能揭示产生差异的因素和各因素的影响程度（通常指影响金额以及是超支还是节约）。采用连环替代法就可以解决这一问题，从而找出主要矛盾，明确进一步调查研究、解决问题的主要方向。

下面以直接材料成本为分析对象来介绍连环替代法的分析程序。

 例 12-2

某企业生产甲产品耗用 A 材料。有关资料如表 12-1 所示。

表 12-1　甲产品耗用 A 材料的有关资料

项目	单位	计划数	实际数	差异（实际数–计划数）
产品产量	件	90	100	+10
单位产品 A 材料消耗量	千克	50	49	−1
A 材料单价	元	10	11	+1
材料成本总额	元	45 000	53 900	+8 900

连环替代法的分析计算程序如下。

（1）列出材料成本总额（分析对象）与影响因素的关系式。影响因素必须遵照下列规则排列从左到右的先后顺序：先数量因素，后质量因素；先实物量因素，后价值量因素；先被除数（分子）因素，后除数（分母）因素。务必遵守这一排列规则，否则会影响分析结果的正确性。此外，如果有几个数量因素或质量因素，还应区分主要因素和次要因素，先计算主要因素变动的影响，后计算次要因素变动的影响。

材料成本总额＝产品产量×单位产品材料消耗量×材料单价

（2）以基数（本例为计划数）为分析计算的基础。

材料成本计划总额＝90×50×10＝45 000（元）·········①

（3）将等式右边的因素值按从左到右的顺序一个因素一个因素地替换为实际数，并将每一次替换后分析对象的计算结果减去上一次的计算结果，得到该因素的影响程度（超支或节约的金额）。应注意：有几项因素就按顺序替换几次。

第一次替换：100×50×10＝50 000（元）·········②

产品产量变动影响＝②−①＝50 000−45 000＝5 000（元）；该数值大于零，为超支差异额；反之，为节约差异额。下同。

第二次替换：100×49×10＝49 000（元）·········③

单位产品 A 材料消耗量变动影响 = ③–② = 49 000–50 000 = –1 000（元）

从这里可以看出，在计算因素变动影响的算式中，已经替换过的指标和正在替换的指标都用报告期实际数，还没有替换过的指标仍然用基数（本例是计划数）。必须掌握这一规则。

第三次替换：100×49×11 = 53 900（元）………④

A 材料单价变动影响 = ④–③ = 53 900–49 000 = 4 900（元）

（4）计算出各因素影响程度的代数和，与分析对象指标变动的差异总额核对（应该相符，否则说明分析过程的某个或某些环节存在错误）。

5 000 +（–1 000）+ 4 900 = 8 900（元），与材料成本总额差异相等。

（5）对连环替代计算的各因素变动影响进行分析

从以上计算结果可以看出，甲产品耗用 A 材料成本超支 8 900 元，主要是由于产品产量增加（影响程度为 5 000 元）。如果甲产品适销对路，由于产品产量增加而引起的材料的超额耗用，是允许的（但甲产品必须适销对路，否则将会由于产品积压而形成浪费）。A 材料成本超支的第二个原因是材料单价提高（影响程度为 4 900 元），这是企业材料供应部门的责任，应该分析具体原因。单位产品 A 材料消耗量不仅没有超支，而且节约了 1 000 元，只要材料的消耗量的节约没有影响产品质量，这就说明生产车间在管理上或改进加工技术方面取得了成绩，如果甲产品产量没有增加，A 材料单价没有提高，A 材料成本总额不仅不会超支，而且还会节约。该企业应该在以上分析计算的基础上，进一步查明产品产量增加、材料单价提高以及单位产品材料消耗量节约的具体原因，以便采取措施克服缺点，巩固和发扬优点。

（四）差额分析法

差额分析法是根据各项因素的实际数与基数的差额来计算各项因素影响程度的方法，是连环替代法的一种简化的计算方法。因此，差额分析法同样要遵照上述连环替代法的一些规则。

 例 12-3

沿用【例 12-2】的资料，说明差额分析法的分析计算方法。

（1）列出材料成本总额与影响因素的关系式。

材料成本计划总额 = 90×50×10 = 45 000（元）

（2）将以上等式右边的因素值按从左到右的顺序一个因素一个因素地替换为（实际数–基数），本例的基数即计划数。

① 产品产量变动影响 =（100–90）×50×10 = 5 000（元）

② 单位产品 A 材料消耗量变动影响 = 100×（49–50）×10 = –1 000（元）

③ A 材料单价变动影响 = 100×49×（11–10）= 4 900（元）

上列计算结果与连环替代法的计算结果完全相同。

差额分析法由于计算简便，所以应用比较广泛。

（五）趋势分析法

趋势分析法是通过将连续若干期相同指标进行对比，来揭示各期之间的增减变化，据以预测经济发展趋势的一种分析方法。

采用趋势分析法，在连续的若干期之间，可以按绝对数进行对比，也可以按相对数（比率）进行对比；可以以某个时期为基期，其他各期均与该时期的基数进行对比，也可以在各个时期之间进行环比，即分别以上一时期为基期，下一时期与上一时期的基数进行对比。

【例 12-1】 实际上运用的也是一种趋势分析法，只不过分析的期数较少而已。该企业甲产品 20××年 4 月、5 月、6 月单位成本的变动趋势，无论是定基指数还是环比指数，均呈逐月上升的趋势。

对比分析法、比率分析法、连环替代法、差额分析法和趋势分析法，实质上都是对比分析法。比率分析法是分子指标与分母指标的对比，以及据以算出的相对数指标的实际数与基数的对比；连环替代法和差额分析法则是各项因素替换结果的对比；趋势分析法是作为分析趋势基础的各期指标之间的对比。有比较才有鉴别，一切分析都是从对比中发现差别、发现矛盾开始的。

应该指出的是：不论什么分析方法，都只能为进一步调查研究指明方向，而不能代替调查研究。要确定企业经营管理优劣的具体原因，并据以提出切实有效的建议和措施来改进工作，都必须在采用某些分析方法进行分析的基础上，深入实际，进行调查研究。

第三节 商品产品生产成本表的编制和分析

商品产品生产成本表是反映工业企业在报告期内生产的全部产成品的总成本的报表。该表一般分为两种：一种按成本项目反映，另一种按产品种类反映。

一、商品产品生产成本表的编制

（一）按成本项目反映的商品产品生产成本表的编制

按成本项目反映的商品产品生产成本表是按成本项目汇总反映工业企业在报告期内发生的全部生产成本以及商品产品生产成本合计数的报表。

1. 按成本项目反映的商品产品生产成本表的结构

该表由生产成本（此处的"生产成本"指当期发生的生产耗费，下同）和在产品、自制半成品期初、期末余额以及商品产品生产成本合计（此处的"商品产品生产成本合计"指完工产品生产成本合计，下同）的有关资料组成。表中生产成本部分按照成本项目反映报告期内发生的各项生产成本及其合计数；在生产成本合计数的基础上，加上在产品和自制半成品的期初余额，减去在产品和自制半成品的期末余额，计算出商品产品生产成本合计数。这些成本，分别按上年实际、本年计划、本月实际和本年累计实际分栏反映。

 例 12-4

某工业企业 20××年 12 月按成本项目反映的商品产品生产成本表如表 12-2 所示。

表 12-2　商品产品生产成本表（按成本项目反映）

××工厂		20××年 12 月		单位：元
项目	上年实际	本年计划	本月实际	本年累计实际
生产成本：				
直接材料	6 356 400	6 323 650	621 600	6 319 050
其中：燃料及动力	450 000	430 000	35 800	423 000

续表

项目	上年实际	本年计划	本月实际	本年累计实际
直接人工	3 491 000	3 876 800	321 400	3 648 200
制造费用	4 846 320	4 321 050	404 700	4 419 105
生产成本合计	14 693 720	14 521 500	1 347 700	14 386 355
加：在产品、自制半成品期初余额	738 000	718 800	617 550	577 470*
减：在产品、自制半成品期末余额	577 470*	597 900	753 450	303 450
商品产品生产成本合计	14 854 250	14 642 400	1 211 800	14 660 375

注：*这两个数据应该相等。

2. 按成本项目反映的商品产品生产成本表各项目的填列方法

上年实际数应根据上年 12 月本表的本年累计实际数填列。

本年计划数应根据成本计划有关资料填列。

本年累计实际数应根据本月实际数，加上上月本表的本年累计实际数计算填列。

本月实际数的填列方法：①表中按成本项目反映的各种生产成本金额，应根据各种产品成本明细账所记本月发生的生产成本合计数，按照成本项目分别汇总填列；②表中的期初、期末在产品、自制半成品的余额，应根据各种产品成本明细账的期初、期末在产品成本和各种自制半成品明细账的期初、期末余额，分别汇总填列。

表中的生产成本合计数，加、减在产品、自制半成品期初、期末余额，即可计算出表中的商品产品生产成本合计数。

3. 按成本项目反映的商品产品生产成本表的主要作用

（1）可以反映报告期内商品产品生产成本的支出情况和各种成本的构成情况，并据以进行生产耗费支出的一般评价。

（2）将 12 月该表本年累计实际生产成本与本年计划数和上年实际数相比较，可以考核和分析年度生产成本计划的执行结果，以及本年发生的生产成本比上年的升降情况。

（3）将表中各期商品产品生产成本合计数与各该期的产值、销售收入或利润进行对比，计算产值成本率、销售收入成本率或成本利润率，可以考核和分析各期的经济效益。

（4）将 12 月该表本年累计实际商品产品生产成本合计与本年计划数和上年实际数相比较，还可以考核和分析年度商品产品生产总成本计划的执行结果，以及本年商品产品生产总成本比上年的升降情况，并据以分析影响成本升降的各项因素。

（二）按产品种类反映的商品产品生产成本表的编制

按产品种类反映的商品产品生产成本表是按产品种类汇总反映工业企业在报告期内生产的全部商品产品的单位成本和总成本的报表。

1. 按产品种类反映的商品产品生产成本表的结构

该表分为基本报表和补充资料两部分。基本报表部分应按可比产品和不可比产品分别填列。在成本计划中，对不可比产品只规定本年的计划成本；而对可比产品不仅规定计划成本指标，而且规定成本降低计划指标，即本年度可比产品计划成本比上年度（或以前年度）实际成本的降低额和降低率。补充资料部分反映可比产品成本的降低额和降低率、按现行价格计算的商品产值、产值成本率等资料。

在按产品种类反映的商品产品生产成本表中，对于主要产品，应按产品品种反映实际产量和单位成本，以及本月总成本和本年累计总成本；对于非主要产品，则可按照产品类别，汇总反映本月总成本和本年累计总成本；对于不可比产品，不反映上年成本资料；对于可比产品，还应反映上年成本资料。此外，企业在编制本表的同时，可以根据管理的需要，另行编制"主要产品生产成本及销售成本表"，其项目及填列方法与本表相比，增加了销售数量和销售成本栏。

所谓可比产品，是指企业过去正式生产过、有完整稳定的可以用于比较的成本资料的产品。所谓不可比产品，是指企业本年度初次生产的新产品，或者虽然不是本年度初次生产的新产品，但以前只是属于试制而未正式投产、缺乏完整稳定的可以用于比较的成本资料的产品。

上述某工业企业 20×× 年 12 月按产品种类反映的商品产品生产成本表如表 12-3 所示（表中该厂生产的四种产品都是该企业的主要产品，而且适销对路，市场供不应求）。

2. 按产品种类反映的商品产品生产成本表各项目的填列方法

（1）基本报表部分

在该表中，各种商品产品的本月实际产量，应根据相应的产品成本明细账填列。本年累计实际产量，应根据本月实际产量，加上上月本表的本年累计实际产量计算填列。上年实际平均单位成本，应根据上年度本表所列全年累计实际平均单位成本填列；本年计划单位成本，应根据本年度成本计划填列；本月实际单位成本，应根据表中本月实际总成本除以本月实际产量计算填列。如果在产品成本明细账或产成品成本汇总表中有现成的本月产品实际的产量、总成本和单位成本，表中这些项目都可以根据产品成本明细账或产成品成本汇总表填列。表中本年累计实际平均单位成本，应根据表中本年累计实际总成本除以本年累计实际产量计算填列。按上年实际平均单位成本计算的本月总成本和本年累计总成本，应根据本月实际产量和本年累计实际产量，乘以上年实际平均单位成本计算填列。按本年计划单位成本计算的本月总成本和本年累计总成本，应根据本月实际产量和本年累计实际产量，乘以本年计划单位成本计算填列。本月实际总成本，应根据产品成本明细账或产成品成本汇总表填列。本年累计实际总成本，应根据产品成本明细账或产成品成本汇总表本年各月产成品成本计算填列。

虽然在表 12-3 中标注了一些指标的计算公式，实际上，只要理解这些指标的含义，就会自然而然地掌握其计算方法，无须去记忆这些公式。

（2）补充资料部分

对于可比产品，如果企业或上级机构等规定要反映本年成本比上年成本的降低额或降低率，还应根据该表资料计算成本的实际降低额或降低率，作为表的补充资料填列在表的下方。

可比产品成本的降低额和降低率的计算公式如下。

$$\text{可比产品} \atop \text{成本降低额} = \text{可比产品按上年实际平均单位} \atop \text{成本计算的本年累计总成本} - \text{本年累计} \atop \text{实际总成本} \qquad (\text{式 12-9})$$

表 12-3 中，可比产品成本降低额=10 403 200−10 133 952=269 248（元）。

$$\text{可比产品成本降低率} = \frac{\text{可比产品成本降低额}}{\text{可比产品按上年实际平均单位}\atop\text{成本计算的本年累计总成本}} \times 100\% \qquad (\text{式 12-10})$$

表 12-3 中，可比产品成本降低率=269 248÷10 403 200×100%=2.588 13%。

表 12-3　商品产品生产成本表（按产品种类反映）

××工厂　　　　　　　　　　　　　　　　　　20××年12月　　　　　　　　　　　　　　　　　　金额单位：元

产品名称	计量单位	实际产量		单位成本				本月总成本			本年累计总成本		
		本月 (1)	本年累计 (2)	上年实际平均 (3)	本年计划 (4)	本月实际 (5)=(9)÷(1)	本年累计实际平均 (6)=(12)÷(2)	按上年实际平均单位成本计算 (7)=(1)×(3)	按本年计划单位成本计算 (8)=(1)×(4)	本月实际 (9)	按上年实际平均单位成本计算 (10)=(2)×(3)	按本年计划单位成本计算 (11)=(2)×(4)	本年实际 (12)
可比产品合计								858 780	837 200	836 030	10 403 200	10 142 400	10 133 952
其中　甲	件	130	1 600	2 446	2 400	2 395	2 395.50	317 980	312 000	311 350	3 913 600	3 840 000	3 832 800
乙	件	260	3 120	2 080	2 020	2 018	2 019.60	540 800	525 200	524 680	6 489 600	6 302 400	6 301 152
不可比产品合计									375 000	375 770		4 500 000	4 526 423
其中　丙	台	30	360		5 000	5 010.27	5 029.36		150 000	150 308		1 800 000	1 810 569.20
丁	台	60	720		3 750	3 757.70	3 772.02		225 000	225 462		2 700 000	2 715 853.80
全部产品									1 212 200	1 211 800		14 642 400	14 660 375

补充资料：

(1) 可比产品成本降低额为269 248元，本年计划降低额为238 400元；

(2) 可比产品成本降低率为2.588 13%，本年计划降低率为2.494 10%；

(3) 按现行价格计算的商品产品产值为45 813 800元（根据有关统计资料填列），计划产值为40 500 000元（根据有关计划资料列；

(4) 产值成本率为32（14 660 375÷45 813 800×100）元/百元，本年计划产值成本率为36.15（14 642 400÷40 500 000×100）元/百元。

知识点小结

　　可比产品成本降低额是指可比产品本年累计实际总成本比按上年实际平均单位成本计算的本年累计总成本的降低额；后者是比较的基数，所以是计算降低率的分母（公式中是"本年累计"而不是"本年"，是因为报表的编制时间并不都是年末，还有月末、季末、半年末）。在后文成本分析部分还有其他关于成本降低额和降低率的类似计算公式，为避免混淆，同学们千万不可死记硬背公式。只要理解有关指标的含义，就能轻松而且准确地理解和运用相关计算公式。

　　按现行价格计算的商品产值，根据有关统计资料填列。

　　产值成本率是指产品生产成本与商品产值的比率，通常以每百元商品产值总成本表示。其计算公式如下。

$$产值成本率 = \frac{产品生产成本}{商品价值} \times 100\%$$
（式 12-11）

　　实际工作中，通常使用百元产值成本率指标。

$$百元产值成本率 = \frac{产品生产成本}{商品价值} \times 100\%$$
（式 12-12）

　　百元产值成本率的单位是：元/百元，表示每百元产值需要耗费多少元成本。

　　如果本年可比产品成本比上年不是降低，而是升高，上列成本的降低额和降低率以负数填列；如果企业可比产品品种不多，其成本降低额和降低率，也可以按产品品种分别计划和计算。

　　按产品种类反映的商品产品生产成本表中的本月实际总成本的合计数和本年累计实际总成本的合计数，应与按成本项目反映的商品产品生产成本表中本月实际的完工产品生产成本合计数和本年累计实际的完工产品生产成本合计数分别核对相符（在【例 12-3】中，分别为 1 211 800 元和 14 660 375 元）。但是，按产品种类反映的商品产品生产成本表中按上年实际平均单位成本计算的本年累计总成本和按计划单位成本计算的本年累计总成本，不能与按成本项目反映的商品产品生产成本表中的上年实际产品生产成本合计数和本年计划产品生产成本合计数分别核对相符。这是因为，按产品种类反映的商品产品生产成本表是根据本年产品的实际产量和实际品种比重条件下的产品成本核算资料编制的；而按成本项目反映的商品产品生产成本表中的上年实际产品生产成本合计数，是上年的实际产量、实际品种比重条件下的实际总成本，本年计划产品生产成本合计数，是本年的计划产量、计划品种比重条件下的计划总成本。二者的产量和品种比重不同。

　　3. 按产品种类反映的商品产品生产成本表的主要作用

　　（1）可用于分析和考核各种类商品产品和全部商品产品本月和本年累计的成本计划的执行结果，对各种商品产品成本和全部商品产品成本的节约或超支情况进行一般评价。

　　（2）可用于分析和考核各种可比产品和全部可比产品本月和本年累计的总成本和上年相比的升降情况。

　　（3）对于规定有可比产品成本降低计划的产品，可以分析和考核可比产品成本降低计划的执行情况，促使企业采取措施，不断降低产品成本。

　　（4）可用于了解哪些产品成本节约较多，哪些产品成本超支较多，为进一步进行产品单位成本分析指明方向。

二、全部商品产品成本计划完成情况分析

结合【例 12-4】阐述如下。

（一）按成本项目分析全部商品产品成本计划完成情况

按成本项目反映的商品产品生产成本表，一般可以采用对比分析法、比率分析法进行分析。

表 12-2 所示的某工厂全部商品产品生产成本表是 20×× 年 12 月编制的，因而其本年累计实际数和本年计划数都是整个年度的生产耗费和产品生产成本，可以就商品产品生产成本合计数、生产耗费合计数及其各项生产耗费进行对比，揭示差异，以便进一步分析、查明发生差异的原因。

例如表 12-3 中的商品产品生产成本合计本年累计实际数高于本年计划数 17 975（14 660 375－14 642 400）元，高出 0.12 276%（17 975÷14 642 400×100%）。需要注意的是，成本超支的原因是多方面的，包括合理的原因和不合理的原因，不能简单地得出本年产品的成本管理水平没有达到成本计划要求的结论。例如，虽然各个产品的实际单位成本都低于计划单位成本，但是各个产品的实际产量都大于计划产量，可能使得产品的实际总成本大于计划总成本。显而易见，在这种情况下，本年产品的成本管理水平实际上比成本计划要求的还要好。商品产品生产成本合计本年累计实际数高于（或低于）本年计划数的原因是多方面的：可能是产品的单位成本提高（或降低），也可能是产品产量和各种产品品种比重变动（增加或减少单位成本高或单位成本低的产品产量）。应该结合有关明细资料查明影响产品总成本变动的主要因素和因素变动的主要原因，对产品总成本的升高或降低是否合理做出客观的评价。

就表 12-2 中的生产成本合计（本期发生的生产耗费）来看，其本年累计实际数低于本年计划数 135 145（14 386 355－14 521 500）元，而表 12-3 中商品产品生产成本本年累计实际数高于本年计划数 171 975 元，这是因为还应考虑期初、期末在产品和自制半成品余额变动的影响。计划的期末比期初在产品、自制半成品余额减少的金额 120 900（718 800－597 900）元小于实际的期末比期初在产品、自制半成品余额减少的金额 274 020（577 470－303 450）元，说明本年实际比计划多耗费了期初在产品、自制半成品 153 120（274 020－120 900）元。值得注意的是，18 855＋153 120＝171 975（元），与上述完工产品生产成本本年累计实际数高于本年计划数 171 975 元恰好相符。

就表 12-2 中的各项生产成本来看，直接材料、直接人工和制造费用的本年累计实际数与上年实际数和本年计划数相比，升降的情况和幅度各不相同，分析时不应该仅仅停留在指标数额的对比上，而还需要进一步查明影响指标变动的因素。对于有利的影响应巩固成绩，对于不利的影响应采取有效解决问题的措施。

如果表 12-3 中列有本月计划资料，还可以进行本月实际数与本月计划数的对比分析。

对于各种成本项目的耗费，还可计算构成比率，并在本年累计实际数、本月实际数、本年计划数、上年实际数之间进行对比分析。以直接材料为例，对表 12-2 中有关各项指标计算如下（其他成本项目的耗费，其构成比率的计算方法类似）。

（1）本年计划构成比率。

$$直接材料成本比率 = \frac{6\ 323\ 650}{14\ 521\ 500} \times 100\% = 43.547\%$$

（2）本月实际构成比率。

$$直接材料成本比率 = \frac{621\ 600}{1\ 347\ 700} \times 100\% = 46.123\%$$

（3）本年累计实际构成比率。

$$直接材料成本比率 = \frac{6\ 319\ 050}{14\ 386\ 355} \times 100\% = 43.924\%$$

（4）上年实际构成比率。

$$直接材料成本比率 = \frac{6\ 356\ 400}{14\ 693\ 720} \times 100\% = 43.259\%$$

根据上列各项构成比率，可以看出，本年累计实际构成比率与本年计划构成比率相比，本年直接材料的比重有所提高；本年累计实际构成比率与上年实际构成比率相比，本年直接材料的比重也有所提高；本月实际的直接材料的比重比本年计划、本年累计实际、上年实际都高。针对上述情况，企业都需要查明原因。

对于表 12-2 中所列的各期产品生产成本合计数，可以与各该期的产值、销售收入或利润相比，计算相关指标，即产值成本率、销售收入成本率或成本利润率，据以比较各期相对的经济效益。

（二）按产品种类分析全部商品产品成本计划完成情况

按产品种类分析全部商品产品成本计划完成情况，应该将全部商品产品生产成本表（按产品种类反映）中所列全部商品产品及其各种产品的本年累计实际总成本，分别与其本年累计计划总成本进行比较，确定全部产品和各种产品实际成本与计划成本的差异，了解成本计划的执行结果。

将表 12-3 中所列全部产品（完工产品，下同）和各种主要产品的本年累计实际总成本，分别与其本年累计计划总成本进行比较，确定全部产品和各种主要产品实际成本与计划成本的差异，了解成本计划的执行结果。

表 12-3 是某厂 20××年 12 月按产品种类反映的全部商品产品生产成本表，包括可比产品和不可比产品在内的全部产品本年累计实际总成本为 14 660 375 元，高于按本年计划单位成本计算的总成本 14 642 400 元（超支 17 975 元）。总地看来，成本计划执行结果是不够好的。但按产品品种来看，各种产品成本计划的执行结果并不相同。两种可比产品（甲、乙产品）本年累计实际总成本都小于计划总成本（合计节约 8 448 元）。12 月全部产品实际总成本（1 211 800 元）低于按本年计划单位成本计算的当月总成本（1 212 200 元），合计节约 400 元。两种可比产品本月实际总成本和本年累计实际总成本，都低于其本月计划总成本和本年累计计划总成本，这是好的势头，说明该厂具有进一步挖掘降低产品成本的潜力。

 **例 12-5**

根据表 12-3 的资料编制本年累计全部商品产品成本计划完成情况分析表，如表 12-4 所示。

表 12-4　本年累计全部商品产品成本计划完成情况分析表　　　　单位：元

产品名称	计划总成本	实际总成本	实际比计划升降额[①]	实际比计划升降率[②]
1. 可比产品	10 142 400	10 133 952	−8 448	−0.083 29%
其中：甲产品	3 840 000	3 832 800	−7 200	−0.187 50%
乙产品	6 302 400	6 301 152	−1 248	−0.019 80%
2. 不可比产品	4 500 000	4 526 423	+ 26 423	+ 0.587 18%
其中：丙产品	1 800 000	1 810 569.20	+ 10 569.20	+ 0.587 18%
丁产品	2 700 000	2 715 853.80	+ 15 853.80	+ 0.587 18%
合计	14 642 400	14 660 375	+ 17 975	+ 0.122 76%

注：[①]实际比计划升降额=实际总成本-计划总成本，差额大于零（正号）为上升额，差额小于零（负号）为降低额。

[②]实际比计划升降率 = $\dfrac{实际比计划升降额}{计划总成本} \times 100\%$，升降率大于零（正号）为上升率，小于零（负号）为降低率。

表 12-4 的计算数据表明，本年全部商品产品累计实际总成本超过计划总成本 17 975 元，总成本实际比计划上升了 0.122 76%；超支的原因在于不可比产品超支了 26 432 元。两种可比产品成本实际与计划比较，均是节约的结果。但是，乙产品总成本实际比计划降低率大大小于甲产品的，应该查明原因，采取相应的措施。对于不可比产品，应该发动相关工人、技术人员、管理人员，从设计、工艺、生产等各个环节，共同寻找降低产品成本的措施。

（三）可比产品成本降低计划完成情况的分析

进行可比产品成本降低计划完成情况的分析，除了需要选取商品产品生产成本表（按产品种类反映）（如表 12-3 所示）的有关资料之外，还需要从企业的成本计划中取得可比产品成本降低计划指标资料（如表 12-5 所示）。

进行可比产品成本降低计划完成情况的分析，一般可以按以下四步进行。

第一步，编制可比产品成本降低计划表。

可比产品成本降低计划表反映的是企业对计划年度可比产品按计划产量和计划单位成本计算的总成本比按计划产量和上年实际平均单位成本计算的总成本的降低额和降低率的要求。

$$
\begin{aligned}
\text{全部可比产品} \atop \text{成本计划降低额} &= {\text{按上年实际平均单位成本计算的} \atop \text{全部可比产品总成本}} - {\text{按本年计划单位成本计算的} \atop \text{全部可比产品总成本}} \\
&= \sum\left(\begin{array}{c}\text{某产品上年实际}\\\text{平均单位成本}\end{array} \times \begin{array}{c}\text{该产品计}\\\text{划产量}\end{array}\right) - \sum\left(\begin{array}{c}\text{该产品本年计}\\\text{划单位成本}\end{array} \times \begin{array}{c}\text{该产品计}\\\text{划产量}\end{array}\right)
\end{aligned}
$$（式 12-13）

以上公式的被减数是计划年度的各可比产品的计划产量按照上年的实际成本水平计算的总成本，减数是成本计划要求计划年度的各可比产品的计划产量的总成本控制数，前者减去后者的差额大于零，该差额为可比产品成本计划降低额，表示成本计划要求比上年的实际成本水平有所改善的程度（绝对数）。

$$
\begin{aligned}
\text{全部可比产品} \atop \text{成本计划降低率} &= \frac{\text{全部可比产品成本} \atop \text{计划降低额}}{\sum\left(\begin{array}{c}\text{某产品上年}\\\text{平均单位成本}\end{array} \times \begin{array}{c}\text{该产品计}\\\text{划产量}\end{array}\right)} \times 100\% \\
&= \frac{\sum\left(\begin{array}{c}\text{某产品上年实际}\\\text{平均单位成本}\end{array} \times \begin{array}{c}\text{该产品计}\\\text{划产量}\end{array}\right) - \sum\left(\begin{array}{c}\text{该产品本年计}\\\text{划单位成本}\end{array} \times \begin{array}{c}\text{该产品计}\\\text{划产量}\end{array}\right)}{\sum\left(\begin{array}{c}\text{某产品上年}\\\text{平均单位成本}\end{array} \times \begin{array}{c}\text{该产品计}\\\text{划产量}\end{array}\right)} \times 100\%
\end{aligned}
$$（式 12-14）

所谓全部可比产品成本计划降低率，是在"原来的成本水平"上的降低幅度（相对数），"原来的成本水平"就是按全年计划产量、上年实际平均单位成本计算的总成本，是判断计划年度成本是否降低及降低额的基准。因此，∑（某产品上年平均单位成本×该产品计划产量），是计算成本计划降低率的分母。

提示：如果企业的成本计划不是在计划年度初而是在上年第四季度编制的，则上年实际平均单位成本采用其预计数（编制成本计划时上年第四季度的实际成本还没有计算出来，只能预计），故而有的教材以上公式中的"上年平均单位成本"写为"上年预计平均单位成本"。

假定【例 12-4】中该厂本年可比产品成本降低计划表如表 12-5 所示。

表 12-5 可比产品成本降低计划表

20××年

可比产品	全年计划产量（件）	单位成本（元/件）		总成本（元）		计划降低指标	
		上年实际平均	本年计划	按上年实际平均单位成本计算	按本年计划单位成本计算	降低额（元）	降低率⑦=⑥÷④×100%
	①	②	③	④=①×②	⑤=①×③	⑥=④-⑤	
甲	1 520	2 446	2 400	3 717 920	3 648 000	69 920	1.880 62%
乙	2 808	2 080	2 020	5 840 640	5 672 160	168 480	2.884 62%
合计				9 558 560	9 320 160	238 400	2.494 10%

第二步，编制可比产品成本降低计划完成情况分析表。

表 12-5 是可比产品成本降低计划表，而要知道今年实际完成情况如何，需要分析可比产品成本降低计划完成情况。

进行这一方面分析，应该将商品产品生产成本表中所列全部可比产品和各种可比产品的本年累计实际总成本，与本年各种可比产品实际产量分别按上年实际平均单位成本计算的累计总成本进行比较，确定各个总成本的差异，了解成本计划完成的情况。

承表 12-3 的资料，编制可比产品成本降低计划完成情况分析表，如表 12-6 所示。

表 12-6 可比产品成本降低计划完成情况分析表

20××年

金额单位：元

可比产品	总成本		计划完成情况	
	按上年实际平均单位成本计算	本年实际	降低额	降低率
甲	3 913 600	3 832 800	80 800	2.064 60%
乙	6 489 600	6 301 152	188 448	2.903 85%
合计	10 403 200	10 133 952	269 248	2.588 13%

表 12-5 表明：该厂本年成本计划要求本年可比产品成本的降低额和降低率分别是 238 400 元和 2.494 10%。而表 12-6 表明：本年可比产品成本实际的降低额和降低率分别是 269 248 元和 2.588 13%。由此可见，实际降低额和降低率分别增加了（也就是说比计划要求多降低了）30 848（269 248－238 400）元和 0.094 03%（2.588 13%－2.494 10%）。

在表 12-5 和表 12-6 中都使用了"按上年实际平均单位成本计算的总成本"这个指标，作为判断计划年度成本计划完成情况的比较基准。初学者需要注意理解清楚这个指标的含义和作用，这对学习"第三步，进行影响可比产品成本降低任务完成情况的因素分析"这个既是重点也是难点的内容十分必要。

第三步，进行影响可比产品成本降低任务完成情况的因素分析。

计划年度全部商品可比产品成本与上年成本水平相比较，实际降低额和降低率比计划数分别增加了 30 848 元和 0.094 03%，这些成绩是哪些因素变动取得的？各个因素分别作出了多少贡献？

第二步讲到，该厂成本计划要求本年可比产品总成本（与上年成本水平相比）的降低额和降低率分别是 238 400 元和 2.494 10%，而本年可比产品总成本（与上年成本水平相比）实际的降低额和降低率分别是 269 248 元和 2.588 13%，实际降低额和降低率分别增加了（比计划要求多降低了）30 848 元和 0.094 03%。成本计划的这一执行结果是哪些因素变动取得的？每个因素比计划增加了多少降低数（降低额和降低率）呢？下面运用连环替代法分析计算如下。

影响全部可比产品成本降低额和降低率指标的因素有产品产量、产品品种结构和产品单位成本三个（指可比产品品种有两种或两种以上的情况，下同）。按照连环替代法的规则，依照顺序逐一分析、计算各因素变动影响的成本降低数（降低额和降低率）。

（1）产品产量因素

产品产量因素分析涉及产品产量变动的分析，这里的"产品产量变动"的含义，与日常生活中所说的产量变动的含义有所不同。

在进行影响全部可比产品成本降低额和降低率指标的因素分析中，产品产量变动的含义是单纯的产量变动，即"暂且"假定产品品种结构和产品单位成本都是计划数，只有各种可比产品的产量都成同一比例变动。在这种情况下，产品产量变动使得产品成本总额和成本降低额都成同一比例变动：产量增加，总成本和成本降低额同比例上升；产量减少，总成本和成本降低额同比例下降。由于计算成本降低率的分母和分子都成同一比例变动，分数值不变。所以，单纯的产量变动只会引起产品成本降低额的增加或减少，不会引起成本降低率的变动。也就是说：单纯的产量变动，成本降低率仍然为计划降低率。在实际工作中，很少见到各种可比产品产量都成同一比例变动的情况，产品品种结构和产品单位成本两个因素通常都会变动，若多个因素变动，也可逐一进行分析。因为下面紧接着就要依顺序逐步分析计算产品品种结构和产品单位成本变动导致的成本降低数。

正因为单纯的产量因素变动不会引起成本降低率的变动，所以，成本降低率取决于产品品种结构和单位成本两个因素。产量因素变动后的成本降低率仍然为计划降低率2.494 10%，那么在表12-3中，其成本降低额为10 403 200×2.494 10%=259 466.21（元）。

（2）产品品种结构因素

产品品种结构变动是指可比产品中各产品成本在全部产品成本中的实际比例与计划比例发生了变化。在其他条件不变的情况下，如果成本降低率较大的产品成本在总成本中的比重下降，则可比产品整体的成本降低额和降低率都会下降；如果成本降低率较小的产品成本在总成本中的比重下降，则可比产品整体的成本降低额和降低率都会上升。

表12-3中的按本年计划单位成本计算的可比产品本年累计总成本10 142 400元，是按实际产量、实际品种结构和计划单位成本计算的总成本，与上述按实际产量、计划品种结构和计划单位成本计算的总成本10 403 200元不相等，减少了260 800（10 403 200−10 142 400）元，按照连环替代法的规则，分析产生该差异的原因，显而易见，降低额是产品品种结构这一因素变动引起的。

按实际产量、实际品种结构和计划单位成本计算的成本降低额=10 403 200−10 142 400=260 800（元）

按实际产量、实际品种结构和计划单位成本计算的成本降低率=260 800÷10 403 200×100%=2.506 92%

（3）产品单位成本因素

产品实际单位成本比计划单位成本降低得越多，成本降低额和降低率就越大；反之，产品实际单位成本比计划单位成本降低得越少，成本降低额和降低率就越小。产品单位成本变动影响的成本降低数的计算过程见表12-7。

如前所述，以上三个因素的成本降低数都是与上年成本水平比较的降低数。

根据以上分析，编制影响可比产品成本降低任务完成情况的因素分析计算表如表12-7所示。

表12-7 影响可比产品成本降低任务完成情况的因素分析计算表

20××年

指标	降低额（元）	降低率
按计划产量、计划品种结构和 计划单位成本计算的成本降低数①	238 400*	2.494 10%*

续表

指标	降低额（元）	降低率
按实际产量、计划品种结构和计划单位成本计算的成本降低数②	10 403 200×2.494 10%=259 466.20	2.494 10%
产量变动的影响（②-①）	21 066.20	0
按实际产量、实际品种结构和计划单位成本计算的成本降低数③	10 403 200-10 142 400=260 800	260 800÷10 403 200×100%=2.506 92%
产品品种结构变动的影响（③-②）	1 333.79	0.012 82%
按实际产量、实际品种结构和实际单位成本计算的成本降低数④	10 403 200-10 133 952=269 248	269 248÷10 403 200×100%=2.588 13%
产品单位成本变动的影响（④-③）	8 448	0.081 21%
可比产品成本降低计划执行结果（各因素影响的代数和）	30 848	0.094 03%

注：*指根据成本计划，比按照上年成本水平计算的成本降低数（如果为负数，则是上升数）。

在表 12-7 中，三个因素变动的影响数，指比成本计划要求多降低的成本金额和成本降低率（如果为负数，则是少降低的成本金额和成本降低率）。

表 12-7 最后一行反映的可比产品成本降低计划执行结果的数据与以上第二步最后得出的结论完全一致。

影响可比产品成本降低任务完成情况的降低额和降低率也可以用以下的计算公式直接计算，现将有关计算公式介绍如下，供同学参考（限于篇幅，本书数学推导过程从略）。

① 产品产量变动对降低额的影响=[∑（实际产量-计划产量）×上年单位成本]×计划成本降低率　　　　　　　　　　　　　　　　　　　　　　　　　　　　　　　　　　　（式 12-15）

产品产量变动对降低额的影响大于零，为实际比计划多降低的金额；影响小于零，为少降低的金额。下同。

表 12-7 中，产品产量变动对降低额的影响=[（1 600-1 520）×2 446+（3 120-2 808）×2 080]×2.494 10%=[195 680+648 960]×2.494 10%=21 066.20（元），产品产量变动对降低率的影响=2.494 10%-2.494 10%=0

② 产品品种结构变动对降低额的影响=[∑（实际产量×上年实际单位成本）-∑（实际产量×本年计划单位成本）]-[∑（实际产量×上年实际单位成本）×计划成本降低率]　　（式 12-16）

产品品种结构变动对降低率的影响=产品品种结构变动影响的降低额/[∑（实际产量×上年实际单位成本）]×100%　　　　　　　　　　　　　　　　　　　　　　　　　　　　（式 12-17）

表 12-7 中，产品品种结构变动对降低额的影响=10 403 200-10 142 400-10 403 200×2.494 10%=1 333.8（元），产品品种结构变动对降低率的影响=$\frac{1333.8}{10\,403\,200}$×100%=0.012 82%。

③ 产品单位成本变动对降低额的影响=∑（实际产量×计划单位成本）-∑（实际产量×实际单位成本）=∑（计划单位成本-实际单位成本）×实际产量　　　　　　　　　（式 12-18）

产品单位成本变动对降低率的影响=产品单位成本变动影响的降低额/[∑（实际产量×上年实际单位成本）]×100%　　　　　　　　　　　　　　　　　　　　　　　　　　（式 12-19）

表 12-7 中，产品单位成本变动对降低额的影响=10 142 400-10 133 952=8 448（元），产品单位成本变动对降低率的影响=$\frac{8448}{10\,403\,200}$×100%=0.081 21%。

各因素影响的代数和与表 12-7 所示完全一致（计算从略）。

第四步，根据分析结果进行评价。

根据以上分析结果，企业可对今年的甲、乙两种可比产品成本降低计划完成情况做出以下总括评价。企业本年可比产品成本降低计划完成情况比较好，实际降低额和降低率分别增加了 30 848 元和 0.094 03 个百分点，其中，产品产量变动对降低额的影响为 21 066.20 元，占 30 848 元的 68.29%。即使两种可比产品本年的计划单位成本比上年实际平均单位产品都有所降低，两种可比产品本年的实际单位成本比计划单位成本也有所降低；本年 12 月两种可比产品的实际单位成本比全年累计实际平均单位成本又有所降低，企业比较全面地呈现了成本下降的趋势；本年乙产品的成本降低额和降低率都高于甲产品。需要关注两种可比产品尤其是乙产品的销售情况、市场需求变动情况等，防止为了完成成本降低计划而不适当地增加产品产量，出现产品积压导致更大损失的后果。在总括分析评价的基础上，应深入调查研究，总结经验，明确企业在成本管理方面取得的成绩和可能出现的问题，提出今后努力的方向和应该采取的措施。

需要注意的是，进行以上分析时，应注意可比产品与不可比产品的划分是否正确，检查有无将成本超支的可比产品列为不可比产品，或将成本降低较多的不可比产品列为可比产品，以提高可比产品成本下降或掩盖可比产品成本超支的弄虚作假情况。

第四节　主要产品单位成本表的编制和分析

主要产品单位成本表是反映工业企业在报告期内生产的各种主要产品单位成本水平和构成情况的成本报表。该表应按主要产品分别编制，能进一步反映商品产品生产成本表（按产品种类反映）中的各种主要产品成本。

一、主要产品单位成本表的结构

主要产品单位成本表可以分为按成本项目反映的单位成本和主要技术经济指标两部分。该表的单位成本部分还可以分别反映历史先进水平、上年实际平均、本年计划、本月实际和本年累计实际平均的单位成本。该表的主要技术经济指标部分主要反映原料、主要材料、燃料和动力的消耗数量。

例 12-6

某工厂 20××年 12 月主要产品单位成本表如表 12-8 所示。

表 12-8　主要产品单位成本表

××工厂　　　　　　　　　　　　　　　　20××年 12 月

产品名称：乙产品　　　　　　　产品规格：××　　　　　　　产品销售单价：2 200 元

本月计划产量：234 件　　　　　本年累计计划产量：2 808 件

本月实际产量：260 件　　　　　本年累计实际产量：3 120 件

成本项目	历史先进水平	上年实际平均	本年计划	本月实际	本年累计实际平均
直接材料	868.20	894.40	868.60	868.28	868.62

续表

成本项目	历史先进水平	上年实际平均	本年计划	本月实际	本年累计 实际平均
直接人工	529.10	548.40	545.40	544.32	544.90
制造费用	601.00	637.20	606.00	605.40	606.08
生产成本	1 998.30	2 080.00	2 020.00	2 018.00	2 019.60
主要技术经济指标	耗用量	耗用量	耗用量	耗用量	耗用量
1. A 材料	20.10 千克	20.40 千克	20.20 千克	20.15 千克	20.18 千克
B 材料	12.52 千克	13.50 千克	13.12 千克	12.72 千克	12.92 千克
2. 工时	27.5 小时	29 小时	28 小时	27.8 小时	27.9 小时
……					

注：实际经济工作中，某材料不同时期耗用量的高低与其成本不一定同比例变动，这是因为该材料单价可能变动。

二、主要产品单位成本表的填列方法

（1）主要产品单位成本表的产品销售单价应根据产品定价表填列；本月计划产量及本年累计计划产量应根据本年度生产计划填列；本月实际产量应根据产品成本明细账或产成品成本汇总表填列；本年累计实际产量应根据上月本表的本年累计实际产量，加上本月实际产量计算填列。

（2）主要产品单位成本表中历史先进水平单位成本应根据历史上该种产品成本最低年度本表的本年累计实际平均单位成本填列；上年实际平均单位成本应根据上年度本表本年累计实际平均单位成本填列；本年计划单位成本应根据本年度成本计划填列；本月实际单位成本应根据该种产品成本明细账或产成品成本汇总表填列；本年累计实际平均单位成本应根据该种产品成本明细账所记年初起至报告期末止完工入库总成本除以本年累计实际产量计算填列。如果产品为不可比产品，则不填列上年实际平均和历史先进水平的单位成本。

（3）主要产品单位成本表上年实际平均、本年计划、本月实际和本年累计实际平均的生产成本（单位成本合计数），应与表 12-3 中该种产品相应的单位成本核对相符。

（4）主要产品单位成本表主要技术经济指标部分，应根据企业或上级机构规定的指标名称和填列方法计算填列。

三、主要产品单位成本表的分析

企业在对全部产品及可比产品的成本降低任务进行分析的基础上，还应对主要产品的单位成本进行深入分析，以便抓住重点，揭示各种主要产品单位成本及其各个成本项目的变动情况，查明产品单位成本升降的具体原因，寻求降低产品成本的主要途径和方法。

企业应该选择成本超支或节约较多的产品，重点分析其单位成本，以便克服缺点，吸取经验，更有效地降低产品的单位成本。分析时，可以先将表中本期实际的生产成本（本期实际的单位成本合计数）与其他各种生产成本进行对比，对产品单位成本进行一般的分析；然后按其成本项目进行具体的分析。分析方法主要包括对比分析法、趋势分析法和差额分析法等。

沿用【例 12-5】的资料，说明主要产品单位成本表的分析程序和内容。

根据表 12-8 的数据，编制 20××年 12 月主要产品单位成本分析表如表 12-9 所示。

表 12-9　主要产品单位成本分析表

产品名称：乙产品　　　　　　　　　　　　　　20××年 12 月　　　　　　　　　　　　　金额单位：元

成本项目	历史先进水平	上年实际平均	本年计划	本年累计实际平均	本月实际	差异（本月）			
						比历史先进水平	比上年实际平均	比本年计划	比本年累计实际平均
直接材料	868.20	894.40	868.60	868.62	868.28	+ 0.08	−26.12	−0.32	−0.34
直接人工	529.10	548.40	545.40	544.90	544.32	+ 15.22	−4.08	−1.08	−0.58
制造费用	601.00	637.20	606.00	606.08	605.40	+ 4.40	−31.80	−0.60	−0.68
单位成本	1 998.30	2 080.00	2 020.00	2 019.60	2 018.00	+ 19.7	−62.00	−2.00	−1.60

（一）主要产品单位成本变动情况的分析

从表 12-9 可以看出，乙产品本月实际单位成本无论是从各个成本项目来看，还是从各个成本项目合计数来看，都比上年实际平均、本年计划、本年累计实际平均成本有所降低，虽然没有达到历史先进水平，但总的情况是好的。从成本项目的对比中可以看出，乙产品单位成本比上年实际平均单位成本的降低额比较多的是制造费用和直接材料，应该从产品的各个成本项目（特别是以降低额比较多的制造费用和直接材料为重点项目）入手，进一步具体分析单位成本降低的主要原因。至于没有达到历史先进水平，也不能武断地说完全是成本管理水平的原因。例如，历史先进水平在五年前，近年来物价上涨幅度较大；以及虽然企业劳动生产率有较大提高，但是企业职工薪酬增长幅度高于劳动生产率增长幅度等导致产品成本上升。因此，企业需要根据实际情况进行具体分析。此外，从本月实际、本年累计实际平均与本年计划相比的数据来看，本年计划比较符合企业实际情况，成本计划既具有可行性，也具有先进性；从本月实际与本年累计实际平均相比的数据来看，本月成本管理水平进一步提高，也说明企业尚存在进一步降低产品成本的空间。

（二）主要产品单位成本的分项目分析

1. 直接材料成本的分析

从上列乙产品的各项成本来看，直接材料成本占产品单位成本的比重最大，而且影响直接材料成本的因素很多，所以以直接材料成本应该作为重点成本项目进行分析。

$$某种原材料成本＝单位耗用量×原材料单价　　　　　　　　（式 12-20）$$

原材料成本主要受单位产品原材料耗用量和原材料单价的影响，两个因素变动对原材料成本的影响（额）可用差额分析法计算（注意前述差额分析法的计算规则）。

$$原材料耗用量变动的影响＝(实际单位耗用量－计划单位耗用量)×原材料计划单价　　（式 12-21）$$

$$原材料单价变动的影响＝实际单位耗用量×(原材料实际单价－原材料计划单价)　　（式 12-22）$$

假定乙产品本年成本计划规定和本月实际发生的材料耗用量和材料单价如表 12-10 所示。

表 12-10　乙产品直接材料成本分析表

20××年 12 月　　　　　　　　　　　　　　　　　金额单位：元

原材料名称	耗用量（千克）		单价		直接材料成本		差异	
	计划	实际	计划	实际	计划	实际	数量（千克）	金额
A	20.20	20.15	25.00	25.26	505.00	508.99	−0.05	+ 3.99
B	13.12	12.72	30.00	30.29	393.60	385.29	−0.40	−8.31
小计					898.60	894.28		−4.32
减：废品回收价值					30.60	26.60		−4
合计					868.00	867.68		−0.32

单位乙产品直接材料成本实际比计划降低 4.32 元，其中：耗用量变动影响的降低额=（20.15−20.20）×25.00+（12.72−13.12）×30.00 = −1.25+（−12）= −13.25（元），单价变动影响的降低额=20.15×（25.26−25.00）+12.72×（30.29−30.00）=5.24+3.69=8.93（元）。两个因素变动影响的代数和=−13.25+8.93=−4.32（元）。

从以上分析可以看到：虽然原材料价格上升使单位乙产品直接材料成本增加 8.93 元，但是原材料耗用量的减少使单位乙产品直接材料成本减少 13.25 元，所以，本月单位乙产品直接材料成本实际比计划降低了 4.32 元。只要原材料单价升高确实是市场价格上涨或者国家调升价格等外界客观原因引起的，而且企业没有因为原材料耗用量的减少而影响产品的质量，那么，可以做出企业本月在加强成本管理、降低产品直接材料成本方面取得了一定的成绩的评价。

一般来说，影响材料耗用量变动的因素主要有：产品设计的变化，下料方法和生产工艺的改变，材料利用程度的变化，材料质量的变化，原材料配料或代用材料的变化，废品数量和废品回收利用情况的变化，原材料综合利用情况的变化，生产工人的劳动态度、技术操作水平的以及机器设备性能的变化等。影响材料单价变动的因素主要有：材料买价的变动、运杂费的变化、运输途中合理损耗的变化、材料整理加工成本及检验费的变化等。

 **例 12-7**

某企业用 A 材料制造甲产品，单位甲产品净重 40 千克，耗用 A 材料成本 2 000 元。改进产品设计后，产品净重 38 千克，原材料利用率（产品净重量或有效重量与耗用的原材料重量之比）不变。计算该项改进措施使得甲产品单位成本降低的金额。

$\frac{38}{40}×100\%= 95\%$，表示产品设计改进后的产品净重是改进前的 95%；$\left(1−\frac{38}{40}\right)×100\%= 5\%$，表示产品设计改进后，产品的净重减少了 5%。在原材料利用率和原材料单价不变的情况下，单位甲产品耗用的原材料成本（在变动前的基础上）降低了 5%，所以，产品设计改进后单位甲产品直接材料成本降低的金额=2 000×5%=100（元）。

推而广之，在原材料利用率和原材料单价不变的情况下，产品重量变动对单位产品直接材料成本影响（金额）的计算公式如下。

$$\text{产品重量变动对单位产}\atop\text{品直接材料成本的影响} = (1−\frac{\text{变动后产品重量}}{\text{变动前产品重量}})×\frac{\text{变动前单位产品}}{\text{的直接材料成本}} \qquad （式 12-23）$$

分析计算影响成本的因素时，根据因素分析法的规则，没有分析到的因素用变动前的数据；或者说，应在变动前的基础上计算降低额。

 **例 12-8**

某企业对乙产品原材料加工方法和加工设备进行了改进，并采取合理的套裁下料措施，减少了毛坯的切削余量和工艺损耗，提高了原材料利用率，节约了原材料消耗。该企业改进原材料加工方法和加工设备前后的有关资料如表 12-11 所示。

表 12-11　乙产品原材料利用率分析表

20××年 12 月　　　　　　　　　　　　　　　　　　　　　　产量：400 件

项目	单位	改进前	改进后
原材料消耗总量	千克	20 000	19 200
单位产品原材料消耗量	千克	50	48

续表

项目	单位	改进前	改进后
原材料平均单价	元/千克	50	50
原材料总成本	元	1 000 000	960 000
加工后产品净重	千克	18 400	18 240
原材料利用率	%	92	95
每件净重	千克	46	45.6
单位产品原材料成本	元	2 500	2 400

由表 12-11 可计算出：乙产品单位直接材料成本降低了 100 元，是由于产品重量减轻和原材料利用率提高两个因素影响的。对于一个已经定型的产品来说，原材料利用率提高比产品重量减轻更重要一些。因此，下面先分析原材料利用率提高对单位产品直接材料成本的影响，然后，在此基础上再分析产品重量减轻对单位产品直接材料成本的影响。

（1）原材料利用率提高对单位产品直接材料成本的影响

$$\text{原材料利用率变动对单位} \atop \text{产品直接材料成本的影响} = (1 - \frac{\text{变动前的原材料利用率}}{\text{变动后的原材料利用率}}) \times \frac{\text{变动前单位产品的}}{\text{直接材料成本}} \quad （式 12-24）$$

对以上公式的直观理解：设变动前单位产品投入生产的原材料需要量为 1，【例 12-7】中，原材料利用率变动前形成单位产品有效重量的原材料为 0.92，变动后形成单位产品有效重量的原材料为 0.95，也就是说：变动前形成单位产品有效重量的原材料为变动后形成单位产品有效重量的原材料的 $\frac{92}{95}$。因此，原材料利用率的提高，使得耗费的原材料减少了（$1 - \frac{92}{95}$），用其乘以变动前单位产品的直接材料成本，就是原材料利用率提高使得单位产品直接材料成本降低的金额（注意到因素分析法的规则：先分析数量因素，后分析价格因素，此处还没有分析到价格因素）。

由于原材料利用率提高对单位产品直接材料成本影响的计算公式对于初学者来说不容易理解，所以推导该计算公式如下。

按照因素分析法的规则，先分析数量因素，即原材料利用率提高对单位产品直接材料成本降低的影响（应注意，原材料利用率提高，与产品有效重量提高不是一回事；以下的"改进前"和"改进后"是指原材料利用率的改进前后）。

由于：

$$\text{原材料利用率} = \frac{\text{产品有效重量（或净重量）}}{\text{投入生产的原材料重量}} \times 100\%$$

所以：

$$\frac{\text{改进前原材料的利用率}}{\text{改进后原材料的利用率}} = \frac{\text{改进前产品的有效重量（净重量）}}{\text{改进前投入生产的原材料重量}} \div \frac{\text{改进前产品的有效重量（净用量）}}{\text{改进后投入生产的原材料重量}}$$

$$= \frac{\text{改进后投入生产的原材料重量}}{\text{改进前投入生产的原材料重量}}$$

由于：

$$\frac{\text{改进后投入生产的原材料重量}}{\text{改进前投入生产的原材料重量}} = \frac{\text{改进前原材料的利用率}}{\text{改进后原材料的利用率}}$$

所以：

$$\text{改进后投入生产的原材料重量} = \text{改进前投入生产的原材料重量} \times \frac{\text{改进前原材料的利用率}}{\text{改进后原材料的利用率}}$$

$$\begin{array}{l}\text{原材料利用率变动对单位产品}\\ \text{直接材料成本的影响（降低额）}\end{array}=\left(\begin{array}{l}\text{改进前单位产品投入}\\ \text{生产的原材料重量}\end{array}-\begin{array}{l}\text{改进后单位产品投入}\\ \text{生产的原材料重量}\end{array}\right)\times\text{原材料单价}$$

$$=\left(1-\frac{\text{改进前原材料的利用率}}{\text{改进后原材料的利用率}}\right)\times\text{改进前单位产品投入生产的原材料重量}\times\text{原材料单价}$$

$$=\left(1-\frac{\text{改进前原材料的利用率}}{\text{改进后原材料的利用率}}\right)\times\text{改进前单位产品的直接材料成本}$$

即：

$$\begin{array}{l}\text{原材料利用率变动对单位}\\ \text{产品直接材料成本的影响}\end{array}=\left(1-\frac{\text{变动前的原材料的利用率}}{\text{变动后的原材料的利用率}}\right)\times\begin{array}{l}\text{变动前单位产品}\\ \text{的直接材料成本}\end{array}$$

【例 12-8】中，原材料利用率提高对单位产品直接材料成本的影响 $=\left(1-\dfrac{92\%}{95\%}\right)\times2\,500=78.95$（元）。

（2）产品重量减轻对单位产品直接材料成本的影响

$$\begin{array}{l}\text{产品重量减轻对单位产}\\ \text{品直接材料成本的影响}\end{array}=(2\,500-78.95)\times\left(1-\frac{45.6}{46}\right)=21.06\text{（元）}$$

以上计算式中，（2 500−78.95）为第一个因素变动后的单位产品原材料成本；$\left(1-\dfrac{45.6}{46}\right)$ 如果用

百分数表示，则为产品重量减轻使得（2 500−78.95）降低的百分比（因素分析法的规则：已经分析过的因素，其相应的数值采用变动后的数值），两者的乘积为产品重量减轻对单位产品直接材料成本的影响金额（降低额）。

以上两个因素对单位产品直接材料成本引起的降低额合计为：78.95+21.06=100.01≈100（元）。四舍五入近似计算导致尾差 0.01 元。

 **例 12-9**

某企业生产某产品所耗用的各种原材料的单价、消耗总量都不变，只是各种材料的配料比例发生变化。有关资料及其对产品单位成本的影响分析计算如表 12-12 所示。

表 12-12　某产品配料比例变动分析表

原材料名称	材料单价（元/千克）	原配方		新配方	
		用量（千克）	金额（元）	用量（千克）	金额（元）
甲	30	50	1 500	100	3 000
乙	60	100	6 000	100	6 000
丙	80	150	12 000	100	8 000
合计		300	19 500	300	17 000
平均单价		65		56.667	

配料比例变动对单位成本的影响 $=300\times(56.667-65)=-2\,499.9\approx-2\,500$（元）

需要注意的是，配料比例发生变化使得单位产品成本降低，必须以不降低对产品质量的要求为前提，否则，单位产品成本降低不能说是采取该项措施取得的成绩。

在实际工作中，各种原材料配料比例的变动常常是在原材料单价、原材料消耗总量同时变化的情况下发生的。按照前述因素分析法的规则，应该按照原材料消耗总量、配料比例、原材料单价的

先后顺序，运用差额分析法（因素分析法的简化方法）进行分析。其计算公式如下。

$$\text{原材料消耗总量}\atop\text{变动的影响} = \left(\text{实际消耗}\atop\text{总量} - \text{计划消耗}\atop\text{总量}\right) \times \text{计划配方下的}\atop\text{计划平均单价} \qquad (\text{式 }12\text{-}25)$$

$$\text{配料比例}\atop\text{变动的影响} = \text{实际消耗}\atop\text{总量} \times \left(\text{实际配方下的}\atop\text{计划平均单价} - \text{计划配方下的}\atop\text{计划平均单价}\right) \qquad (\text{式 }12\text{-}26)$$

$$\text{原材料单价}\atop\text{变动的影响} = \text{实际消耗}\atop\text{总量} \times \left(\text{实际配方下的}\atop\text{实际平均单价} - \text{实际配方下的}\atop\text{计划平均单价}\right) \qquad (\text{式 }12\text{-}27)$$

2. 直接人工成本的分析

单位产品直接人工成本的变动主要受劳动生产率（生产单位产品所耗工时）和生产人员工资水平（小时工资率）的影响。分析产品单位成本中的直接人工成本，必须按照职工薪酬制度、直接人工耗费计入产品成本的方法来进行。在计件工资制度下，只要计件工资单价不变，单位产品成本中的直接人工成本一般也不会变化，除非发生了某些特殊情况。例如，不单独核算废品损失的企业，发生料废的废品损失，合格产品的直接人工成本项目中包括不可修复废品的人工成本和可修复废品修复的人工耗费等（废品净损失导致合格品总成本和包括直接人工成本在内的各成本项目的单位产品成本上升）。在计时工资制度下，如果企业生产多种产品，产品成本中的直接人工耗费一般都是按生产工时比例分配计入的。在这种情况下，各产品单位成本中的直接人工成本，等于生产单位产品的工时消耗与每小时职工薪酬的乘积（如同第三章所述，应付职工薪酬等于应付职工工资与应计提的职工福利费、医疗保险费、养老保险费、失业保险费、工伤保险费、生育保险费、住房公积金、工会经费、职工教育经费等之和）。在计时工资制度下，产品的每小时工资分配额受计时工资总额和生产工时总数的影响。分析单位产品成本中的直接人工成本，应结合生产技术、生产工艺和劳动组织等具体情况，重点研究单位产品生产工时和每小时工资变动的原因。

 例 12-10

某企业实行计时工资制，根据有关成本计划资料和本月应付职工薪酬耗费分配表，单位甲产品所耗工时数和每小时人工成本的计划数和实际数如表 12-13 所示。

表 12-13 单位甲产品直接人工成本计划与实际对比表

20××年×月

项目	产品所耗工时（小时）	每小时人工成本（元）	直接人工成本（元）
本年计划	19	17	323
本月实际	17	18	306
直接人工成本差异	−2	+1	−17

从表 12-13 可以看出，甲产品单位成本中的直接人工成本本月实际比本年计划降低了 17 元。采用差额分析法计算各因素的影响程度如下。

单位产品所耗工时变动的影响=−2×17= −34（元）

每小时人工成本变动的影响=17×1=+17（元）

两个因素变动影响程度合计= −34+17=−17（元）

以上分析计算表明：单位甲产品直接人工成本节约 17 元，完全是工时消耗大幅度降低的结果，而每小时人工成本则是超支的，它抵销了部分由于工时消耗降低所产生的直接人工成本的降低额。

企业应该进一步查明单位产品工时消耗降低和每小时人工成本超支的原因。

单位产品所耗工时节约，一般是生产工人提高了劳动的熟练程度，从而提高了劳动生产率的结果；但也不排除是生产工人劳动态度马虎造成的。企业应该查明节约工时以后是否影响了产品的质量，而通过降低产品质量来节约工时，是不能允许的。

每小时直接人工成本是以生产工资总额除以生产工时总额求出的。工资总额控制得好，生产人员薪酬减少，会节约每小时直接人工成本；但是也应该考虑让工人的薪酬保持在合理的水平，这是以人为本，调动职工积极性，保证企业稳定、可持续发展的需要。对生产人员薪酬总额变动的分析，可以与上述按成本项目反映的产品生产成本表中直接人工成本的分析结合起来进行。

在工时总额固定的情况下，减少非生产工时、增加生产工时总额会节约每小时直接人工成本；反之，在工时总额固定的情况下，增加非生产工时，减少生产工时总额会使每小时直接人工成本超支。因此，要查明每小时人工成本变动的具体原因，还应对生产工时的利用情况进行调查研究。

3. 制造费用的分析

制造费用一般是间接计入耗费，产品成本中的制造费用一般是根据生产工时等分配标准分配计入的。因此，单位产品成本中制造费用的分析，通常与计时工资制度下直接人工成本的分析类似，先要分析单位产品所耗工时变动和每小时制造费用变动两个因素对制造费用变动的影响，然后查明这两个因素变动的具体原因。如果在进行直接人工成本分析时，已经查明了单位产品所耗工时变动和生产工时利用好坏的具体原因，只需要联系前述按成本项目反映的商品产品生产成本表中制造费用总额变动的分析，并结合制造费用各明细项目具体变动的分析，就可以了解单位产品成本中制造费用变动的原因。

4. 主要技术经济指标的分析

主要产品单位成本分析涉及的主要技术经济指标的分析，除了前述材料利用率变动对单位产品成本影响的分析外，一般还有劳动生产率变动、产品质量变动对单位产品成本影响的分析等。这些方面的分析主要是通过本月实际数和本年累计实际平均数与本年计划数、上年实际平均数、历史先进水平分别进行对比，揭示差异，进而查明发生差异的具体原因。劳动生产率变动和产量变动对产品单位成本的影响（额）的计算公式如下。

（1）劳动生产率变动对产品单位成本影响（额）的分析。

在一般情况下，随着劳动生产率的不断提高，平均工资也应随之增长，但平均工资的增长速度不应超过劳动生产率的增长速度，只有如此，才能使单位产品成本不断降低。劳动生产率有两种表现形式，此处的劳动生产率指一定时期（如每月）生产的产品数量。劳动生产率变动对单位产品成本的影响（额）可按以下公式计算。

$$\begin{array}{l}\text{劳动生产率变动对单位}\\\text{产品成本的影响}\end{array} = \left(1 - \frac{1 + \text{平均工资增长的百分比}}{1 + \text{劳动生产率增长的百分比}}\right) \times \begin{array}{l}\text{变动前单位产品成本中}\\\text{的直接人工成本额}\end{array} \quad (\text{式 12-28})$$

假定变动前每月生产工人工资为 1，则变动后每月生产工人工资为（1+平均工资增长的百分比）；假定变动前每月生产工人生产的产品产量为 1，则变动后每月生产工人生产的产品产量为（1+劳动生产率增长的百分比）。根据以上假定，变动前单位产量的工资理所当然也为 1，因而：

$\left(\dfrac{1 + \text{平均工资增长的百分比}}{1 + \text{劳动生产率增长的百分比}}\right)$ 为变动后单位产量的生产工人工资（这是一个相对数，是小于 1 的分数）；

$\left(1 - \dfrac{1 + \text{平均工资增长的百分比}}{1 + \text{劳动生产率增长的百分比}}\right)$ 为单位产量的生产工人工资变动后比变动前减少的数量（这

是一个小于 1 的分数，即单位产量的生产工人工资变动后比变动前减少了多少）。

所以，劳动生产率变动对产品单位成本的影响额（降低额）为：

$$\left(1-\frac{1+平均工资增长的百分比}{1+劳动生产率增长的百分比}\right)\times 变动前单位产品成本中的直接人工成本额$$

（2）产量变动对单位产品成本影响（额）的分析。

在生产耗费按其与产品产量的关系划分为固定成本和变动成本的情况下，随着产量在一定范围内的增加，固定成本总额不变，但单位产品成本中分摊的固定成本却随之成比例地减少；而单位产品的变动成本则不发生变化。因此，产量变动对单位产品成本的影响主要与固定成本有关，其影响金额可按下式计算。

$$产量变动对单位\atop产品成本的影响=\left(1-\frac{1}{1+产量增长的百分比}\right)\times 单位产品固定成本总额 \qquad （式 12-29）$$

 **例 12-11**

某企业第一生产车间生产 A 产品，当月制造费用中的固定成本为 80 000 元，A 产品计划产量为 4 000 件。根据客户临时要求，当月 A 产品产量增加了 25%。由于该车间有剩余生产能力，A 产品产量增加了 25%，但不会增加固定成本。A 产品产量变动对产品单位成本影响（额）的分析如下。

假定当月制造费用中的固定成本为 1，增加前的产量也为 1，则单位产品分摊的固定成本为 1。根据客户要求产量增加了 25%，即产量增加到 1.25，则单位产品分摊的固定成本为 $\frac{1}{1+25\%}$ =0.8=80%，单位产品分摊的固定成本减少了 1-80%=20%；产量增加前单位产品成本中的固定成本为 80 000÷4 000=20（元），产量增加后单位产品成本中的固定成本降低额为 20×20%=4（元）。

验证：产量增加前单位产品成本中的固定成本为 80 000÷4 000=20（元）；产量增加后单位产品成本中的固定成本为 80 000÷（4 000×1.25）=16（元）；产量增加后单位产品成本中的固定成本降低额为 20-16=4（元）。由于产量在一定范围内变动，单位产品成本中的变动成本不变，所以，产量变动对产品单位成本的影响就是降低 4 元。

第五节 制造费用明细表和期间费用报表的编制和分析

一、制造费用明细表

制造费用明细表是反映工业企业在报告期内发生的制造费用及其构成情况的报表。由于辅助生产车间的制造费用已通过辅助生产成本的分配转入企业各受益对象有关的成本、费用项目，该表的制造费用只反映基本生产车间的制造费用，不包括辅助生产车间的制造费用，以免重复反映。

（一）制造费用明细表的结构和编制方法

制造费用明细表一般按照规定的制造费用项目，分别反映整个企业本年计划数、上年同期实际数、本月实际数和本年累计实际数。为了分别反映各车间各期制造费用计划执行情况，制造费用明细表也可以分车间按月编制。

某工业企业制造费用明细表的格式如表 12-14 所示。

表 12-14　制造费用明细表

编制单位：××工厂　　　　　　　　　　　　20××年×月　　　　　　　　　　　　　　单位：元

费用项用	本年计划	上年同期实际	本月实际	本年累计实际
机物料消耗				
职工薪酬				
固定资产折旧				
办公费				
水电费				
劳动保护费				
在产品盘亏、毁损				
停工损失				
其他				
合计				

表 12-14 中，"本年计划"栏目，根据制造费用的年度计划（预算）数据填列；"上年同期实际"栏目，根据上年同期本表的本月实际数填列；"本月实际"栏目，根据制造费用总账所属各基本生产车间制造费用明细账的本月合计数汇总填列；"本年累计实际"栏目，根据这些制造费用明细账的本月末累计数汇总计算填列。企业如果需要，也可以根据制造费用的分月计划，在表中加列"本月计划"栏目。

（二）制造费用明细表的作用

制造费用明细表的作用如下。

（1）可用于按费用项目分析制造费用本月实际数比上年同期实际数的增减变化情况。在制造费用明细表中列有本月计划数的情况下，还可用于分析本月计划的执行结果。

（2）可用于在年度内按照制造费用项目分析制造费用年度计划的执行情况，预测年末时制造费用能否节约，会不会超支，以便采取措施，将制造费用控制在年度计划之内；可用于在年末按照制造费用项目分析制造费用年度计划执行的结果，通过调查研究，分析节约或超支的原因。

（3）可用于分析本月实际和本年累计实际制造费用的构成情况，并与上年同期实际构成情况和计划构成情况进行比较，分析制造费用构成的发展变化情况和原因。

（三）制造费用明细表的分析

对制造费用明细表进行分析时应采用的方法主要有对比分析法和构成比率分析法。

1．对比分析法

在采用对比分析法进行分析时，通常先将本月实际数与上年同期实际数进行对比，揭示本月实际与上年同期实际之间的增减变化。在表中列有本月计划数的情况下，则应先进行本月实际数与本月计划数的对比，以便分析和考核制造费用月度计划的执行结果。在将本年累计实际数与本年计划数进行对比时，如果该表不是月度报表，这两者的差异就只反映年度内计划执行的情况，该表可以提醒人们应该注意的问题。例如该表是 6 月的报表，而其本年累计实际数已经达到甚至超过本年计划的半数时，就应注意节约以后各月的制造费用，以免全年的实际数超过计划数。如果该表是 12 月的报表，则本年累计实际数与本年计划数的差异，就是全年制造费用计划执行的结果。为了具体分析制造费用增减变动和计划执行好坏的情况和原因，上述对比分析应该按照制造费用项目进行。由于制造费用的项目很多，所以应该选择超支或节约数额较大或者制造费用比重较大的项目有重点地进行分析。

各项制造费用的性质和用途不同，评价各项费用超支或节约时应该联系费用的性质和用途具体分析，不能简单地将一切超支都看成是不合理的、不利的，也不能简单地将一切节约都看成是合理的、有利的。例如，劳动保护费的节约，可能由于缺少必要的劳动保护措施，影响安全生产。只有在保证安全生产的条件下节约劳动保护费才是合理的、有利的。又如，机物料消耗的超支也可能是由于追加了生产计划，增加了开工班次，这样的超支是合理的。

此外，在分项目分析制造费用时，不单独核算停工损失的企业，还应注意对计入制造费用的停工损失的分析。计入制造费用的停工损失的发生额一般都是生产管理不良的结果。

2. 构成比率分析法

在采用构成比率分析法分析制造费用时，可以计算某项费用占制造费用合计数的构成比率，也可将制造费用分为与机器设备使用有关的费用（例如机器设备的折旧费、机物料消耗等，如果动力费不专设成本项目，还应包括动力费）、与机器设备使用无关的费用（例如车间管理人员薪酬、办公费等），以及非生产性损失等几类，分别计算其占制造费用合计数的构成比率。可以将这些构成比率与企业或车间的生产、技术的特点联系起来，分析其构成是否合理；也可以将本月实际和本年累计实际的构成比率与本年计划的构成比率和上年同期实际的构成比率进行对比，揭示其差异和与上年同期的增减变化，分析其差异和增减变化是否合理。

二、期间费用报表

期间费用报表是反映企业在报告期内发生的销售费用、管理费用和财务费用的报表。分析人员利用期间费用报表所提供的资料，可以考核期间费用计划或预算的执行情况，分析各项费用的构成和增减变动情况，既可促进企业压缩开支、避免铺张浪费、节约各项费用支出，增加盈利，也能推动企业进一步改善经营管理，增强企业活力。

如前所述，有关期间费用的报表，各企业详细程度不一，编制方法都比较直观易懂，其分析方法与制造费用明细表的分析也大体相同，因此，不重复介绍。

为了深入研究制造费用和期间费用变动的原因，寻求降低各种耗费的途径和方法，也可按耗费的用途及影响耗费变动的因素，将制造费用和期间费用按以下分类方法归类进行研究。

（一）生产性耗费

生产性耗费包括制造费用中的折旧费、机物料消耗等，这些耗费的变动与企业生产规模、生产组织、设备利用程度等有直接联系。这些耗费的特点是：在业务量一定的范围内相对固定，超过这个范围就可能上升。分析这些耗费时应该根据其特点，联系有关因素的变动评价其变动的合理性。

（二）管理性耗费

管理性耗费包括行政管理部门人员的薪酬、生产车间（部门）和行政管理部门等发生的固定资产修理费、办公费、业务招待费等。管理费用的多少取决于企业行政管理系统的设置和运行情况，以及各项开支标准的执行情况。分析管理性耗费时，除将明细项目与限额指标相比分析其变动原因外，还应从紧缩开支、提高工作效率的要求出发，检查企业对有关精简机构、减少层次、合并职能、压缩人员等措施的执行情况。

（三）发展性耗费

发展性耗费包括职工教育经费、设计制图费、试验检验费、研究开发费等，这些耗费与企业的发展有关，实际上是对企业未来的投资。但是这些耗费应当建立在合理、经济、可行的规划上，企业不能盲目地进行研究开发或职工培训，而应将耗费的支出与取得的效果联系起来进行分析评价。

（四）防护性耗费

防护性耗费包括劳动保护费、保险费等，这些耗费的变动直接与劳动条件的改善、安全生产等相关。显然，对这类耗费的分析不能认为支出越少越好，而应结合劳动保护工作的开展情况，分析耗费支出取得的效果。

（五）非生产性耗费

非生产性耗费主要指材料、在产品、产成品的盘亏和毁损。分析这类耗费发生的原因时，必须从检查企业生产工作质量、各项管理制度是否健全以及库存材料、在产品、产成品的保管情况入手，并把分析与推行和加强经济责任制结合起来。

第六节 成本效益分析

在企业的生产经营中，要全面评价企业的成本管理工作，不能仅仅局限于成本费用指标的变动分析，还应该将反映企业投入的成本费用指标与反映企业产出的生产经营成果指标联系起来，以全面地分析、评价企业劳动耗费的经济效益，即需要进行成本效益分析。

反映企业成本效益的指标很多，下面介绍常用的产值成本率、主营业务收入成本费用率、成本费用利润率指标的分析方法。有些企业还会对一些特殊的成本项目进行分析，例如，进行质量成本效益和环境成本效益分析等。

一、产值成本率分析

$$产值成本率 = \frac{全部商品产品生产成本}{商品产值} \times 100\% \qquad （式12-30）$$

$$产值成本率 = \frac{\sum(产品产量 \times 该产品单位成本)}{\sum(产品产量 \times 该产品出厂成本)} \times 100\% \qquad （式12-31）$$

$$产值成本率（元/百元） = \frac{全部商品产品生产成本}{商品产值} \times 100\% \qquad （式12-32）$$

式中，商品产值一般按现行价格计算。产值成本率越低，说明生产耗费的经济效益越好；产值成本率越高，说明生产耗费的经济效益越差。

分析产值成本率，一般先运用比较分析法，将本期实际数与计划数、上期实际数、上年实际平均数或同类企业实际数对比，检查计划完成的程度，分析发展变化趋势及其与同类企业的差距，并在此基础上进一步分析，研究影响产值成本率变动的各个因素，确定其影响程度。

影响产值成本率变动的因素主要有以下三个：①产品品种结构的变动；②产品单位成本的变动；③在商品产值按现行价格计算时，还有价格变动的因素。影响产值成本率指标变动的各因素影响程度可采用连环替代法进行分析与计算。

在根据以上公式采用连环替代法进行分析时，应注意以下两点。①产品品种结构的变动表现为公式中各产品产量的变动。如果各产品产量均成同一比例变动，即产品品种结构没有发生变动，在这种特殊情况下，在其他两个因素不变的情况下，产值成本率不变。②依顺序进行分析与计算时，应先分析被除数（分子）因素，后分析除数（分母）因素。

 **例 12-12**

某企业 20××年生产和销售 A、B 两种产品，有关资料如表 12-15 所示。

表 12-15　A、B 产品产量、成本、价格等资料

20××年　　　　　　　　　　　　　　　　　金额单位：元

产品	产量（台）		单价		单位成本		产值		总成本		产值成本率（%）	
	计划	实际	计划	实际	计划	实际	计划	实际	计划	实际	计划	实际
A	20	20	6 400	6 450	3 840	3 800	128 000	129 000	76 800	76 000	60.00	58.914 73
B	20	19	8 000	7 900	5 000	4 960	160 000	150 100	100 000	94 240	62.50	62.784 81
合计	—	—	—	—	—	—	288 000	279 100	176 800	170 240	61.388 89	60.996 06

从表 12-15 可见，本年产值成本率实际比计划少 0.392 83%（61.388 89%-60.996 06%），影响产值成本率指标变动的各因素影响程度见表 12-16。

表 12-16　影响产值成本率任务完成情况的因素分析计算表

20××年

指标	产值成本率
按计划产量、计划单位成本、计划出厂价格计算的产值成本率①	$\dfrac{176\,800}{288\,000} \times 100\% = 61.388\,89\%$
按实际产量、计划单位成本、计划出厂价格计算的产值成本率②	$\dfrac{20 \times 3\,840 + 19 \times 5\,000}{20 \times 6\,400 + 19 \times 8\,000} = 61.357\,14\%$
产品品种结构变动的影响（②-①）	$-0.031\,75\%$
按实际产量、实际单位成本、计划出厂价格计算的产值成本率③	$\dfrac{20 \times 3\,800 + 19 \times 4\,960}{20 \times 6\,400 + 19 \times 8\,000} = 60.8\%$
产品单位成本变动的影响（③-②）	$-0.557\,14\%$
按实际产量、实际单位成本、实际出厂价格计算的产值成本率④	$\dfrac{170\,240}{279\,100} = 60.996\,06\%$
出厂价格变动的影响（④-③）	$+0.196\,06\%$
产值成本率计划执行结果 （各因素影响的代数和）	$-0.392\,83\%$ （实际产值成本率-计划产值成本率 $=-0.392\,83\%$，与表 12-15 相符）

从表 12-16 可以看到，产品品种结构变动和产品单位成本变动使得产值成本率实际比计划分别减少了 0.031 75%和 0.557 14%，但也不能由此得出对产值成本率的影响因素中，产品品种结构变动因素的影响微乎其微的结论。因为本例中产品品种结构变动幅度很小，只有 B 产品产量实际比计划在 20 台的基础上减少了 1 台，而 A 产品产量实际与计划相等，就整体而言，产品品种结构实际与计划的变动十分微小。

二、主营业务收入成本费用率分析

$$主营业务收入成本费用率 = \frac{主营业务成本 + 期间费用}{主营业务收入} \times 100\%　　（式12-33）$$

$$主营业务收入成本费用率（元／百元）= \frac{主营业务成本 + 期间费用}{主营业务收入} \times 100\%　（式12-34）$$

主营业务收入成本费用率指标反映主营业务收入耗用成本费用的水平，可以较为全面地反映企业生产经营过程中各种劳动耗费的经济效益。该指标越低，说明企业的经济效益越好。

影响主营业务收入成本费用率变动的因素主要有：销售产品的品种构成（品种结构）、产品单位成本、销售单价。其分析方法与产值成本率的因素分析法相同，举例从略。

三、成本费用利润率分析

$$成本费用利润率 = \frac{利润总额}{成本费用总额} \times 100\%　　（式12-35）$$

成本费用利润率指标表明每付出一元成本费用可获得多少利润，体现了企业生产经营耗费与财务成本之间的关系，是一个综合反映企业成本效益优劣的重要指标。该指标越高，说明企业经济效益越好；该指标越低，说明企业经济效益越差。

分析成本费用利润率时一般运用比较分析法，企业将该指标的本年实际数与本年计划数或上年实际数对比，并按指标形成的各因素，查明其变动原因及其对指标升降的影响，可为加强成本管理，制定控制成本费用的措施提供有用的信息。需要指出的是，由于企业的利润指标有多种层次，如营业利润、利润总额、净利润等，成本费用也可以分为主营业务成本、其他业务成本和各项期间费用等，不同利润值与相应的成本费用指标之间的比率说明不同的问题。因此，成本费用利润率的分析应根据企业的实际情况和成本管理的实际需要来进行。在分析时，必须注意计算这些指标所采用的"利润"与"成本费用"之间的相关性，以采集有用的信息。例如，由于利润总额中包括投资收益、营业外收入和营业外支出，而这些项目与成本费用没有直接联系，对比结果缺乏有用性。因此，分析时应扣除这三个项目，将营业利润与成本费用相对比，计算成本费用营业利润率指标，其计算公式如下。

$$成本费用营业利润率 = \frac{营业利润额}{成本费用总额} \times 100\%　　（式12-36）$$

又如，企业的主营业务是企业利润的主要经常来源，其成本费用投入的经济效益对企业经济效益的优劣有着决定性影响。因此，在进行成本效益分析时，应予以重点关注。为此，可以计算和分析主营业务成本毛利率指标，其计算公式如下。

$$主营业务成本毛利率 = \frac{主营业务收入 - 主营业务成本}{主营业务成本} \times 100\%$$

$$= \frac{主营业务毛利}{主营业务成本} \times 100\%　　（式12-37）$$

例 12-13

某企业 20×2 年和 20×3 年有关资料如表 12-17 所示。

表 12-17　某企业有关资料

单位：万元

项目	20×2 年	20×3 年
主营业务成本	300	450
期间费用	60	80
主营业务毛利	66	90
营业利润	75.6	106
利润总额	81	127.2

根据表 12-17 的资料，计算该企业 20×2 年和 20×3 年有关利润率指标，如表 12-18 所示。

表 12-18　某企业有关利润率指标计算表

指标	20×2 年	20×3 年
成本费用利润率	$\frac{81}{300+60} \times 100\% = 22.5\%$	$\frac{127.2}{450+80} \times 100\% = 24\%$
主营业务成本毛利率	$\frac{66}{300} \times 100\% = 22\%$	$\frac{90}{450} \times 100\% = 20\%$
成本费用营业利润率	$\frac{75.6}{300+60} \times 100\% = 21\%$	$\frac{106}{450+80} \times 100\% = 20\%$

从表 12-18 看出，尽管该企业成本费用利润率 20×3 年比 20×2 年有所提高，但是主营业务成本毛利率和成本费用营业利润率都有所降低，需要深入分析主营业务成本毛利率和成本费用营业利润率都有所降低的原因，及时发现问题，寻找解决问题的措施，以推动企业后续发展。

 练习题

一、单项选择题

1．下列不属于成本报表的是（　　　）。

　　A．商品产品生产成本表　　　　　　　　B．主要产品单位成本表

　　C．现金流量表　　　　　　　　　　　　D．制造费用明细表

2．成本报表属于（　　　）。

　　A．对外报表　　　　　　　　　　　　　B．对内报表

　　C．既是对内报表，又是对外报表　　　　D．是对内报表还是对外报表由企业决定

3．下列不属于成本分析基本方法的是（　　　）。

　　A．对比分析法　　　　B．产量分析法　　　　C．因素分析法　　　　D．比率分析法

4．根据实际指标与不同时期的指标对比，来揭示差异，分析差异产生原因的分析方法称为（　　　）。

　　A．因素分析法　　　　B．差量分析法　　　　C．对比分析法　　　　D．相关分析法

5．在进行全部商品产品成本分析时，计算成本降低率时，是用成本降低额除以（　　　）。

　　A．按计划产量计算的计划总成本

　　B．按计划产量计算的实际总成本

　　C．按实际产量计算的计划总成本

　　D．按实际产量计算的实际总成本

二、多项选择题

1. 商品产品生产成本表可以反映可比产品与不可比产品的（　　）。
   A. 实际产量　　　　B. 单位成本　　　　C. 本月总成本　　　D. 本年累计总成本
2. 工业企业编制的成本报表有（　　）。
   A. 商品产品生产成本表　　　　　　　　B. 主要产品单位成本表
   C. 制造费用明细表　　　　　　　　　　D. 成本计算单
3. 工业企业编报的成本报表必须做到（　　）。
   A. 数字准确　　　　B. 内容完整　　　　C. 字迹清楚　　　　D. 编报及时
4. 下列指标中属于相关比率的有（　　）。
   A. 产值成本率　　　　　　　　　　　　B. 成本降低率
   C. 成本利润率　　　　　　　　　　　　D. 销售收入成本率
5. 生产多品种产品的情况下，影响可比产品成本降低额的因素有（　　）。
   A. 产品产量　　　　B. 产品单位成本　　　C. 产品价格　　　D. 产品品种结构

三、判断题

1. 商品产品生产成本表是反映企业在报告期内生产的全部商品产品的总成本的报表。（　　）
2. 企业编制的成本报表一般不对外公布，所以，成本报表的种类、项目和编制方法可由企业自行确定。（　　）
3. 企业编制的所有成本报表中，商品产品生产成本表是最主要的报表。（　　）
4. 在分析某个指标时，将与该指标相关但又不同的指标加以对比，分析其相互关系的方法称为对比分析法。（　　）
5. 采用因素分析法进行成本分析时，各因素变动对经济指标影响程度的数额相加，应与该项经济指标实际数与基数的差额相等。（　　）
6. 在进行全部商品产品成本分析时，需要计算成本降低率，该项指标是用成本降低额除以实际产量的实际总成本计算的。（　　）
7. 在进行可比产品成本降低任务完成情况的分析时，产品产量因素的变动只影响成本降低额，不影响成本降低率。（　　）
8. 可比产品成本实际降低额是用实际产量按上年实际单位成本计算的总成本与实际产量按本年实际单位成本计算的总成本计算的。（　　）
9. 不可比产品是指上年没有正式生产过，没有上年成本资料的产品。（　　）
10. 本年累计实际产量与本年计划单位成本之积，称为按本年实际产量计算的本年累计总成本。（　　）

四、业务综合题

1. 某企业本年生产 A、B、C、D 四种产品，其产量及单位成本资料如表 12-19 所示。

表 12-19　产量及单位成本资料

产品名称	产量（件）		单位成本（元/件）		
	计划	实际	上年实际	本年计划	本年实际
A产品	2 000	2 300	1 000	980	990
B产品	1 000	900	1 500	1 600	1 480
C产品	5 600	6 000	3 000	2 900	2 800
D产品	7 000	6 900	5 900	5 800	5 500

要求：根据上述资料对可比产品成本降低任务完成情况进行分析，并将计算结果填入表 12-20～表 12-22 中。

表 12-20　可比产品成本计划降低任务情况表

可比产品	计划产量（件）	单位成本（元/件）		总成本（元）		降低任务	
		上年	计划	上年	计划	降低额（元）	降低率
A 产品							
B 产品							
C 产品							
D 产品							
合计							

表 12-21　可比产品成本实际完成情况表

可比产品	实际产量（件）	单位成本（元/件）			总成本（元）			降低任务	
		上年	计划	实际	上年	计划	实际	降低额（元）	降低率
A 产品									
B 产品									
C 产品									
D 产品									
合计									

表 12-22　可比产品成本降低任务完成情况分析表

影响因素				计算方法	
顺序	产量（件）	品种构成	单位成本（元/件）	降低额（元）	降低率
（1）	计划	计划	计划		
（2）	实际	计划	计划		
（3）	实际	实际	计划		
（4）	实际	实际	实际		
各因素的影响： 产量因素的影响 品种构成因素的影响 单位成本构成因素的影响 合计					

2．某企业生产的甲产品，材料项目的有关资料如表 12-23 所示。

表 12-23　材料项目的有关资料

材料名称	单位耗用量（千克）		材料单价（元/件）		材料成本（元）		差异（元）
	计划	实际	计划	实际	计划	实际	
A 材料	100	95	10	8	1 000	760	−240
B 材料	200	210	20	22	4 000	4 620	620
C 材料	500	490	8	7	4 000	3 430	−570
合计					9 000	8 810	−190

要求：根据上述资料，计算材料耗用量和材料单价变动对材料耗费的影响。

参考文献

[1] 王仲兵. 成本会计学[M]. 北京：清华大学出版社，2021.

[2] 张敏，黎来芳，于富生. 成本会计学[M]. 9 版. 北京：中国人民大学出版社，2021.

[3] 中国注册会计师协会. 财务成本管理[M]. 北京：中国财政经济出版社，2021.

[4] 王晓秋. 成本会计理论与模拟实训[M]. 上海：立信会计出版社，2020.

[5] 企业产品成本会计编审委员会. 企业产品成本会计核算详解与实务[M]. 北京：人民邮电出版社，2020.

[6] 万寿义，任月君. 成本会计[M]. 5 版. 大连：东北财经大学出版社，2019.

[7] 会计仿真实训平台项目组. 成本会计实训[M]. 北京：清华大学出版社，2018.

[8] 段昌军，陈代堂. 成本会计综合实训[M]. 北京：中国商业出版社，2016 年.